Laura Herde

Vegane Influencer und ihr Einfluss auf junge Instagram-Nutzer

Bibliografische Information der Deutschen Nationalbibliothek:

Die Deutsche Nationalbibliothek verzeichnet diese Publikation in der Deutschen Nationalbibliografie; detaillierte bibliografische Daten sind im Internet über http://dnb.d-nb.de abrufbar.

Impressum:

Copyright © ScienceFactory 2018

Ein Imprint der Open Publishing GmbH, München

Druck und Bindung: Books on Demand GmbH, Norderstedt, Germany

Covergestaltung: Open Publishing GmbH

Inhaltsverzeichnis

Vorwort 5

Zusammenfassung 6

Danksagungen 7

Abkürzungsverzeichnis 8

Abbildungsverzeichnis 9

Tabellenverzeichnis 9

1 Einleitung 10

    1.1 Problemstellung und Relevanz der Arbeit 12

    1.2 Forschungsziel 13

    1.3 Aufbau 14

    1.4 Wissenschaftliche Vorgehensweise 16

    1.5 Begriffsdefinitionen 25

2 Instagram – eine soziale Plattform 27

    2.1 Motivation von Instagram-Nutzern 28

    2.2 Einsatzmöglichkeiten von Instagram für Influencer 30

3 Virtuelle Meinungsführer 32

    3.1 Merkmale und Kommunikationsfluss virtueller Meinungsführer 33

    3.2 Das Einflusspotenzial medialer Vorbilder 34

    3.3 Medienwirkung 36

4 Veganismus 49

    4.1 Charakteristika von Veganern 50

    4.2 Medienberichterstattung über Veganismus 51

    4.3 Veganismus auf Social Media 53

5 Auswertung Experteninterviews 61
5.1 Experte für Nachhaltigkeitskommunikation 62
5.2 Veganer Influencer 65
5.3 Rezipienten 67

6 Erforschung der Wirkungszusammenhänge 78
6.1 Einstellungs- und Meinungswandel der Rezipienten 78
6.2 Evaluation der Veränderung der Ernährungsweise 82
6.3 Wechselwirkungen Ernährungskommunikation und Ernährungsweise 84

7 Fazit 93

Literaturverzeichnis 96

Anhang 100
Anhang 1: Abbildungen 100
Anhang 2: Interviewleitfäden 109
Anhang 3: Interviewtranskriptionen 114
Anhang 4: Analyse-Tabellen Leitfadeninterviews 178
Anhang 5: Transkriptionen Instagram-Beiträge 233
Anhang 6: Analyse-Tabellen Instagram-Beiträge 247

Vorwort

Vor Ihnen liegt die Bachelorarbeit „Veganismus auf Social Media". Hierbei handelt es sich um eine Untersuchung zu möglichen Zusammenhängen zwischen der Ernährungsweise weiblicher junger Erwachsener und der Rezeption der Inhalte veganer Influencer auf der sozialen Bildplattform Instagram.

Die Forschung für diese Bachelorarbeit zur Medien- und insbesondere Social-Media-Kommunikation wurde anhand von sechs qualitativen Leitfadeninterviews mit Interviewpartnern aus Deutschland durchgeführt. Diese Bachelorarbeit habe ich als Abschlussarbeit meines Studiums der Medienkommunikation und des Journalismus an der Fachhochschule des Mittelstandes in Bielefeld verfasst. Von April 2018 bis Juli 2018 beschäftigte ich mich mit der Forschung und dem Schreiben dieser Bachelorarbeit.

Zusammen mit meinem Betreuer, Herrn Prof. Björn Brückerhoff, habe ich die Fragestellung für diese Bachelorarbeit entwickelt. Die Forschung, die ich durchgeführt habe, war komplex. Nach umfangreicher qualitativer Forschung konnte ich viele neue Erkenntnisse generieren und die Forschungsfrage sowie die aufgestellten Hypothesen am Ende der Arbeit beantworten.

Daher möchte ich Herrn Prof. Björn Brückerhoff an erster Stelle dafür danken, mir die Bearbeitung dieser Forschungsfrage und das Generieren neuer Erkenntnisse zu dem Thema Veganismus in den sozialen Medien ermöglicht zu haben.

Ich hoffe, dass Sie viel Freude beim Lesen haben.

Laura Herde

Bielefeld, 12. Juli 2018

Zusammenfassung

Jeder Zweite der 14- bis 29-Jährigen kann sich ein Leben ohne Social Media nicht mehr vorstellen.[1] Von dieser Altersgruppe ist nahezu jeder in sozialen Netzwerken angemeldet.[2] Ein weiterer Trend dieses Zeitalters ist der Veganismus. „Menschen, die vegan leben, meiden alle „von Tieren stammenden Nahrungsmittel, Erzeugnisse und Inhaltsstoffe [...]."[3] Vor allem junge Frauen wenden sich diesem Lebensstil zu und entscheiden sich für eine rein pflanzliche Ernährungsweise[4], während sie zudem verstärkt Zeit auf sozialen Netzwerken verbringen. Können diese beiden Phänomene in Bezug zueinanderstehen? Dieser Forschungsfrage soll die vorliegende wissenschaftliche Arbeit auf den Grund gehen. Im Rahmen dieser Arbeit wird deutlich, dass vegane Meinungsführer, die auf Instagram als sogenannter Influencer agieren, eine immer wichtiger werdende Rolle für Menschen einnehmen, die Interesse an dieser Ernährungsweise zeigen. Influencer fungieren als Informations- und Inspirationsquellen für Menschen, die sich für eine pflanzliche Ernährung interessieren und beeinflussen ihre Followerschaft durch das Teilen ernährungsrelevanter Informationen. Diese Beeinflussung geschieht auf bewusster sowie unterbewusster Ebene und kann sich auf unterschiedliche Weise auswirken. Im Rahmen der qualitativen Forschung dieser Arbeit wird deutlich, dass Zusammenhänge zwischen der Ernährungsweise junger Erwachsener und dem Konsum der Inhalte veganer Influencer auf der sozialen Plattform Instagram bestehen können. Deren Inspiration und Motivation kann häufig als letzter ausschlaggebender Grund genannt werden, weshalb Rezipienten sich dazu entscheiden, aktiv zu werden und eine Ernährungsweise, die sie zuvor nur in Betracht gezogen haben, auszuprobieren. Eine Tendenz ist demnach deutlich erkennbar. Vegane Influencer auf Instagram dienen ebenfalls als responsive Ansprechpartner, die auf Fragen ihrer Followerschaft eingehen und Vorurteile gegenüber dieser Lebensweise revidieren. Dadurch gelingt es ihnen, Menschen mit einem großen Eigeninteresse dazu zu motivieren und zu ermutigen, diese Ernährungsweise selbst auszuprobieren und Veränderungen, dessen Ausmaß die Rezipienten selbst bestimmen, vorzunehmen.

---

[1] Das geht aus einer repräsentativen Umfrage unter 1.212 Internetnutzern ab 14 Jahren im Auftrag des Digitalverbands Bitkom hervor.
[2] Vgl. Gentemann, L. (2018), Web
[3] Keller, M. (2013), S. 49
[4] Vgl. Abbildung 1, Anhang

Danksagungen

An dieser Stelle möchte ich mich bei all denjenigen bedanken, die mich während der Anfertigung dieser Bachelorarbeit unterstützt haben.

Zuerst gebührt mein Dank an dieser Stelle nochmals Herrn Prof. Björn Brückerhoff, der meine Bachelorarbeit betreut und begutachtet hat. Für die hilfreichen Anregungen bei der Erstellung dieser Arbeit möchte ich mich herzlich bedanken.

An zweiter Stelle bedanke ich mich bei meinen guten Freunden Ann-Christine Baltrusch, Patricia Faut, Melina Trovatello, Jasmin Boneberger und Christina Görgens, die zu der Erstellung dieser Arbeit durch ihre moralische Unterstützung sowie hilfreiche Anmerkungen beigetragen haben.

Selbiger Dank richtet sich an Judith Bartel, Lena Heigl, Niklas Heinke, Lena Kaneider und Frederik Kopp, die sich dieser Arbeit im Rahmen des Lektorats angenommen haben.

Ich danke euch für eure konstruktive Kritik und Hilfsbereitschaft.

Ein besonderer Dank gilt den beiden Experten der Leitfadeninterviews sowie den vier Rezipienten, ohne die diese Arbeit nicht hätte entstehen können. Mein Dank gilt ihrer Zeit, Informationsbereitschaft und ihren interessanten Antworten auf meine Fragen.

Weiterhin möchte ich mich bei meinen Kommilitoninnen und engen Freunden Lea Waskowiak, Celina Pauleikhoff und Elena Ostkamp für die schöne Studienzeit bedanken. Ihr habt diese drei Jahre zu einer unvergesslichen Erfahrung gemacht und ich danke euch für eure konstante Unterstützung während unserer gemeinsamen Zeit.

Abschließend möchte ich meinen Eltern Mariola Herde und Michael Herde danken, die mir mein Studium durch ihre Unterstützung ermöglicht haben und bei all meinen Entscheidungen stets hinter mir standen.

Ich danke euch allen von ganzem Herzen.

Laura Herde

Bielefeld, den 12.07.2018

Abkürzungsverzeichnis

etc.	et cetera
ggf.	gegebenenfalls
u.a.	unter anderem
z.B.	zum Beispiel
u.U.	unter Umständen
z.T.	zum Teil
i.d.R.	in der Regel
usw.	und so weiter

Abbildungsverzeichnis

Abbildung 1: Bevölkerungsanteil Veganer in Deutschland (Quelle: Online-Broschüre TK) 100

Abbildung 2: Anzahl Nutzer Facebook & Instagram, Deutschland 2017 (Quelle: Statista) 101

Abbildung 3: Abbildung Merkmale Vegetarier und Veganer in Österreich 2017 102

Abbildung 4: Monatlich aktive Nutzer Instagram weltweit 2013-2017 (Quelle: Statista) 103

Abbildung 5: Diagramm Nutzungsgründe Instagram Deutschland 2016 (Quelle: Statista) 104

Abbildung 6: Aufgaben veganer Influencer (Eigene Darstellung) 105

Abbildung 7: Hinwendungsprozess pflanzenbasiertere Ernährung (Eigene Darstellung) 106

Abbildung 8: Einflussfaktoren auf Zuwendung zu Veganismus (Eigene Darstellung) 107

Abbildung 9: Gründe für vegane Lebensweise (Eigene Darstellung) 108

1 Einleitung

Veganismus – eine Ernährungsweise, die für viele Menschen auf den ersten Blick unter anderem Verzicht und Einschränkung bedeutet. Gleichzeitig sind in den Regalen von Buchläden zahlreiche vegane Kochbücher zu finden und viele gastronomische Einrichtungen bieten neben ihrem üblichen Angebot zunehmend auch Speisen und Getränke ohne tierische Produkte an. In immer mehr Großstädten gibt es vegane Restaurants und Cafés, die nicht nur Veganer ansprechen. Diese Entwicklung liegt darin begründet, dass in den vergangenen Jahren die eng miteinander verbundenen Themenfelder Ernährung, Umweltschutz und Gesundheit verstärkt ins Bewusstsein der Menschen gerückt sind. Daraus entstand die Ernährungs- und Lebensweise des Veganismus. Die Ernährungsweise bringt aus gesundheitlicher Sicht zahlreiche Vorteile mit sich, sofern sie richtig zusammengestellt ist. Denn nur bei einer vollwertigen veganen Ernährung kann von gesundheitsfördernden Effekten profitiert werden.[5] Aber es „sprechen auch zahlreiche tierethische, ökologische und soziale Gründe für eine Ernährung ohne tierische Produkte"[6].

„Längst ist eine vegane Ernährung kein Randgruppen-Phänomen mehr, sondern entwickelt sich zu einem gesellschaftlichen Trend, der von Dauer sein dürfte."[7] Aus dieser Tatsache heraus ergibt sich die Relevanz des Themas, denn das Phänomen Veganismus wird in den Medien aktuell verstärkt aufgegriffen, wie in den Kapiteln 4 und 5 dieser Arbeit deutlich wird.

Es ist die Tendenz erkennbar, dass vegetarische und vegane Ernährungsformen in der heutigen Gesellschaft zunehmend beliebter werden, da „das Interesse an vegetarischer und veganer Ernährung [...] in den letzten Jahren deutlich zugenommen hat. [...] Hauptmotiv dafür, tierische Lebensmittel teilweise oder ganz vom Speiseplan zu streichen, sind ethische Beweggründe, gefolgt von gesundheitlichen Motiven."[8] Laut einer Befragung des Marktforschungsinstituts Skopos[9] ernährten sich im Jahr 2016 1,3 Millionen Menschen in Deutschland rein pflanzlich. Diese machten damals rund 1,6 Prozent der deutschen Bevölkerung aus. Noch drei Jah-

---

[5] Vgl. Keller, M. (2013), S.18
[6] Keller, M. (2013), S.18
[7] Keller, M. (2013), S.18
[8] Keller, M. (2015), S. 55
[9] Berlin, J. (2016), Web

re zuvor, im Jahr 2013, waren es 900.000 vegan lebende Menschen, also 1,1 Prozent der Bevölkerung, wie das Markt- und Meinungsforschungsinstitut YouGov[10] herausfand. Insbesondere junge Erwachsene fühlen sich zu dieser Ernährungsweise verstärkt hingezogen.[11] Aus welchen Gründen das der Fall sein kann, wird in den folgenden Kapiteln dieser Arbeit anhand von Hypothesen näher erörtert. Die Hypothesen basieren auf den persönlichen Annahmen und Beobachtungen der Forscherin und sollen im Rahmen qualitativer Forschung überprüft werden.

Die oben genannte Entwicklung soll mit einem weiteren Phänomen der letzten Jahre in Zusammenhang gebracht werden, und zwar dem Social Web. „Social Media gehört mittlerweile zum gesellschaftlichen Alltag und ist aus der heutigen Zeit kaum mehr wegzudenken. Die Nutzerzahlen allein in Deutschland[12] zeigen, wie groß die Popularität der sozialen Netzwerke ist."[13] Social Media gilt als Massenphänomen des 21. Jahrhunderts.[14] Denn heutzutage verbringt ein sehr großer Teil junger Erwachsener mehrere Stunden am Tag auf sozialen Netzwerken und schaut sich die Inhalte anderer Nutzer an.[15] Dabei ist Instagram ein Netzwerk, das fast ausschließlich von Menschen im Alter von 14 bis 29 Jahren genutzt wird. Insgesamt 63 Prozent der Menschen dieser Altersklasse weltweit nutzen die Bildplattform täglich.[16]

Insbesondere Influencer[17] haben für viele jüngere Nutzer inzwischen eine Vorbildfunktion eingenommen und können dadurch potenziell sowohl direkt als auch indirekt das Alltagsleben, Interessengebiete, die Ernährungsweise sowie persönliche Einstellungen, Meinungen und Entscheidungen ihrer Follower beeinflussen. Ein Bedürfnis von Influencern ist es häufig, sich online selbst darzustellen, ihren Lebensstil zu vermarkten und möglichst ansprechend darzustellen. Bei denjenigen Rezipienten, die verstärkt Inhalte konsumieren und weniger selbst produzieren und teilen, liegt der Anreiz in der Informationsgewinnung zu be-

---

[10] Vgl. YouGov (2014), Web
[11] Vgl. Abbildung 1 und 3, Anhang
[12] Vgl. Abbildung 2, Anhang
[13] Stein, F. (2015), Web
[14] Vgl. Schmiegelow, A., Mielau, M. (2010), S. 107
[15] Vgl. Tippelt, F., Kupferschmitt, T. (2015), Web
[16] Vgl. Gentemann, L. (2018), Web
[17] Definition s. Kapitel 1.5

stimmten Themen sowie der Inspiration. Diese Faktoren spielen bei der regelmäßigen Nutzung der sozialen Netzwerke für viele junge Erwachsene eine wichtige Rolle.[18] Den sozialen Medien kann demnach eine immer wichtiger werdende Rolle im Alltagsleben junger Erwachsener zugesprochen werden, weshalb die Rolle und die Funktion virtueller Meinungsführer auf dem sozialen Netzwerk Instagram einen interessanten Untersuchungsgegenstand darstellen. In dieser Arbeit soll der Fokus auf der Rolle und Bedeutung von veganen Influencern auf Instagram, sowie den geteilten Inhalten und ihrer Kommunikationsweise liegen. Es soll zudem untersucht werden, inwiefern diese sich selbst und ihre Ernährungsweise online darstellen und welchen Einfluss diese Darstellung auf weibliche Rezipienten im Alter von 20 bis 25 Jahren haben kann.

Die Autorin der Arbeit hat sich für das Thema entschieden, da sie seit mehr als vier Jahren vegan lebt und selbst durch die Inhalte einer veganen Influencerin auf diese Ernährungsweise aufmerksam geworden ist. Auf diesen Umständen basierend ist die Motivation entstanden, in diesem Themengebiet eine detaillierte, qualitative Untersuchung anzustellen.

1.1 Problemstellung und Relevanz der Arbeit

Eine pflanzliche Ernährungsweise ist heutzutage in den Medien omnipräsent und breitet sich somit schnell innerhalb der Gesellschaft aus. Die Anzahl der Artikel zu Vegetariern und Veganern ist in den letzten Jahren stark angestiegen. Heute arbeiten die Medien mit anderen Stereotypen als noch vor einigen Jahren. Es werden Bilder gezeigt, auf denen Veganer als junge und moderne Menschen dargestellt werden, die die Vorzüge eines modernen Lebens genießen.[19] Im Internet erscheinen täglich neue Blogs mit veganen pflanzlichen Rezepten und Online-Magazine berichten über den Ernährungstrend der letzten Jahre. Dabei handelt es sich bei dem Wort Veganismus nicht nur um eine Ernährungs-, sondern vielmehr um eine Lebensweise, die sich kritisch mit dem gesellschaftlichen Umgang mit Tieren, den Auswirkungen der Ernährung auf die Umwelt und vielen anderen Faktoren auseinandersetzt. Veganer essen keinerlei tierische Lebensmittel, sondern nur pflanzliche Produkte.[20] Eine Bevölkerungsgruppe, in der ein reduzierter Fleischkonsum

---

[18] Vgl. Frees, B. (2013), Web
[19] Vgl. Vieth, J. (2015), Web
[20] Vgl. Wohlers, K., Hombrecher, M. (2017), Web

vergleichsweise hoch im Kurs steht, sind die Studierenden. „Hier bezeichnet sich gut ein Fünftel (21 Prozent) als Flexitarier, Vegetarier oder Veganer. Mit vier Prozent ist der Anteil der Veganer unter den Hochschülern am größten. Der Fleischkonsum geht in der jüngeren Generation demnach zurück. Laut einer Befragung im Jahr 2016 ist der typische Veganer weiblich, zwischen 20 und 30 Jahren alt und befindet sich im Übergang von Studium zu Beruf.[21] Aus diesem Grund wird im Rahmen dieser Arbeit die potenzielle Entwicklung und Veränderung der Ernährungsweise ausschließlich bei weiblichen jungen Erwachsenen im Alter von 20 bis 25 Jahren untersucht.

Aufgrund der medialen Präsenz des Veganismus und der vermehrten Zuwendung zu einer fleischreduzierten Ernährungsweise junger Menschen lässt sich feststellen, dass eine Generation, die sich besonders intensiv und häufig mit medialen Angeboten beschäftigt und verstärkt auf sozialen Netzwerken unterwegs ist, weniger Fleisch konsumiert als die ältere Generation, welche dies nur bedingt tut.[22] Darauf aufbauend kann die Hypothese aufgestellt werden, dass die Nutzung sozialer Netzwerke u.a. einen Einfluss auf die Ernährungsweise von weiblichen Instagram-Nutzern im Jungen-Erwachsenen-Alter haben kann. Auf Grundlage dieser Hypothese findet eine Untersuchung zu möglichen Zusammenhängen zwischen der Rezeption der Inhalte von veganen Influencern auf Instagram und der Veränderung der Ernährungsweise weiblicher junger Erwachsener statt.

1.2 Forschungsziel

Die vorliegende wissenschaftliche Arbeit beschäftigt sich mit der Forschungsfrage, inwiefern Zusammenhänge zwischen der Ernährungsweise weiblicher junger Erwachsener im Alter von 20 bis 25 Jahren und dem Konsum der Inhalte veganer Influencer in dem sozialen Netzwerk Instagram bestehen. Ziel dieser Arbeit ist es, zu erforschen, auf welche Weise vegane Meinungsführer auf dem entsprechenden sozialen Netzwerk ihre Ernährungs- und Lebensweise vermarkten. Weiterhin sollen Erkenntnisse darüber generiert werden, ob die Rezeption ihrer Inhalte eine direkte oder indirekte Wirkung bei den Rezipienten hervorruft, die schließlich in einer Veränderung der Ernährungsweise resultiert. Können Wirkungszusammenhänge festgestellt werden, soll anschließend analysiert werden, auf welche Weise

---

[21] Vgl. Berlin, J. (2016), Web und Abbildung 3, Anhang
[22] Vgl. Abbildung 1, Anhang

sich Veränderungen in Denkweise und Handlungen der Rezipienten feststellen lassen. Ist dies nicht der Fall, soll begründet werden, woran die ausbleibende Wirkung festgemacht werden kann. Weiterhin sollen Faktoren, die eine Handlungsveränderung bewirken können, herausgestellt werden.

1.3 Aufbau

Vor Forschungsbeginn werden deskriptive Fragestellungen entwickelt, die nach der Analyse von acht Instagram-Beiträgen einer Influencerin, sowie der Durchführung und Auswertung von sechs Leitfadeninterviews beantwortet werden sollen. Im ersten Kapitel dieser Arbeit wird eine Einleitung in die beiden Hauptthemengebiete ‚pflanzliche Ernährung' und die ‚Verbreitung von Veganismus in den Medien' gegeben. Auf diese Weise wird ein Bezug zu der Forschungsfrage dieser Arbeit hergestellt. Anschließend wird die Problemstellung und Relevanz der Arbeit erläutert, um die Aktualität des Themas zu verdeutlichen. Daraufhin werden die in dem Titel und in der Forschungsfrage verwendeten Begriffe, die einer Definition bedürfen, im Sachzusammenhang definiert. Im zweiten Kapitel wird die soziale Plattform, auf der im Rahmen dieser Arbeit der Fokus liegt, vorgestellt und die Motivation der Nutzer aufgezeigt. Zudem werden die Einsatzmöglichkeiten des Netzwerkes für virtuelle Meinungsführer herausgearbeitet. Im dritten Kapitel der Arbeit wird der Begriff der virtuellen Meinungsführer detaillierter ausgeführt und der Kommunikationsfluss in einzelnen Schritten beleuchtet. Im Zuge dessen werden zudem die Persönlichkeitsmerkmale von Meinungsführern aufgezeigt. Daraufhin wird das Einflusspotenzial medialer Vorbilder zunächst im Allgemeinen und im Anschluss mit dem Fokus auf Meinungsführer auf Instagram untersucht. Dabei wird auch die Medienwirkung auf die Rezipienten der Inhalte näher beleuchtet. Weiterhin werden einige zentrale Einflussfaktoren bei der Medienwirkung vorgestellt, die einen Einstellungs- und Verhaltenswandel der Rezipienten begünstigen oder verhindern. Im Anschluss an dieses Kapitel wird eine vegane Lebensweise näher erläutert. Es werden ebenfalls typische Merkmale benannt, die Veganer charakterisieren und Bezug auf die Forschungsfrage dieser Arbeit nehmen. Weiterhin wird ein Überblick über die aktuelle Medienberichterstattung zu dem Thema Veganismus gegeben und aufgezeigt, wie der Trend auf Social Media von Meinungsführern dargestellt wird. Dabei wird ebenfalls die Popularität dieser Ernährungsweise auf der Plattform Instagram untersucht. Anschließend wird die Content- und Kommunikationsstrategie einer veganen Influencerin aufgezeigt und im Sachzusammenhang interpretiert. Dabei werden die

Intentionen der virtuellen Meinungsführerin, ihre Zielgruppenansprache sowie möglicherweise daraus resultierende Auswirkugen auf die Followerschaft beschrieben. Anhand von acht Instagram-Beiträgen einer veganen Influencerin wird aufgezeigt, durch welche kommunikativen sowie inhaltlichen Mittel vegane Influencer ihren Lebensstil online darstellen können, um Menschen für diese Ernährungsweise zu begeistern. Im fünften Kapitel der Arbeit wird im Rahmen der qualitativen Forschung ein offenes Vorgehen gewählt, das im Zuge der Auswertung von sechs qualitativen Leitfadeninterviews als Grundlage dient. Basierend darauf wurde zu Forschungsbeginn eine Anfangshypothese zu möglichen Zusammenhängen zwischen der Rezeption der Inhalte von veganen Influencern auf Instagram und der Veränderung der Ernährungsweise weiblicher junger Erwachsener formuliert. Diese wird nach Abschluss der Forschung verifiziert oder falsifiziert. Forschungsgegenstand ist insbesondere die Medienwirkung der Inhalte veganer Influencer auf Instagram auf weibliche Rezipienten im Alter von 20 bis 25 Jahren. Im Anschluss werden in Kapitel 6 im Zuge der Auswertung qualitativer Leitfadeninterviews[23] Tiefenaspekte und Wirkungszusammenhänge von Medienkonsum und Ernährungsweise der befragten Rezipienten erforscht. Die Interviews dienen der Gewinnung detaillierterer Einblicke in die Bereiche ‚pflanzliche Ernährung' und ‚Medienwirkung auf die Zielgruppe'. Der Einstellungs- und Meinungswandel der Rezipienten, der u.U. auch zu einer Veränderung des Lebensstils und der Handlungsweisen führt, wird in den entsprechenden Ausprägungen analysiert und die daraus resultierende Veränderung der Ernährungsweise evaluiert. Abschließend werden, sofern vorhanden, Wechselwirkungen zwischen der Ernährungskommunikation von veganen Influencer und der Rezeption ihrer Inhalte und der entsprechend umgesetzten Ernährungsweise der Medienrezipienten aufgezeigt.

Das Ziel der Forschung ist es, neue Erkenntnisse zu generieren und die zu Beginn der Forschung aufgestellten Hypothesen zu verifizieren oder falsifizieren. Dies soll das tiefere Verstehen des Forschungsgegenstandes ermöglichen. Die Ergebnisse werden in der Schlussbemerkung in Kapitel 7 reflektiert und zusammengefasst, um die zu Beginn aufgestellte Forschungsfrage zu beantworten. Zum Abschluss wird ein Fazit gezogen und darauf aufbauend auf Grundlage der Erkennt-

---

[23] mit einem Kommunikationsexperten für vegane Ernährung und Nachhaltigkeit, der oben genannten veganen Influencerin und vier ihrer weiblichen Follower

nisse eine persönliche Einschätzung der Forscherin in Form eines Ausblicks gegeben.

1.4 Wissenschaftliche Vorgehensweise

Im Rahmen der Forschung wurden zu Beginn einige deskriptive Fragestellungen entwickelt. Am Ende wird auf Grundlage der Beantwortung dieser Fragestellungen im weiteren Verlauf der Arbeit eine abschließende Antwort auf die Forschungsfrage gegeben und zuletzt ein Fazit gezogen.

Deskriptive Fragestellungen (zur Hinführung auf die Forschungsfrage)

- Was ist unter dem Begriff Veganismus zu verstehen?
- Wie wurde der Lebensstil zum Trend?
- Wie wird der vegane Lebensstil / die vegane Ernährungsweise von Influencern auf Instagram dargestellt?
- Bestehen potenzielle Wirkungszusammenhänge zwischen der Kommunikation von veganen Food- und Lifestyle-Influencern auf Instagram und der Ernährungsweise der weiblichen Rezipienten im Alter von 20-25 Jahren? Falls ja, welche? Worauf sind die Zusammenhänge zurückzuführen? Welche Faktoren gilt es bei der Evaluation einer Veränderung zu beachten?
- Wie funktioniert diese Art der Massenkommunikation und worauf kommt es dabei an?
- Welche Wirkungen werden durch die Rezeption der untersuchten Inhalte hervorgerufen? Worauf kommt es bei der Medienwirkung an?
- Welche weiteren Faktoren sowie intervenierenden Variablen sind zu beachten?

Vorgehen Analyse Content- und Kommunikationsstrategie der Influencerin

Die Auswahl der Analysebeispiele erfolgte nach speziellen, vorher festgelegten Kriterien. Zu diesen zählen die Erwähnung und der Bezug zu den Themen Veganismus, Gesundheit, Umwelt oder das Vorstellen eines Rezepts sowie eine erkennbare Zielgruppenansprache. Die Sample-Auswahl ist insofern als repräsentativ anzusehen, als dass alle geteilten Beiträge von Laura Grosch aus den letzten vier Jahren einen Rückbezug zu dem Thema Gesundheit, Veganismus, Achtsamkeit oder einem veganen Rezept herstellen. Ziel der strukturierenden Inhaltsanalyse der Instagram-Beiträge der Influencerin ist neben der rein formalen Systematisierung und Beschreibung der Inhalte die wissenschaftliche Analyse von Kommunikationsvorgängen, die den Texten zugrunde liegen. Es sollen bestimmte Aspekte aus dem Material herausgefiltert werden, sodass dieses aufgrund bestimmter Kriterien eingeschätzt werden kann. Der Schluss von dem Inhalt[24] des Beitrags auf mitteilungsexterne Sachverhalte (Inferenzschluss) geht mit einem diagnostischen und prognostischen Ansatz einher. So werden zum einen der Kontext[25] des Beitrags und zum anderen mögliche Wirkungen bei der Zielgruppe untersucht. Die Rezeptionssituation der Zielgruppe wird bei der Analyse der Beiträge außer Acht gelassen, da diese stets variieren kann und zusätzlich von den Persönlichkeitsmerkmalen der Rezipienten abhängig ist. Die inhaltliche Analyse der Beiträge der Influencerin erfolgt nach dem Prinzip der qualitativen, strukturierenden Inhaltsanalyse nach Philipp Mayring.[26] Diese eignet sich insbesondere für die Analyse des Aufbaus der Inhalte von Massenmedien und demnach auch von Social-Media-Beiträgen. Das qualitativ-offene, hypothesengenerierende Vorgehen soll ermitteln, welcher Zielgruppenansprache die Influencerin sich bedient, welche kommunikativen Botschaften ihre Beiträge der Followerschaft vermitteln und welche Intentionen sie mit dem Veröffentlichen ihrer Inhalte verfolgt. Ziel der Inhaltsanalyse der Beiträge ist es, im Rahmen eines systemarischen, regel- und theoriegeleiteten Vorgehens fixierte Kommunikation im Form von Texten und Bildern zu analysieren, um im Anschluss Rückschlüsse auf bestimmte Aspekte der Kommunikation zu ziehen.[27] Bei diesem Vorgehen ist es wichtig, dass der Text stets im Kommunikationszusammenhang verstanden und interpretiert wird. Zudem soll das Material ebenfalls auf seine Entstehung[28] und in Ansätzen auf seine Wirkung[29] hin untersucht werden.[30] Der im Text behandelte Gegenstand soll beschrieben und eine mögliche Wirkung des Textes bei der Zielgruppe in Form von Hypothesen formuliert werden. „Die theoretische Eingrenzung dessen, was auf der Objektebene, der ‚Realität', wissenschaftlich zu untersuchen ist, drückt sich zunächst in der Forschungsfrage [dieser Arbeit] aus."[31] Die Analyse der Beiträge dient weniger der quantitativ-qualitativen Untersuchung der konkreten Wirkung

---

[24] Text und Bild
[25] Intentionen, Motive, Einstellungen der Influencerin
[26] Vgl. Mayring, P. (2010), S. 65
[27] Vgl. Mayring, P. (2010), S. 13
[28] Intention des Influencers, Contentstrategie und Zielgruppenansprache
[29] mögliche Auswirkungen auf die Verhaltensweisen der Rezipienten
[30] Vgl. Mayring, P. (2010), S. 48
[31] Früh, W. (2011), S. 77

auf die Follower, als vielmehr dem Zweck, neue Erkenntnisse im Bezug auf die Beitragsinhalte zu generieren. Aus diesen werden anschließend mögliche Wirkungen auf die Einstellungen, Meinungen und schlussendlich auch Verhaltensweisen der Rezipienten abgeleitet. Die Untersuchung wird auf diese Art und Weise durchgeführt, da das Ziel ist, durch einen rein qualitativen Bezug auf die Beitragsinhalte neue Erkenntnisse zu generieren. Sie dient nicht dem Zweck, quantitativ im Hinblick auf die unmittelbaren Reaktionen und das Feedback der Zielgruppe zu forschen[32]. Es sollen demnach neue Hypothesen generiert werden, die sich womöglich im Anschluss anhand der geführten Leitfadeninterviews verifizieren und belegen oder falsifizieren lassen. Die Instagram-Beiträge der Influencerin werden folglich ausschließlich im Hinblick auf Zielgruppenansprache, die enthaltene Information sowie die Art und Weise der Formulierung untersucht. Als Vorgehensweise wird demnach ein qualitativ-offenes, vorwiegend induktives Vorgehen gewählt, um neue Erkenntnisse zu erzielen. Als Forschungsstrategie wird ein systematisches, die empiriegeleitete Kategorienbildung erweiterndes Vorgehen gewählt. Durch das theoretische Vorwissen der Forscherin bestehen bereits vor Beginn der Analyse Vermutungen, die in Form von Hypothesen ausgedrückt werden. Diese basiswissengeleitete offene Kategorienbildung[33] ermöglicht es der Forscherin, das durch die bisherige Recherche bereits erworbene Wissen mit den Inhalten zu verbinden und so zu exakteren Ergebnissen zu gelangen. Ohne nähere Exploration wurden daher im Vorhinein die unten aufgeführten, allgemeinen Kategorien entwickelt. Hinsichtlich dieser werden die ausgewählten acht Instagram-Beiträge der Influencerin[34] untersucht. Die ‚basiswissengeleitete offene Kategorienfindung' (BoK) benutzt beim Fehlen spezifischer Hypothesen „allgemeines Basiswissen über den Gegenstand, um zunächst offen mögliche Kategorien und ggf. Hypothesen zu explorieren, die anschließend dann wieder die bekannten Arbeitsschritte einer Inhaltsanalyse durchlaufen. [...] Die BoK ist aber nur als Kombination von Induktion und Deduktion sinnvoll anwendbar."[35] Nach der Durchführung der Selektions- und Präzisierungsprüfung hat sich die Forscherin auf die folgenden Kategorien im Rahmen der Inhaltsanalyse der acht ausgewählten Beiträge

---

[32] Dies ist aus dem Grund der Fall, weil sich die Ableitung der Wirkung aus vereinzelten Worten heraus als schwerig erweist.
[33] Vgl. Früh, W. (2011), S. 79
[34] s. Anhang, 8.5
[35] Früh, W. (2011), S. 73

festgelegt. Diese werden in die Dimensionen Bild, Bildunterschrift sowie Kombination von Bild und Bildunterschrift eingeteilt.

Zudem ergeben sich aus der Forschungsfrage die folgenden Hypothesen:

H. 1: Es besteht ein möglicher Zusammenhang zwischen der direkten Ansprache der Zielgruppe und deren Übernahme einiger Empfehlungen der Influencerin in Hinblick auf vegane Ernährung und Gesundheit.

H. 2: Das vermittelte Wissen der Beiträge führt dazu, dass Rezipienten dieses abspeichern und in ihrem Alltag zumindest in Teilen anwenden.

H. 3: Die Kombination von Bild und Bildunterschrift hat einen Einfluss darauf, wie der Beitrag von den Rezipienten wahrgenommen wird und ob sie sich der vermittelten Inhalte annehmen und sich inspirieren lassen.

H. 4: Der Sprach- und Argumentationsstil der Influencerin wirkt sich (direkt oder indirekt) auf die Einstellungen, Meinungen und Verhaltensweisen der Rezipienten aus.

H. 5: Die Voreinstellungen der Rezipienten beeinflussen, inwieweit diese bereit sind, ernährungsbezogene Informationen zu verarbeiten und das gelernte Wissen anzuwenden.

H. 6: Die optische Aufmachung einer Mahlzeit beeinflusst, ob die Rezipienten bereit sind, das Gericht selbst nachzukochen.

H. 7: Die Komplexität des Rezepts und die Aufwendigkeit des Gerichts entscheidet darüber, ob es von den Rezipienten nachgemacht wird.

Diese Hypothesen sollen im Rahmen der Inhaltsanalyse der Beiträge zumindest in Teilen beantwortet werden können, indem mögliche Wirkungen auf die Zielgruppe objektiv und rational hergeleitet werden. Im Rahmen der endgültigen Beantwortung werden die Auswertungen aus den Rezipienteninterviews zurate gezogen. Zu erwähnen ist, dass die Influencerin international aktiv ist, weshalb die Beiträge auf Englisch formuliert sind. Die Zitate in den Analysetabellen[36] erfolgen demnach ebenfalls auf Englisch. Die Auswahl der Beiträge erfolgte nach dem Grundsatz der Repräsentativität. Die ausgewählten Beiträge stehen im Verhältnis zu der Grundgesamtheit der Beiträge auf dem Instagram-Kanal der Influencerin aus den letzten Monaten. Die Influencerin hat diese Beiträge im Zeitraum mehre-

---

[36] Vgl. Anhang 8.6

rer Monate auf ihrem Instagram-Kanal veröffentlicht, um Ausschnitte aus ihrem Leben sowie ihre Gedanken zu teilen und ihre Followerschaft zu einer gesünderen Lebensweise zu inspirieren. Die Beiträge wurden transkribiert und sind samt Foto im Anhang dieser Arbeit[37] zu finden. Für die Analyse der Beiträge wird die Analysetechnik der Zusammenfassung und Strukturierung angewandt. Als Ablaufmodell werden entsprechende Tabellen[38] verwendet, um das Kategoriensystem mit den drei Hauptdimensionen der Beiträge, den Variablen und dazugehörigen Ausprägungen zu definieren. Zudem wurde für jeden Artikel ein Eintrag im Codebuch mit wichtigen artikelbezogenen Daten angelegt. Der Codierer jedes Artikels ist die Forscherin selbst, der Verfasser der codierten Beiträge stets die Influencerin. Alle Beiträge wurden ausschließlich auf der sozialen Plattform Instagram veröffentlicht. Die untersuchten Beiträge sind im Zeitraum von Oktober 2017 bis Juni 2018 geteilt worden und zwischen 11 und 26 Zeilen lang. Die entsprechende Analyse ist in Kapitel 4.3.2 der Arbeit zu finden.

Vorgehen Erforschung Wirkungszusammenhänge und Generierung neuer Ertkenntnisse

Vor der Durchführung der Leitfadeninterviews wird ein Suchraster auf Basis der theoretischen Vorüberlegungen entwickelt. Dieses bestimmt im Vorhinein, welche Informationen bei den qualitativen Inhaltsanalysen im Anschluss an die qualitativen Interviews extrahiert und strukturiert werden. Die aus den Interviews herausgefilterten, relevanten Informationen werden den Kategorien des Suchrasters zugeordnet und bilden so eine übersichtliche Grundlage zur tieferen Analyse. Die Kategorienbildung erfolgt im Rahmen einer Kombination aus deduktiver und induktiver Kategorienbildung. So wird zunächst die Grundstruktur eines Kategoriensystems vor der Codierung theoriegeleitet entwickelt. Dieses wird allerdings für unvorhergesehene Informationen offengehalten und schrittweise während der Codierung ergänzt und erweitert. Durch dieses Vorgehen wird die Flexibilität gewahrt, wenngleich der Arbeitsaufwand steigt.

---

[37] s. Anhang 8.5
[38] Vgl. Anhang 8.6

Im Rahmen der angewandten Forschung werden die folgenden Kategorien festgelegt:

- „Motive des Konsums"
- „Konsumhäufigkeit und Konsumdauer"
- „Motive der Rezeption"
- „Wirkung der Rezeption"
- „Emotionen durch Inhaltsrezeption"
- „Beeinflussung der Ernährungsweise"
- „Einstellungsveränderung durch Konsum"

Diese Kategorien werden bereits vor der Codierung gebildet. Die Kategorien sollen die Anforderungen erfüllen, vollständig und trennscharf, sowie den extrahierten Informationen eindeutig zugehörig zu sein. Sie müssen also sowohl präzise definiert als auch wechselseitig exklusiv sein. Es werden Indikatoren (Bedeutungsanzeiger) gebildet, welche Auskunft über den Sachverhalt von potenziellen Auswirkungen auf die Ernährungsweise bei jungen Erwachsenen durch die Rezeption der Inhalte veganer Influencer auf Instagram geben sollen und anstelle eines nicht messbaren Begriffs[39] ausgewertet werden können. Zudem werden drei verschiedene Instrumente für die Leitfadeninterviews mit den drei verschiedenen Arten von Interviewpartnern[40] entwickelt. Zum Abschluss der Vorbereitung werden geeignete Interviewpartner ermittelt, welche die Voraussetzungen für ein aussagekräftiges Interview erfüllen. Interesse der Interviewpartner am Forschungsthema, eine inhaltliche und sprachliche Kompetenz sowie eine prinzipielle Akzeptanz von Interviews und Kooperationsbereitschaft sind bei der Beantwortung der Fragen wichtige Grundvoraussetzungen, die für eine erfolgreiche Durchführung der Befragungen erfüllt sein müssen. Zudem muss gegeben sein, dass die vier Interviewpartnerinnen, welche als Rezipienten der Inhalte befragt werden, das zuvor festgelegte Alterskriterium „junger Erwachsener" erfüllen, sich nicht vegan ernähren und vegane Influencer auf Instagram abonniert haben.

Im Zuge des Empirieteils der Arbeit werden qualitative Leitfadeninterviews mit insgesamt sechs verschiedenen Experten geführt und ausgewertet. Die Fragen

---

[39] Der konkreten Wirkung
[40] Kommunikationsexperte, Influencerin, weibliche Rezipienten

sind von der Forscherin vorgegeben und dienen ihr zur Orientierung. Durch offene Fragen sowie das spontane Reagieren auf die Antworten und Aussagen der Befragten besteht bei der Interviewführung eine gewisse Flexibilität. Dies ist sinnvoll, da die Befragten so die Möglichkeit haben, bei Nachfragen von Seiten des Interviewers nähere Details zu erläutern und tiefere Einblicke zu gewähren. Hintergründe und Motive können dadurch noch intensiver verdeutlicht werden.

„Leitfadeninterviews gestalten die Führung im Interview über einen vorbereiteten Leitfaden"[41], sodass am Ende qualitative Daten in Form von Texten vorliegen. Es handelt sich dabei also um Interviews, „die mit einem Leitfaden den Interviewablauf gestalten. Der Leitfaden ist eine vorab vereinbarte und systematisch angewandte Vorgabe zur Gestaltung des Interviewablaufs."[42] Der Interviewsituation liegt zumeist „ein asymmetrisches und komplementäres Rollenverhältnis „Interviewende-Interviewte" zugrunde, das einen künstlichen Charakter hat, weil die Kommunikation nicht den in der Alltagskommunikation geltenden Regeln [...] entspricht"[43]. Ein Leitfadeninterview bietet den Vorteil, dass die Interviewten den Raum haben, „das zu sagen, was sie sagen möchten, dass sie z.B. das ansprechen können, was ihnen selbst wichtig ist, dass sie ihre eigenen Begriffe verwenden können."[44] Durch spezifische Fragen ist das Gespräch gewissermaßen vorstrukturiert, lässt den Befragten jedoch gleichzeitig viel Freiraum bei ihrer Antwort. Im Gegensatz zu einem teil- oder vollstandardisierten Fragebogen beinhaltet das Interviewleitfaden lediglich die zu behandelnden Themen und Themenaspekte mit vorgeschlagenen Fragen, die im Verlauf des Interviews ggf. an die Befragten angepasst werden können.[45] Der Leitfaden kann je nach Thema „in seinem Umfang und Standardisierungsgrad variieren".[46] Die Tiefenperspektive der Befragten ist wichtiger als die Vergleichbarkeit von Antworten. Das Ziel des Leitfadeninterviews ist die „Generierung bereichsspezifischer und objektbezogener Aussagen."[47] Die Interviews werden face-to-face durchgeführt. Diese Interviewsituation erfüllt den Zweck, dass bei Unklarheiten seitens des Interviewers in Bezug auf

---

[41] Baur, N. (2014), S. 559
[42] Baur, N. (2014), S. 560
[43] Vgl. Baur, N. (2014), S. 560
[44] Baur, N. (2014), S. 562
[45] Vgl. Scholl, A. (2015), S. 68
[46] Scholl, A. (2015), S. 68
[47] Scholl, A. (2015), S. 69

eine Antwort Rückfragen gestellt werden und Missverständnisse verhindert werden können. Ein weiterer Vorteil liegt darin, dass der Interviewer den Befragten bei Bedarf Hilfestellung geben kann. So können auch Unklarheiten und falsche Interpretationen der Befragten, z.B. bei der Formulierung einer Fragestellung, vermieden werden. Durch die Nähe zu den Interviewten ist sowohl eine optische als auch eine akustische Unterstützung möglich. Daraus wiederum resultiert, dass die Abbruchwahrscheinlichkeit sinkt, da den Befragten jederzeit Hilfestellung durch den Interviewer gewährleistet ist. Ein weiterer Vorteil der qualitativen Face-to-Face-Befragung liegt darin, dass der Interviewer die Gesprächssituation zu einem gewissen Grad kontrollieren und dafür sorgen kann, dass keine weiteren anwesenden Personen das Gespräch beeinflussen oder Unklarheiten auftreten. Nach der Durchführung der qualitativen Interviews werden diese transkribiert. Die Verschriftlichung des akustischen Gesprächsprotokolls findet nach Deppermann durch festgelegte Notationsregeln statt. Die Transkription erfolgt nach dem gesprächsanalytischen Transkriptionssystem (GAT). Aus den Notationsregeln werden nur jene verwendet, die für die Beantwortung der Forschungsfrage relevant sind. Anschließend werden qualitative Inhaltsanalysen aller sechs Leitfadeninterviews durchgeführt. „Ziel der Inhaltsanalyse ist [...] die Analyse von Material, das aus irgendeiner Art von Kommunikation stammt."[48] Inhaltsanalysen sollen also fixierte Kommunikation analysieren, dabei systematisch, regel- und theoriegeleitet vorgehen und das Ziel verfolgen, Rückschlüsse auf bestimmte Aspekte der Kommunikation zu ziehen.[49] Eine qualitative Inhaltsanalyse kann auch ohne Quantifizierungen arbeiten, z.B., indem induktiv Kategorien gebildet werden.[50] Die induktive Kategorienbildung beschreibt das Vorgehen im Rahmen dieser Forschung, wenngleich auch deduktive Elemente enthalten sind. Zu den Aufgaben einer qualitativen Inhaltsanalyse zählen u.a. die Hypothesenfindung und Theoriebildung. Zum einen geht es um „die Aufdeckung der für den jeweiligen Gegenstand relevanten Einzelfaktoren, zum anderen um die Konstruktion von möglichen Zusammenhängen dieser Faktoren."[51] Die Konstruktion deskriptiver Systeme zählt u.a. zu den Hauptaufgaben qualitativer Forschung. Auch die Überprüfung von Theorien und Hypothesen ist im Rahmen einer qualitativen In-

---

[48] Mayring, P. (2015), S. 11
[49] Vgl. Mayring, P. (2015), S. 13
[50] Vgl. Mayring, P. (2015), S. 17
[51] Mayring, P. (2015), S. 22

haltsanalyse möglich.[52] Der Forschungsfrage dieser wissenschaftlichen Arbeit liegt die Hypothese zugrunde, dass der regelmäßige Konsum von Inhalten veganer Influencer auf Instagram sich auf die Ernährungsweise von weiblichen jungen Erwachsenen auswirkt.

Um die Komplexität zu reduzieren, liegt der Fokus für das vorliegende Forschungsprojekt ausschließlich auf der sozialen Plattform Instagram. Weitere soziale Netzwerke werden nicht berücksichtigt. Zudem wird nur der Einfluss von Influencern untersucht, die eine vegane Ernährungs- und Lebensweise promoten, um die Art des Meinungsführers thematisch einzugrenzen und dadurch die Anzahl an potenziellen Untersuchungsobjekten zu reduzieren. Im Rahmen der vorliegenden Arbeit werden konkret der Social-Media-Auftritt, die Content- und Kommunikationsstrategie sowie die Zielgruppenansprache und Umsetzung der 24-jährigen veganen Influencerin Laura Grosch auf Instagram analysiert. Dadurch wird eine Spezifizierung der Fokusgruppe vorgenommen. Weitere Altersgruppen der Rezipienten sowie männliche Rezipienten werden bewusst vernachlässigt, um tiefere Erkenntnisse in der festgelegten Altersgruppe der weiblichen Followerschaft zu generieren. Dadurch wird die Stichprobe homogener. Die vorgenommene Präzisierung der Untersuchungsobjekte ermöglicht es, tiefere Ergebnisse durch eine Reduktion des Themenkomplexes zu generieren und detaillierter sowie hypothesengenerierend zu forschen. Es gibt noch weitere Indikatoren und Dimensionen, die weiter untersucht werden könnten. Diesen Indikatoren werden bewusst vernachlässigt, um tiefere Einblicke in die Ernährungsweise der Rezipienten zu gewinnen. Der Fokus soll demnach ausschließlich auf dem Aspekt des potenziell aus dem Konsum resultierenden, veränderten Verhaltens liegen. Dies ist besonders interessant, da sich diese Auswirkungen konkret in Handlungen äußern und anhand festgelegter Indikatoren messbar sind.[53]

Das oben vorgestellte methodische Vorgehen ist insofern geeignet, die am Anfang formulierte Forschungsfrage zu beantworten, als dass die persönlich befragten Personen sich frei dazu entscheiden können, als Interviewpartner zur Verfügung zu stehen. Sie besitzen demnach eine intrinsische Motivation, die Fragen detailliert und korrekt zu beantworten. Indem qualitative Ergebnisse generiert werden, können im Anschluss an die qualitativen Inhaltsanalysen Rückschlüsse auf poten-

---

[52] Vgl. Mayring, P. (2015), S. 25
[53] Vgl. Kapitel 5

ziell existierende Wirkungszusammenhänge gezogen werden. Die Forschung kann ebenfalls zu dem Schluss kommen, dass diese nicht vorhanden sind. In diesem Fall sollen die Ursachen für eine ausbleibende Wirkung und Faktoren, von welchen diese abhängt, erforscht werden.

Um umfassende, repräsentative Erkennisse über den Forschungsgegenstand dieser Arbeit zu gewinnen, sollte im Anschluss an die qualitative Untersuchung eine quantitative Forschung stattfinden. Diese könnte beispielsweise im Rahmen einer Online-Befragung an eine große Anzahl von Rezipienten addressiert sein und dadurch repräsentative Antworten liefern, sodass verallgemeinernde Aussagen getroffen werden können. Ein solches Vorgehen empfiehlt sich aus dem Grund, da so die in den qualitativen Leitfadeninterviews gewonnenen Erkenntnisse durch die in der standardisierten Online- Befragung generierten, quantitativen Daten sowohl angereichert als auch ergänzt werden können. Der Vorteil einer multimethodischen Erhebungsmethode liegt zusätzlich darin, dass der ursprüngliche Fragebogen aus dem Leitfadeninterview angepasst und so verändert werden kann, dass er für die Teilnehmer der quantitativen Online-Befragung sowohl leichter verständlich als auch inhaltlich komplexer ist. Für dieses Vorgehen hat sich die Forscherin im Zuge dieser Arbeit bewusst nicht entschieden, um den Fokus auf die Generierung neuer Erkenntnisse zu legen, welche im Zuge weiterer Forschungen künftig als Ansätze dienen können.

Es ist wichtig zu beachten, dass die erzielten Ergebnisse im Rahmen der qualitativen Untersuchung eingeschränkt sind und nicht der Repräsentativität dienen. Die Forscherin weist an dieser Stelle auf die Grenzen ihrer Arbeit hin, da ihre Erkenntnisse nicht verallgemeinerbar sind. Die vorliegende Ausarbeitung verfolgt nicht den Anspruch, das Thema in seiner gesamten Komplexität zu erfassen, sondern lediglich denjenigen, die ausgewählten Aspekte näher zu beleuchten und mögliche Zusammenhänge anhand von Beispielen aufzuzeigen. Die Forschung eignet sich ausschließlich für die Erfassung neuer Ansatzpunkte im Bezug auf das zu erforschende Phänomen.

1.5 Begriffsdefinitionen

Die Definitionen der in der Forschungsfrage verwendeten Begriffe werden im Folgenden aufgeführt. Sie grenzen die Rahmenbedingungen der Experteninterviews ab und dienen der Validität.

Mit virtuellen Meinungsführern sind im Rahmen dieser Hausarbeit Influencer auf der Social-Media-Plattform Instagram gemeint. „Ein Influencer zeichnet sich hauptsächlich durch drei Faktoren aus – Reichweite, Vernetzung und Relevanz."[54] Bei Influencern handelt es sich um Multiplikatoren, die unabhängig von den Meinungen Dritter authentisch mit ihrer Zielgruppe kommunizieren. Influencer agieren häufig als Vertreter einer bestimmten Gruppe oder Nische, da sie sind in den meisten Fällen Experten für ein bestimmtes Thema sind.[55] Sie „zeichnen sich durch eine besonders hohe Netzwerkgröße und Überzeugungskraft aus. Durch ihre Empfehlungen in Social Media können sie Kommunikationskaskaden auslösen"[56], welche die Followerschaft beeinflussen. Influencer übernehmen die Rolle eines Opinion Leaders, weshalb eine Einflussnahme auf die Zielgruppe einen wichtigen Faktor darstellt.

Unter dem Begrif der „jungen Erwachsenen" sind Personen im Alter von 20 bis 25 Jahren zu verstehen. Die Altersklasse von Jugendlichen im Alter von 13 bis 19 Jahren und die der Erwachsenen ab dem Alter von 26 Jahren werden im Rahmen der Forschung bewusst nicht berücksichtigt, um die Anzahl der Untersuchungspersonen einzugrenzen. Als Interviewpartner wurden vier weibliche Follower der deutschen Influencerin Laura Grosch aus dieser Altersklasse gewählt.

Die Begriffe „Rezipient" bzw. „Rezipienten" im Empirieteil der Arbeit schließen Mediennutzer beider Geschlechter mit ein. Im Zuge der Forschung wurden vier weibliche Rezipienten befragt. Wenn im Rahmen der Interviewanalysen von „den Rezipienten" die Rede ist, wird stets von den weiblichen Followern der Influencerin Laura Grosch gesprochen.

Bei einer veganen Lebens- und Ernährungsweise wird auf alle Lebensmittel tierischen Ursprungs verzichtet. Zur besseren Lesbarkeit wird in der Regel die geschlechtsneutrale Formulierung verwendet. Ist beispielsweise von „Veganern" die Rede, so sind stets sowohl weibliche als auch männliche Personen gemeint.

---

[54] Klaus, F. (2014), Web
[55] Vgl. Tamble, M. (2015), Web
[56] Tamble, M. (2015), Web

2 Instagram – eine soziale Plattform

„Instagram ist eine kostenlose, speziell für Smartphones entwickelte mobile Foto- und Video-Sharing-Applikation, mit der Nutzer Fotos und Videos einfach erstellen, bearbeiten und anschließend [...] mit der Instagram-Community [...] teilen können."[57] Das soziale Netzwerk ist eines der weltweit größten, in welchem die Community in Form von Bildern, Videos und Bildunterschriften miteinander kommuniziert und sich vernetzt. Die Nutzer des Netzwerkes können die Inhalte anderer abonnieren, „die eigenen oder die Fotos und Videos von Gleichgesinnten kommentieren und mit einem ‚Gefällt mir' versehen."[58] Die Plattform ist damit Vorreiter des wachsenden visuellen Social-Media-Trends, „bei dem sich die Kommunikation zwischen den Menschen in sozialen Netzwerken verstärkt auf Fotos und Videos verlagert."[59] In der heutigen Zeit des Informationsüberflusses können Menschen Bilder und insbesondere Bewegbilder viel besser erfassen und verarbeiten als Texte.[60] Neben Bildern und einer Bildunterschrift können die Nutzer der Social-Media-App auch sogenannte „Hashtags"[61] setzen, damit andere User ihre Beiträge schneller in der Suche finden können und so thematisch passende Inhalte, die auf ihre Interessen zugeschnitten sind, angezeigt bekommen. Instagram ist derzeit eine der beliebtesten Social-Media-Plattformen. Dies beweisen die zuletzt sehr hohen Wachstumsraten des Social Networks. Zudem sind die Interaktionsraten auf Instagram deutlich höher als auf anderen sozialen Netzwerken.[62] Im September 2017 hatte Instagram nach eigenen Angaben rund 800 Millionen Nutzer weltweit. Gemessen an der Anzahl der monatlich aktiven Nutzer[63] belegte die Plattform in einem Ranking der größten sozialen Netzwerke den achten Platz.[64]

---

[57] Kobilke, K. (2014), S. 14
[58] Kobilke, K. (2014), S. 14
[59] Kobilke, K. (2014), S. 15
[60] Vgl. Kobilke, K. (2014), S. 15
[61] gemeint sind Verlinkungen; das Setzen von App-internen Links
[62] Vgl. Reinhardt, M. (2015), Web
[63] Vgl. Abbildung 4, Anhang
[64] Vgl. Instagram (2018), auf Statista, Web

2.1 Motivation von Instagram-Nutzern

Der soziale Aspekt spielt bei der Nutzung sozialer Netzwerke im Allgemeinen eine wichtige Rolle. „In erster Linie werden die sozialen Medien genutzt, um Teil einer Gemeinschaft zu werden oder zu bleiben. [...] Aufgrund der fortschreitenden Globalisierung und der damit einhergehenden örtlichen Mobilität werden die sozialen Medien für das Aufrechterhalten von sozialen Kontakten also immer wichtiger."[65] Soziale Netzwerke werden jedoch auch dazu genutzt, um sich über bestimmte Themen und persönliche Interessen zu informieren oder sich Inspiration einzuholen. Hierzu abonnieren Nutzer einerseits ihre eigenen Freunde, aber auch Prominente und Influencer, die sie zwar nicht persönlich kennen, deren Persönlichkeit oder Lebensweise sie jedoch interessant finden. Ein weiterer Beweggrund der Social-Media-Nutzung ist für viele Mitglieder auf Instagram „die Möglichkeit, nach [...] Erfahrungsberichten anderer Nutzer zu recherchieren, die als Grundlage bei Kaufentscheidungen dienen sollen"[66]. Dies ist insbesondere aus dem Grund der Fall, weil von Privatpersonen wie Influencern geteilte Informationen glaubwürdig und unabhängig erscheinen. Auch Alltagsentscheidungen können aufgrund von Erfahrungsberichten anderer Nutzer beeinflusst werden.

Für Influencer selbst besteht der Anreiz zur Selbstdarstellung oft darin, dass sie durch ihre Beiträge Anerkennung und Beachtung erlangen und gleichzeitig mit ihren Botschaften etwas bewirken und Veränderungen bei anderen Menschen hervorrufen. Durch die Teilhabe an bestimmten Bewegungen wird bei ihnen das Gefühl erzeugt, sich in der Gesellschaft einbringen und etwas verändern zu können.[67] Ein weiteres Bedürfnis, das Instagram erfüllt, ist „das Ausleben von Kreativität und der Wunsch, neue Inhalte zu schaffen"[68], die andere Nutzer inspirieren. Soziale Netzwerke wie Instagram sind deshalb mehr als nur ein Kommunikationstool. Sie befriedigen das Bedürfnis nach einer aktiven Botschaftsvermittlung sowie der Konsumierung von Anreizen zur Veränderung der eigenen Identität in bestimmten Lebensbereichen.[69] Mehr als 40 Prozent der Nutzer sind auf der Plattform unterwegs, um Bilder zu bestimmten Themen wie Reisen, Essen oder

---

[65] Goderbauer-Marchner, G., Büsching, T. (2015), S. 38
[66] Goderbauer-Marchner, G., Büsching, T. (2015), S. 39
[67] Vgl. Goderbauer-Marchner, G., Büsching, T. (2015), S. 39
[68] Goderbauer-Marchner, G., Büsching, T. (2015), S. 39
[69] Vgl. Goderbauer-Marchner, G., Büsching, T. (2015), S. 40

Fitness zu finden und sich dadurch inspirieren zu lassen. Basis der Erhebung ist jeweils die deutschsprachige Bevölkerung ab 14 Jahren.[70] Eine weitere Nutzungsmotivation, die mit der Informationsgewinnung zu einem bestimmten Thema einhergeht, ist das Orientierungsbedürfnis. Diese Variable steuert die Rezeption der Informationen. Das Bedürfnis „variiert mit der Bedeutsamkeit der Information für den Rezipienten bzw. auch dem Interesse am Gegenstand und dem Grad der Unsicherheit über den Gegenstand der Botschaft."[71] Auch die Schwierigkeit des Zugangs zu den Informationen, nach denen der Rezipient sucht, kann eine Rolle spielen. Bei empfundenem Interesse und gleichzeitiger Unsicherheit der Rezipienten kann das Bedürfnis nach Orientierung entstehen, welches Nutzer dazu verleitet, unter anderem auf sozialen Plattformen wie Instagram nach Antworten auf ihre Fragen zu suchen und Anregungen zu finden. Ein Orientierungsbedürfnis entsteht besonders häufig bei Nutzern, die ein gewisses Vorwissen in einem bestimmten Themengebiet haben und dieses ausweiten möchten oder sich aus diversen Gründen involviert fühlen. Daher sind bei den Nutzungsmotiven einer sozialen Plattform wie Instagram stets „bereits vorhandene Wissensbestände, Denkmuster und Schemata zu berücksichtigen, sodass bei der Herausbildung von Themenbewusstsein und Themenstrukturen abgesehen vom medialen Input weitere Einflüsse aus dem kognitiven System von Bedeutung sind."[72] Wenngleich es Influencern gelingt, Themen bekannter zu machen und über verschiedene Dinge aufzuklären, „dürften für die weitere Evaluation und Prioritätensetzung die individuellen kognitiven Systeme eine wichtige Rolle spielen. Der eigentliche Prozess der Informationsverarbeitung der Rezipienten lässt sich dabei sinnvollerweise durch Individualanalysen beschreiben, wobei die individuell wahrgenommenen Medieninhalte in Bezug zu den kognitiven Systemen gesetzt werden, sodass die Selektion und Integration der aufgenommenen Inhalte deutlich wird."[73] Diese Analysen werden in den Kapiteln 5 und 6 dieser Arbeit anhand des Beispiels von vier Rezipienten durchgeführt.

---

[70] Vgl. Abbildung 5, Anhang
[71] Schenk, M. (2007), S. 491
[72] Schenk, M. (2007), S. 492
[73] Schenk, M. (2007), S. 492

2.2 Einsatzmöglichkeiten von Instagram für Influencer

Instagram dient als Plattform zum Ausdruck der eigenen Persönlichkeit und individueller Interessen. Es ist ein Netzwerk, das seinen Nutzern die Möglichkeit bietet, sich selbst darzustellen und „anderen über Fotos und Videos die eigene Sicht auf das Leben und die eigene Identität näherzubringen."[74] Instagram ist weniger eine Plattform des Monologs, sondern vielmehr des Dialogs zwischen Nutzern. Durch Social-Media-Kommunikation besteht für Meinungsführer also die Chance, „eindimensionale Kommunikation in einen vielseitigen Dialog zu transformieren."[75] Auf Instagram geht es Influencern in erster Linie darum, kreative Inhalte, nützliches Wissen und wichtige Informationen mit ihrer Followerschaft zu teilen und dadurch einen Einfluss auszuüben.[76] Influencer geben Ratschläge sowie Handlungsanregungen an ihre Followerschaft weiter und erhalten von dem rezeptionsfreudigen Teil ihrer Zielgruppe sowohl positives als auch negatives Feedback. Indem Meinungsmacher relevante Inhalte zu einem bestimmten Thema veröffentlichen und ein großes Wissen in einem bestimmten Gebiet demonstrieren, werden sie von der Community als Influencer akzeptiert und sie treten dadurch als Multiplikatoren einer Botschaft auf.[77] Dadurch vermögen sie „Themen nicht nur zu veröffentlichen, sondern öffentlich zu setzen. Das heißt, ihre Netzwerkpartner haben eine relativ hohe Bereitschaft, die Themen aufzugreifen beziehungsweise weiterzutragen."[78] Diese Funktion wird auch als Agenda-Setting bezeichnet und ist bei Medienunternehmen besonders verbreitet. Neben einem hohen Grad der Vernetzung zu anderen Nutzern ist die Themen- und Kommunikationskompetenz ausschlaggebend dafür, ob ein Meinungsmacher erfolgreich ist und tatsächlich einen Einfluss auf seine Zielgruppe ausübt.[79] Die Haupteigenschaft, welche die Foto-Plattform bei ihren Nutzern und besonders bei Influencern so beliebt macht, ist der soziale Aspekt der Nähe und der schnellen Erreichbarkeit. „Die Möglichkeit, die eigenen Fotos und Videos direkt und einfach [...] einer breiteren Öffentlichkeit zeigen zu können und eine unmittelbare Reso-

---

[74] Kobilke, K. (2014), S. 20
[75] Grabs, A., Bannour, K.-P., Vogl, E. (2014), S. 45
[76] Vgl. Grabs, A., Bannour, K.-P., Vogl, E. (2014), S. 108
[77] Vgl. Goderbauer-Marchner, G., Büsching, T. (2015), S. 90
[78] Goderbauer-Marchner, G., Büsching, T. (2015), S. 90
[79] Vgl. Goderbauer-Marchner, G., Büsching, T. (2015), S. 90

nanz in Form von Kommentaren oder Likes darauf zu erhalten,"[80] verleiht Instagram für viele Nutzer einen besonderen Reiz. Die Plattform kreiert auf diese Weise Konversationen zwischen Menschen zu persönlichen, visuell und textlich aufbereiteten Inhalten. Dieser Aspekt ist insbesondere für Meinungsführer, die andere Menschen mit ihrer Botschaft erreichen wollen, von großem Nutzen.

Wenn die Followerzahlen in Bezug zu den Interaktionen gesetzt werden, so lässt sich feststellen, dass die Interaktionsraten auf Instagram oft weit höher als auf anderen sozialen Plattformen sind.[81] Von Influencern, die viele Menschen erreichen und nachhaltig etwas bei ihrer Followerschaft mit ihrer Botschaft bewirken möchten, wird häufig der Aufbau einer starken, interaktiven Community angestrebt. Viele Influencer positionieren sich in einer bestimmten Nische und bauen über einen längeren Zeitraum hinweg eine enge Beziehung zu ihrer Followerschaft auf. Dieses Ziel kann durch die Vermittlung von Authentizität, Ehrlichkeit und persönlichen Einblicken in das eigene Leben erreicht werden. Influencer sollte ihre Fangemeinde möglichst täglich auf dem Laufenden halten und ihr Leben in einem Maße, das sie für angemessen halten, teilen. Influencer können ihre Follower in ihren ‚Stories'[82] um ihre ehrliche Meinung bitten, indem sie diese dazu motivieren, an selbsterstellten Umfragen und Abstimmungen teilzunehmen. Dadurch können sie ihre Zielgruppe aktiv mit einbeziehen. Gleichzeitig erhalten sie wertvolles Feedback, das es ihnen ermöglicht, ihre Inhalte zu verbessern und den Wünschen der Zielgruppe noch mehr anzupassen.[83] „Über Erfolg oder Misserfolg [auf Instagram] entscheidet einzig die Community."[84]

---

[80] Kobilke, K. (2014), S. 21
[81] Vgl. Grabs, A., Bannour, K.-P., Vogl, E. (2014), S.318
[82] Ein Instagram-Feature, mit Hilfe dessen zehnsekündige Videos geteilt werden können, die für 24 Stunden abrufbar sind
[83] Vgl. Grabs, A., Bannour, K.-P., Vogl, E. (2014), S. 108
[84] Grabs, A., Bannour, K.-P., Vogl, E. (2014), S. 108

3 Virtuelle Meinungsführer

Bei virtuellen Meinungsführern handelt es sich um Menschen, „deren Beiträge die Meinungsbilder in den Social Media prägen."[85] Sie zeichnen sich durch eine hohe Anerkennung in ihrer Community aus, u.a. bedingt durch zahlreiche Interaktionen und eine gewisse Regelmäßigkeit, mit der sie sich auf Instagram äußern. Zudem besitzen sie in den meisten Fällen eine hohe Anzahl von Social Signals wie Followern, Kommentaren, Likes, Shares und Views.[86] Es ist Influencern möglich, durch Reaktionen auf die Interaktionen der Community langfristig starke Beziehungen zu ihren Followern aufzubauen. Virtuelle Meinungsführer, die u.U. mediale Vorbilder für ihre Zielgruppe verkörpern, können für die Rezipienten ihrer Inhalte wichtige Bezugspersonen darstellen und sogar „dazu dienen, fehlende Primärkontakte – insbesondere mit realen Meinungsführern – auszugleichen."[87] Indem virtuelle Meinungsführer eine Vordenker-Rolle einnehmen, wecken sie durch ihre Beiträge Impulse bei der Zielgruppe und bauen durch Beziehungspflege in Form von Dialogen und Interaktionen mit ihrer Followerschaft Vertrauen auf.[88] Follower des Influencers sind, nachdem Vertrauen über einen gewissen Zeitraum aufgebaut wurde, eher dazu geneigt, dessen Posts zu liken, zu teilen und mit dessen Beiträgen zu interagieren. Unabhängig von der tatsächlichen Reichweite und Followeranzahl eines Nutzers lässt sich festhalten, dass dieser sich nur dann als ‚Influencer' betiteln kann, sofern er ein soziales Netzwerk vorweisen kann, das auf ihn reagiert. Die Menge an Posts, Likes und Followern bestimmt nicht allein, ob eine Person als Influencer bezeichnet werden kann. Nur, wenn das soziale Online-Umfeld dieser Person auf dessen Empfehlungen, Vorschläge und Meinungen positiv reagiert und sich von diesen auch in gewisser Weise direkt oder indirekt beeinflussen lässt, handelt es sich um einen Meinungsführer im eigentlichen Sinne. Jemand, der zahlreiche Follower hat, aber dessen Einfluss nicht direkt ersichtlich ist, ist daher eher ein Multiplikator als ein Influencer.[89]

---

[85] Tamble, M. (2015), Web
[86] Vgl. Tamble, M. (2015), Web
[87] Schenk, M. (2007), S. 384
[88] Vgl. Goderbauer-Marchner, G., Büsching, T. (2015), S. 91
[89] Vgl. Rodewald, P. (2017), Web

3.1 Merkmale und Kommunikationsfluss virtueller Meinungsführer

Zu wichtigen Charaktereigenschaften, durch die sich Meinungsführer auf sozialen Netzwerken häufig auszeichnen, zählen „Selbstvertrauen, Kommunikationsbereitschaft, Entscheidungsfreudigkeit oder soziale Reputation"[90]. Mit diesen Eigenschaften können auch eine hervorstechende Ausstrahlungs- und Durchsetzungskraft einhergehen. Sie zeigen sich offen für Neues und sind überaus lernbereit. Zudem besitzen sie zahlreiche Kontakte zu Menschen aller möglichen Gesellschaftsschichten.[91] Sie haben allgemein ein aktives Kommunikations- und Mediennutzungsverhalten. Deshalb werden ihnen oft Charisma, Ausstrahlung und Leadership-Qualitäten zugeschrieben. Sie werden von ihrer Followerschaft häufig um Rat gefragt, zeigen ein hohes Interesse an neuen Themen oder Innovationen und adaptieren diese auch früher. Influencer verfügen über einen großen Interessenshorizont und vertreten eigene Positionen, die teilweise von der Mehrheitsmeinung abweichen. Zudem sind sie im Verhältnis zu ihren Followern resistenter gegenüber Beeinflussungsversuchen Dritter.[92] Es lässt sich festhalten, dass Influencer sich durch „eine öffentliche Präsenz bzw. ‚Reichweite', Kompetenz und Expertise, Vertrauen, Glaubwürdigkeit [...] sowie die Fähigkeit zur aktiven Kommunikation der eigenen Position"[93] auszeichnen.

Personen, „die sich besonders für bestimmte gesellschaftlich [...] relevante Themen interessieren, zu diesen eine starke, oftmals fundierte Meinung haben, diese auch offen und offensiv nach außen vertreten und dadurch andere Personen in diese Richtung beeinflussen wollen und/oder können"[94], haben häufig bestimmte Kommunikationsstrategien, die sie verfolgen, um die beabsichtigte Wirkung bei der Zielgruppe hervorzurufen. Von dieser Art der Online-Kommunikation kann eine beeinflussende Wirkung ausgehen. Nach der Rezeption von Inhalten[95] werden bei Nutzern häufig Wirkungen hervorgerufen, „die zu Veränderungen der Meinungen, Einstellungen, Verhaltens- und Handlungsweisen der Rezipienten"[96] führen. Derartige Effekte sind allerdings nicht Resultat des ausschließlichen Ein-

---

[90] Geise, S. (2017), S. 87
[91] Vgl. Geise, S. (2017), S. 87
[92] Vgl. Geise, S. (2017), S. 88
[93] Geise, S. (2017), S. 13
[94] Geise, S. (2017), S. 13
[95] in Form von Botschaften und Informationen der Meinungsführer auf sozialen Netzwerken
[96] Geise, S. (2017), S. 18

flusses durch die Rezeption medialer Inhalte von Bloggern und Influencern, sondern werden durch das Zusammenspiel mehrerer Faktoren bedingt. Zu diesen zählen Voreinstellungen, die Beeinflussbarkeit und besonders das soziale Umfeld der Rezipienten. Dieses Phänomen beschreibt der ‚Two-Cycle Flow of Communication', bei dem der erste Beeinflussungszyklus von medialen Inhalten ausgeht, „die in einigen Fällen einen direkten Einfluss auf die Überzeugungen, Einstellungen und Handlungen der Rezipienten"[97] nehmen können. Im zweiten Beeinflussungszyklus nimmt dann die interpersonale Kommunikation des Rezipienten mit seinem sozialen Umfeld eine wichtige Rolle ein. Die Beeinflussung geht demnach nicht allein von den Inhalten und Botschaften virtueller Meinungsführer wie z.B. Influencern auf sozialen Netzwerken aus, sondern es entsteht durch deren Informations- und Botschaftsvermittlung bei den Nutzern vielmehr die Motivation dazu, sich mit den angesprochenen Themen näher zu beschäftigen. Im zweiten Schritt tauschen sie sich dann mit Personen aus dem eigenen sozialen Umfeld aus und erst im Anschluss werden Entscheidungen getroffen, die das weitere Denken und Handeln beeinflussen. Demnach ist dieser Prozess laut Troldahl (1966) vielmehr als ‚Mutli-Step-Flow' zu bezeichnen.[98] Es kann jedoch auch der Fall sein, dass Rezipienten im ersten Schritt durch massenmediale Informationen in eine Situation kognitiver Unausgewogenheit (Dissonanz) versetzt werden und sich im zweiten Schritt als Informationssuchende vor allem an Meinungsführer werden, um deren Meinung aufzusuchen und so „wieder einen kognitiven Balancezustand zu erreichen."[99] Follower suchen sich demnach, wenn sie Informationen rezipieren, die ihrem eigenen Wissen widersprechen und ein Gefühl von Irritation oder das Bedürfnis nach Orientierung hervorrufen, Meinungsführer, denen sie eine bestimmte Expertise zusprechen und vertrauen.

3.2 Das Einflusspotenzial medialer Vorbilder

„In erster Linie dienen reale Personen als Modelle, doch im Zuge der Medialisierung des Alltags gewinnen auch mediale Vorbilder an Sozialisationskraft. [...] Mediale Vorbilder wirken nicht auf alle Rezipienten gleich. Ob und wie eine Wirkung eintritt, hängt von unterschiedlichen Faktoren ab, die eng mit der Persönlichkeit

---

[97] Geise, S. (2017), S. 79
[98] Vgl. Geise, S. (2017), S. 79
[99] Geise, S. (2017), S. 80

des Medienkonsumenten und dem sozialen Kontext der Mediennutzung verknüpft sind."[100] Durch eine emotionale Verbindung an eine mediale Person ist der Einfluss besonders groß.[101] Je intensiver die parasoziale Beziehung zu dieser Person ist, desto höher ist die Wahrscheinlichkeit, dass alltägliche Gewohnheiten der medialen Person übernommen werden. „Medien versorgen Menschen mit Identifikationsmöglichkeiten und Geschichten, welche – zusammen mit Realerfahrungen – eine Basis für eine reflexive Identitätskonstruktion bilden. [...] Während Identifikation und Imitation dazu dienen, einem medialen Vorbild möglichst nahe zu sein, ist es die parasoziale Interaktion, die eine partnerschaftliche Auseinandersetzung mit dem medialen Vorbild beschreibt."[102] Medienvorbilder stellen jedoch selten ganzheitliche Idole dar, dessen Verhaltensweisen und Gedankengänge umfassend übernommen werden. Vielmehr werden singuläre Eigenschaften oder Verhaltensweisen adaptiert. Mediale Bezugspersonen und Meinungsführer auf sozialen Netzwerken bieten in erster Linie eine Orientierungsoption, die flexibel umgesetzt werden kann. Des Weiteren spielt bei der Wirkung von Medieninhalten auch die Prädisposition des Rezipienten eine entscheidende Rolle. Es ist demnach von Rezipient zu Rezipient verschieden, ob und was für eine Wirkung hervorgerufen wird.[103] Die Selbstdarstellung von Influencern auf sozialen Plattformen verleitet viele junge Erwachsene dazu, sich mit ihren medialen Vorbildern zu vergleichen und sich, je nach der Stärke des Identifikationsgrades, an diese anzupassen. Ob das Verhalten medialer Personen übernommen wird und zu was für einem Grad, hängt von Persönlichkeitsfaktoren des Rezipienten, aber auch von der Kommunikationsweise und Selbstdarstellung des Vorbildes ab. Primär gilt jedoch, dass das soziale Umfeld, Charaktereigenschaften und die Vorlieben einer Person die Wahl von Medieninhalten und die Übernahme von Verhaltensmustern beeinflussen. Die zusätzliche externe Beeinflussung durch mediale Vorbilder kann letztlich bei dem Treffen einer Entscheidung ausschlaggebend sein.[104] Mediale Vorbilder haben weniger die Funktion, konkrete Handlungsanweisungen zu geben, sondern dienen der Inspiration und sollten das Vertrauen ihrer Fans, Follower und Bewunderer gezielt nutzen, um einen positiven Einfluss auf deren Le-

---

[100] Schweiger, W., Fahr, A. (2013), S. 191
[101] Vgl. Schweiger, W., Fahr, A. (2013), S. 193
[102] Schweiger, W., Fahr, A. (2013), S. 195
[103] Vgl. Schweiger, W., Fahr, A. (2013), S. 198
[104] Vgl. Schweiger, W., Fahr, A. (2013), S. 199

bensweise und Alltagsentscheidungen auszuüben. Das Einflusspotenzial eines medialen Meinungsführers hängt stark von dessen Sachkenntnis und Expertise sowie der von den Rezipienten zugeschriebenen Glaubwürdigkeit ab. Zu den Faktoren, die die Einschätzung des Rezipienten bzgl. der Fachkenntnisse des Vorbildes betreffen, zählen das Alter des Kommunikators, aus dem auf dessen Erfahrung geschlossen wird, sowie seine soziale Position und eventuelle Ähnlichkeiten[105] zum Rezipienten.[106] „Vertrauenswürdigkeit machen sie [die Rezipienten] an der möglichen Absicht des Kommunikators fest, andere Leute zu überreden, um dadurch selbst etwas zu gewinnen. Ist diese Absicht in vermehrtem Ausmaß erkennbar, gilt der Kommunikator als wenig glaubwürdig."[107] Zudem spielt die Voreinstellung des Rezipienten gegenüber der angesprochenen Thematik des Kommunikators eine entscheidende Rolle bei dessen Einstellungs- und Verhaltensänderung.[108] Mediale Vorbilder, die Persönlichkeitsstärke demonstrieren, welche u.a. an Charakterzügen wie „Durchsetzungsfähigkeit, Standhaftigkeit, Selbstsicherheit, aber auch Verantwortungsbewusstsein"[109] festgemacht werden kann, haben i.d.R. mehr Einfluss auf ihre Zielgruppe als Meinungsführer, die diese Eigenschaften nicht demonstrieren und kommunizieren können. „Zur Beurteilung von Medienwirkungen ist die individuelle Persönlichkeit der Rezipienten entscheidend."[110] Die kritische Reflexion des Rezipienten während und nach dem Konsum der Medieninhalte ist ausschlaggebend und „ermöglicht im Idealfall eine Überprüfung des eigenen Verhaltens, um zu erkennen, in welchem Ausmaß dieses von medialen Vorbildern beeinflusst wird."[111]

3.3 Medienwirkung

Menschen sind soziale Wesen, deren Umwelt sich aus realen sowie imaginierten Mitmenschen, aber auch medialen Personen zusammensetzt. Der Umgang von Mediennutzern mit Medienpersonen ist vielseitig und kann starke Wirkungen erzeugen, insbesondere in Bezug auf die Emotionen, das Selbstkonzept und die

---

[105] gleiche Interessen, Werte, Bedürfnisse, Status usw.
[106] Vgl. Schenk, M. (2007), S. 97
[107] Schenk, M. (2007), S. 97
[108] Vgl. Schenk, M. (2007), S. 138
[109] Schenk, M. (2007), S. 383
[110] Schweiger, W., Fahr, A. (2013), S. 202
[111] Schweiger, W., Fahr, A. (2013), S. 203

Lebensweise von Menschen. Durch sozialpsychologische Phänomene wie Empathie, sozialen Vergleich, eine parasoziale Beziehung zu der Medienperson und die Identifikation mit dieser kann die Stärke der Wirkung und Beeinflussung durch das Vorbild, abhängig von der Persönlichkeit des Rezipienten, unterschiedlich ausfallen.[112] „Medienpersonen als Elemente unserer sozialen Umwelt dienen nicht selten als Vergleichsmaßstäbe, um eigene Fähigkeiten und Merkmale einzuordnen."[113] Soziale Vergleiche mit medialen Vorbildern wie Darstellern einer TV-Serie, Werbemodels, Sportlern, aber auch Meinungsführern wie Journalisten, Bloggern und Influencern können sich auf die Verhaltensweisen sowie die Meinungen der Rezipienten auswirken und diese in eine bestimmte Richtung beeinflussen. So können sie einerseits „positive Wirkungen entfalten (z.B. motivierende Orientierung an medialen Rollenvorbildern), aber auch schädlich wirken (Beeinträchtigung des Selbstwertgefühls [...])."[114] Ist die Beziehung zu einem Meinungsführer beispielsweise so stark, dass ein Rezipient sich täglich mit dieser medialen Person auseinandersetzt, so kann es geschehen, dass er dessen Meinungen übernimmt und als seine eigenen anerkennt. Es ist ebenfalls häufig erkennbar, dass Menschen nicht nur Einstellungen, sondern auch Verhaltensweisen ihrer digitalen Vorbilder übernehmen und so ihre Lebensweise an die des Influencers, Bloggers, Stars oder Schauspielers anpassen. Durch diese enge parasoziale Beziehung des Mediennutzers zu seinem Idol versetzt sich der Rezipient in die Rolle der Medienfigur und lebt so, wie er glaubt, dass sein Vorbild es tun würde. Diese Wirkung kann bereits kleine Alltagsentscheidungen beeinflussen. Die vier Konstrukte Empathie, sozialer Vergleich, parasoziale Beziehung und Identifikation „fungieren dabei als unabhängige Variablen bzw. als Mediator- oder Moderator-Variablen, die bestimmte Medienwirkungen hervorbringen bzw. zu deren Hervorbringung beitragen oder die Stärke der Effekte beeinflussen. So kann [...] [eine] parasoziale Bindung an Medienfiguren [...] die Überzeugungskraft persuasiver Botschaften erhöhen. Darüber hinaus haben parasoziale Prozesse wie der soziale Vergleich oder die Identifikation mit Medienpersonen Einfluss auf unser Selbstkonzept und unsere Identität."[115] Durch das Empfinden von Empathie gegenüber einer Medienperson wird die Überzeugungskraft persuasiver Botschaften gesteigert. „Durch

---

[112] Vgl. Schweiger, W., Fahr, A. (2013), S. 295
[113] Schweiger, W., Fahr, A. (2013), S. 295
[114] Schweiger, W., Fahr, A. (2013), S. 296
[115] Schweiger, W., Fahr, A. (2013), S. 296

erhöhte Empathie können [...] Einstellungs- und Verhaltensänderungen gefördert werden [...]."[116] Der soziale Vergleich bezieht sich auf einzelne Merkmale der Medienperson, beispielsweise ihre körperliche Attraktivität, ihre Karriere, ihre Lebensumstände, ihr Gesundheitszustand oder ihre Ernährungsweise. „Soziale Vergleiche haben kognitive (Selbsteinschätzung, Selbstkonzept), emotionale (Selbstwertgefühl) sowie auch motivationale und verhaltensbezogene Aspekte (Selbstentwicklung, Selbstwirksamkeit)."[117] Blogger und Influencer zählen in den meisten Fällen entweder zu der Gruppe der überlegenen oder der ähnlichen Medienpersonen, d.h. sie werden von den Rezipienten entweder als überlegen hinsichtlich eines oder mehrerer verschiedener Merkmale wahrgenommen, oder aber als vergleichbar eingeschätzt. Oft ist der Wunsch nach einer Veränderung der eigenen Identität oder Lebensweise bei jenen, die sich mit überlegenen Vorbildern vergleichen, sehr groß. Das Verfolgen der Inhalte als ähnlich eingeschätzter Influencer hingegen dient lediglich als Mittel zur Selbstverbesserung und Motivation. Parasoziale Beziehungen zu den Vorbildern sind einseitige, „scheinbar zwischenmenschliche Beziehungen, die Mediennutzer zu Medienfiguren aufbauen."[118] Diese Art der Beziehung entsteht infolge wiederholter Einzelkontakte, sogenannter parasozialer Interaktionen und kann auf sozialen Netzwerken u.a. durch das Kommentieren und Liken der Inhalte eines Influencers entstehen. Wenn dieser auf einen Kommentar antwortet, werden verstärkt Nähe und Vertrauen aufgebaut. Die parasoziale Beziehung ist jedoch mehr als die Summe einzelner parasozialer Interaktionen, denn sie besteht auch in Kontaktpausen weiter. Dies kann sich darin äußern, dass der Mediennutzer über die Medienperson nachdenkt oder ihr gegenüber Gefühle erzeugt werden, aber auch auf der Verhaltensebene des Rezipienten.[119] „Wie eng eine parasoziale Beziehung ausfällt, hängt einerseits von den Merkmalen der Medienperson (z.B. häufiges mediales Auftreten, Erscheinungsbild, direkte [Zielgruppen-]Ansprache) und andererseits von den Merkmalen der Mediennutzer (z.B. Alter, Geschlecht, Persönlichkeitsmerkmale) ab. Zudem spielen situative Faktoren [...] eine wichtige Rolle."[120] Eine paraso-

---

[116] Schweiger, W., Fahr, A. (2013), S. 299
[117] Schweiger, W., Fahr, A. (2013), S. 300
[118] Schweiger, W., Fahr, A. (2013), S. 302
[119] Vgl. Schweiger, W., Fahr, A. (2013), S. 303
[120] Schweiger, W., Fahr, A. (2013), S. 303

ziale Beziehung zu einer Medienfigur wie einem Blogger oder Influencer wirkt sich häufig positiv „auf die Überzeugungskraft persuasiver Botschaften"[121] aus. Jede Form der Kommunikation hat persuasive Folgen, welche Änderungen des mentalen Zustandes des Rezipienten betreffen. Diese können von einer Veränderung von Vorstellungen, Einstellungen, Meinungen und Werten bis hin zu Verhaltensintentionen variieren. Neben einer Einstellungsbildung zu bestimmten Themen können auch eine Abschwächung bzw. Verstärkung bereits vorhandener Einstellungen und ein Einstellungswechsel durch die Rezeption von Inhalten des Kommunikators hervorgerufen werden. Auch die Stabilisierung bzw. Destabilisierung der Einstellungssicherheit ist häufig ein Resultat der Rezeption von Inhalten eines Meinungsführers oder einer anderen medialen Person, zu der Rezipienten eine parasoziale Beziehung aufgebaut haben. Es kann sich jedoch auch lediglich die kognitive Struktur einer Einstellung ändern.[122] „Reaktionen auf persuasive Botschaften können sich auf verschiedene Weisen manifestieren."[123] Besonders wichtig sind hierbei die Auswirkungen auf bestimmte Einstellungen des Rezipienten sowie seine tatsächlichen Verhaltensänderungen, die durch den Konsum der kommunikativen Inhalte einer Person ausgelöst werden. „Eine Einstellung kann ganz allgemein definiert werden als eine zeitlich relativ stabile, durch Informationsverarbeitungs- und Lernprozesse erworbene Bereitschaft, in positiver oder negativer Weise auf eine bestimmte Klasse von Objekten (Person, Sache, Idee, Ereignis, Institution) zu reagieren."[124] Dabei wird zwischen affektiven (Emotionen, z.B. Ab- versus Zuneigung), kognitiven (Meinungen) sowie konativen (Handlungen und Handlungsabsichten) Reaktionen unterschieden. Änderungen von Einstellungen können auch ohne das Bewusstsein des Rezipienten entstehen, denn auch unbewusste (implizite) Einstellungen beeinflussen Urteile und Verhaltensweisen. Bei Einstellungen handelt es sich um „eine Summe aller mit der individuellen Relevanz gewichteten positiven und negativen Vorstellungen über ein Objekt [...]. Wertvorstellungen sind stark präskriptive und besonders dauerhafte Ideen darüber, mit welchen Grundsätzen und Zielen die Welt gestaltet sein sollte [...]."[125] Diese Wertvorstellungen können sich jedoch auch auf die eigenen Verhal-

---

[121] Schweiger, W., Fahr, A. (2013), S. 305
[122] Vgl. Schweiger, W., Fahr, A. (2013), S. 314
[123] Schweiger, W., Fahr, A. (2013), S. 315
[124] Schweiger, W., Fahr, A. (2013), S. 315
[125] Schweiger, W., Fahr, A. (2013), S. 315

tensweisen beziehen und beeinflussen, auf welche Weise Inhalte rezipiert und bewertet werden oder wie die gelernte Information im Alltag umgesetzt wird. Einstellungen übernehmen wichtige Funktionen für das Alltagshandeln, denn ihnen werden eine Wissensfunktion, eine instrumentelle Funktion sowie eine Identitätsfunktion zugeschrieben.[126] Botschaften von Meinungsführern wie Bloggern oder Influencern auf Social Media müssen zunächst erlernt werden, „bevor sie sich als Einstellungen und Verhaltensbereitschaften manifestieren können."[127] Sie müssen Aufmerksamkeit finden, das Interesse oder einen Drang zu einer Annahme und schließlich einer Einstellungs- oder Verhaltensänderung wecken, bevor sich die Rezeption tatsächlich in einer Form auf das Leben oder den Alltag des Mediennutzers auswirkt. Oftmals treffen Botschaften auf bereits bestehende Einstellungen und bestärken diese, da die Voraussetzung des Involvements des Rezipienten bereits gegeben ist. Die bei der Rezeption generierten Gedanken sind ebenfalls von großer Bedeutung für die Persuasionswirkung, denn bei hoher Motivation und ausgeprägten kognitiven Fähigkeiten erfolgt die Informationsverarbeitung involviert, d.h. tiefgründig und argumentbasiert.[128] „Dabei werden die Argumente mit schon bestehenden kognitiven Strukturen abgeglichen. Je nachdem, wie die Bilanz ausfällt, kommt es zu einer Einstellungsänderung oder nicht."[129] Diese wirkt sich wiederum auf das Verhalten aus und entscheidet darüber, ob der Rezipient seine Verhaltensweisen und sein Alltagsleben an die aufgenommene und verarbeitete Information anpasst oder alles beibehält wie bisher. Einstellungs- und im Zuge dieser auch Verhaltensänderungen, „die auf argumentbasierter Urteilsbildung beruhen, gelten als dauerhaft und widerstandsfähig gegenüber Gegenargumenten. Bei geringer Motivation oder geringen Fähigkeiten"[130] wird der Medieninhalt wenig elaboriert, oberflächlich und nicht argumentbasiert wahrgenommen und verarbeitet. „Dann entscheiden einfache Hinweisreize darüber, ob eine Botschaft akzeptiert wird (z.B. die Glaubwürdigkeit des Kommunikators). Solche Einstellungsänderungen gelten als wenig dauerhaft."[131] Ebenso wird die Verhaltensänderung des Rezipienten, falls eine erfolgt,

---

[126] Vgl. Schweiger, W., Fahr, A. (2013), S. 315
[127] Schweiger, W., Fahr, A. (2013), S. 316
[128] Vgl. Schweiger, W., Fahr, A. (2013), S. 316-317
[129] Schweiger, W., Fahr, A. (2013), S. 317-318
[130] Schweiger, W., Fahr, A. (2013), S. 318
[131] Schweiger, W., Fahr, A. (2013), S. 318

nur von kurzer Dauer sein. Auch dessen Stimmung beeinflusst die Informationsverarbeitung und, ob oder inwiefern eine Einstellungs- und Verhaltensänderung erfolgt. Der Zusammenhang zwischen Einstellungen und Verhalten wird indirekt vermittelt. Für einen Großteil des Verhaltens ist die Verhaltensintention unmittelbar bestimmend, weniger jedoch die vorherrschende Einstellung des Rezipienten. „Die Verhaltensintention wird wiederum mit der Einstellung gegenüber diesem Verhalten, der wahrgenommenen sozialen Normverträglichkeit der Handlung sowie der wahrgenommenen Verhaltenskontrolle erklärt. Damit werden nicht nur soziale Bezüge (ist das Verhalten sozial angemessen und erwünscht?), sondern auch subjektive Kompetenzen und Möglichkeiten berücksichtigt (kann das Verhalten überhaupt ausgeübt werden?). Die verhaltensbezogene Einstellung ergibt sich schließlich aus der Summe der Produkte aus Erwartungen und Bewertungen für eine verhaltensbezogene Einstellung."[132] Die Einstellung ist demnach lediglich einer von vielen Prädikatoren für die Verhaltensintention und das Verhalten des Rezipienten.[133] Auch das Ausmaß des Bedauerns über eine ggf. ausgeführte bzw. unterlassene Handlung kann das Verhalten eines Rezipienten beeinflussen. Die Funktionen sowie die Art, die Stärke und Richtung des medialen Einflusses sowie die Beeinflussbarkeit durch die Rezeption von Inhalten auf sozialen Netzwerken „sind nicht nur abhängig von den individuellen Charakteristika der beteiligten Personen sowie von den Normen, Werten und Zielen des sozialen Netzwerks, sondern auch abhängig von zahlreichen Kontextfaktoren (z.B. der Art der Information und ihrem Nachrichtenwert, dem Zeitpunkt und Persönlichkeitsmerkmalen von Kommunikator und Rezipient)."[134]

3.3.1 Zentrale Einflussfaktoren

Zu den zentralen Einflussfaktoren, die den den Persuasionsprozess der Medienwirkung beeinflussen können, zählen u.a. die dauerhaften Dispositionen und situative Merkmale wie Voreinstellungen und Stimmungen der Rezipienten.[135] Weitere zentrale Einflussfaktoren bei der Beeinflussung von Mediennutzern durch Medienpersonen sind die Personenfaktoren des Mediennutzers. Darunter zählen unter anderem die Persönlichkeitsmerkmale der Rezipienten. Einige Personen sind

---

[132] Schweiger, W., Fahr, A. (2013), S. 320
[133] Vgl. Schweiger, W., Fahr, A. (2013), S. 321
[134] Geise, S. (2017), S. 18
[135] Vgl. Schweiger, W., Fahr, A. (2013), S. 323

grundsätzlich für Botschaften und Informationen leichter empfänglich und somit auch beeinflussbarer als andere. Merkmale wie das Selbstbewusstsein des Rezipienten spielen bei der Informationsverarbeitung eine entscheidende Rolle. Auf Basis des vorhandenen Selbstbewusstseins des Rezipienten wird der Kommunikator als kompetent oder inkompetent eingeschätzt. Dementsprechend glaubwürdig und akzeptabel erscheint dem Rezipienten die kommunizierte Botschaft.

Es lässt sich grundsätzlich festhalten, dass stringente und eher komplexe Argumentationen eine stärkere Wirkung bei den Rezipienten hervorrufen.[136] „Menschen unterscheiden sich auch hinsichtlich ihres Kognitionsbedürfnisses, d.h. ihrem Bedürfnis nach kognitiver Betätigung. Menschen mit hohem Kognitionsbedürfnis verarbeiten mit höherer Wahrscheinlichkeit zentral[137], während Menschen mit geringem Kognitionsbedürfnis eine Präferenz für die periphere Route[138] zeigen. ‚Sensation Seeker'[139] lassen sich eher von aufregenden und stimulierenden Stimuli beeinflussen, während es bei Menschen mit niedrig ausgeprägtem Sensation Seeking genau umgekehrt ist. Des Weiteren interagiert etwa die Neigung, sich emotional zu engagieren, mit einer erhöhten Empfänglichkeit für narrative (und emotionale) Persuasionsbotschaften."[140] Die Persuasion wird dem Kommunikator folglich erleichtert, wenn es zu einer Übereinstimmung zwischen einem persönlichen Motiv (Neigung, Ziel, Interesse, Neugierde) des Rezipienten und der Art der Kommunikation (Form, Stil, Inhalt) der Botschaft des Kommunikators kommt.[141] Darüber hinaus begünstigen negative Stimmungen eine eher kritische und gründliche, positive eine eher unkritische, oberflächliche Informationsverarbeitung. „Entsprechend basiert die Urteilsbildung bei negativer Stim-

---

[136] Vgl. Schweiger, W., Fahr, A. (2013), S. 323

[137] Hierbei wird sich primär an den Argumenten und der Qualität der Mitteilung orientiert. Diese werden vom Empfänger aktiv mit bereits angeeignetem Wissen zum Thema verglichen und eingeschätzt. Auf dieser Grundlage können die Argumente dann entweder abgelehnt oder zustimmend integriert werden.

[138] Hierbei sind die Argumente und deren Qualität nebensächlich; stattdessen werden periphere Hinweisreize verwendet. Zu diesen gehören Merkmale des Senders wie dessen Attraktivität, (vermutete) Kompetenz oder Bekanntheit, die Länge der Kommunikation usw.

[139] Sensation Seeking beschreibt ein mehrdimensionales, relativ stabiles Persönlichkeitsmerkmal, das durch die Verhaltenstendenz charakterisiert ist, abwechslungsreiche, neue, komplexe und intensive Eindrücke, Erlebnisse und Erfahrungen zu machen und Situationen aufzusuchen und hierfür oft (aber nicht notwendigerweise) physische, psychische oder soziale Herausforderungen und Risiken auf sich zu nehmen.

[140] Schweiger, W., Fahr, A. (2013), S. 323

[141] Vgl. Schweiger, W., Fahr, A. (2013), S. 324

mung eher auf Argumenten, bei positiver Stimmung eher auf peripheren Merkmalen."[142] Bei starken Voreinstellungen und geringem Involvement gibt es keinen Affekteinfluss, bei stark zielmotivierter Verarbeitung (z.B. einer Informationssuche) erfolgt ebenfalls kein Affekteinfluss. Bei geringem Involvement und weniger starken Voreinstellungen hingegen werden Affekte als Hinweise interpretiert. „Bei hohem Involvement und nicht zielmotivierter Verarbeitung determinieren Affekte die gesamte weitere Informationsverarbeitung, d.h. sowohl die Interpretation von Situationen und Botschaften als auch die dabei generierten Gedanken. Bei einer positiven Stimmung wird ein Individuum demnach positivere Gedanken bezüglich einer Botschaft generieren als bei einer negativen Stimmung, was die Beurteilung der Botschaft beeinflusst."[143] Zudem bestimmt dies auch darüber, inwieweit die Handlungsempfehlungen der Botschaft oder Information umgesetzt und auf das eigene Leben des Rezipienten angewandt werden. Darüber hinaus beeinflussen die persönlichen Eigenschaften des Kommunikators die Persuasionseffekte. Zu diesen zählen die Glaubwürdigkeit, die der Rezipient diesem zuschreibt (einhergehend mit Vertrauenswürdigkeit und Expertise), die soziale Attraktivität mit den Determinanten Sympathie / Gefälligkeit, Ähnlichkeit und physische Attraktivität, sowie der soziale Einfluss.[144] Zusätzlich können kognitive Dissonanzen von Botschaften die Medienwirkung beeinflussen. Weitere Faktoren, die Einfluss auf die Wirkung von Medieninhalten auf Rezipienten haben, sind sogenannte Botschaftsfaktoren. Zu diesen zählen unter anderem stilistisch-formale Merkmale wie Narrativität, welche einen starken Einfluss auf die Persuasion ausübt, „weil es die Aufmerksamkeit und das Involvement auf die Narration lenkt, eine positive, hedonistische Grundstimmung entstehen lässt und als Konsequenz eine unkritische Rezeptionsweise eingenommen wird. Emotionalität als Botschaftsmerkmal wird ebenfalls häufig in Persuasionsbotschaften eingesetzt."[145] Dieses stilistisch-formale Merkmal wird in der PR, aber auch unter Meinungsführern wie Bloggern und Influencern als sogenanntes „Storytelling" verstanden. (Werbe-)Botschaften werden Teil von Geschichten und wirken auf die Mediennutzer und Leser somit authentischer, da diese sich mit dem Erzählten leichter identifizieren können und dadurch möglicherweise Emotionen geweckt werden. Zudem sind Informationen,

---

[142] Schweiger, W., Fahr, A. (2013), S. 324
[143] Schweiger, W., Fahr, A. (2013), S. 324
[144] Vgl. Schweiger, W., Fahr, A. (2013), S. 325
[145] Schweiger, W., Fahr, A. (2013), S. 326

die in Form von fesselnden und interessanten Geschichten geteilt werden, für Rezipienten deutlich einfacher nachvollziehbar. Weiterhin sind die Verständlichkeit sowie die Argumentqualität für die Rezipienten bei der Verarbeitung der Inhalte von Bedeutung. „Für die Komplexität einer Botschaft gilt, dass sie idealerweise an das kognitive Niveau des Publikums angepasst sein sollte."[146] Auch das persönliche Involvement der Rezipienten ist von großer Bedeutung. Zwei weitere zentrale Kontextfaktoren bei der Botschaftsvermittlung eines Kommunikators, beispielsweise eines Influencers, der seinen Lebensstil vermarkten möchte, sind die Kumulation und Konsonanz seiner Inhalte. „Kumulation meint die wiederholte Darbietung gleicher oder zumindest sehr ähnlicher Persuasionsbotschaften und Konsonanz die Übereinstimmung von Persuasionsbotschaften [...]. [...] Kumuliert präsentierte Persuasionsbotschaften wirken unter bestimmten Umständen glaubwürdiger und persuasiver."[147] Aber auch die Wirkungsdimension spielt bei der Medienwirkung eine wichtige Rolle. Die klassischen Wirkungsdimensionen umfassen zum einen den Wirkungszeitpunkt (während oder im Anschluss an die Nutzung), den Wirkungseintritt (nach einem oder wiederholten Kontakten), die Wirkungsintensität (schwache vs. starke Wirkung) sowie die Reichweite der Wirkung (einzelne vs. viele Rezipienten). Schließlich stellt auch die Art der Wirkung eine Wirkungsdimension dar, die sich in die vier Bereiche affektiv, kognitiv, konativ und physiologisch einteilen lässt.[148] Dies lässt sich insbesondere auf die Bereiche Ernährung und Gesundheit, um die es im Rahmen dieser Arbeit geht, beziehen. „Affektive Wirkungen sind emotionale Reaktionen auf Gesundheitsinformationen (z.B. Hoffnung, Angst, Verunsicherung), Einflüsse auf der kognitiven Ebene betreffen Wissen, Wahrnehmung oder Einstellungen. Konative Effekte beziehen sich auf die Verhaltensebene und können ein verändertes Gesundheits- oder Informationsverhalten zur Folge haben. Auch physiologische Effekte spielen in der Gesundheitskommunikation eine Rolle. Diese betreffen körperliche Folgen wie etwa Gewichtsreduktion oder veränderte Blutwerte, aber auch das allgemeine Wohlbefinden."[149] In der Regel ist die Wirkung von gesundheitsbezogenen Botschaften medialer Angebote positiver Natur. Intendierte Effekte zielen meistens auf eine positive Wirkung ab, sie können jedoch auch im Moment der Rezeption

---

[146] Schweiger, W., Fahr, A. (2013), S. 326
[147] Schweiger, W., Fahr, A. (2013), S. 327
[148] Vgl. Schweiger, W., Fahr, A. (2013), S. 388
[149] Schweiger, W., Fahr, A. (2013), S. 388-389

eine negative Wirkung hervorrufen (z.B. Angst, Verunsicherung, Überforderung), anschließend jedoch zu einer positiven Reaktion (z.B. Reflektion und Verhaltensänderung) führen.[150] „Neben den genannten Botschaftsmerkmalen spielen auch Rezipienten- und Situationsmerkmale im Wirkungsprozess eine Rolle. Das Spektrum möglicher intervenierender Variablen ist umfangreich [...]. Eine veränderte Risikowahrnehmung kann etwa aus der Rezeption von Gesundheitsinformationen resultieren und somit eine abhängige Variable sein. Die Risikowahrnehmung ist aber häufig auch eine intervenierende Variable, die den Einfluss von Gesundheitsinformationen auf Einstellungen oder Verhalten moderiert."[151] Zu weiteren intervenierenden Variablen zählen soziodemografische Merkmale wie Alter und Geschlecht, Persönlichkeitseigenschaften wie Intro- oder Extroversion, das Medien-nutzungsverhalten (z.B. Nutzungshäufigkeiten und -präferenzen) sowie das soziale Umfeld. Auch der aktuelle Gesundheitszustand des Nutzers, sein bisheriges Gesundheits- und Ernährungsverhalten, sein Interesse an verschiedenen Gesundheitsthemen und Ernährungsweisen wie auch sein persönliches Involvement spielen eine ausschlaggebende Rolle. Zusätzlich beeinflussen Faktoren wie ein bereits vorhandenes oder fehlendes Vorwissen, die eigene Einstellung zur Ernährung und verschiedenen „Food-Trends" sowie dessen Verhaltensintentionen die letztendliche Wirkung von Medieninhalten.[152]

3.3.2 Einstellungs- und Verhaltenswandel bei Rezipienten

Für einen Einstellungswandel, der eine Verhaltensänderung zur Folge hat, muss die Voraussetzung, dass der Kommunikator einen Stimulus präsentiert, der Reaktionen bei den Rezipienten evoziert, erfüllt sein. „Der Stimulus ist also ein Schlüsselelement in der Einstellungsänderungssituation."[153] Dabei kann die Reaktion entweder im Moment der Rezeption oder auch im Nachhinein hervorgerufen werden. Die Verarbeitungszeit des Stimulus, und damit die Reaktionszeit des Empfängers, ist von persönlichen Motiven des Rezipienten geprägt und kann variieren. Zudem kann die Kommunikation eines medialen Vorbildes nur dann zu einer Beeinflussung im Sinne einer Einstellungs-, Meinungs- oder Verhaltensänderung führen, „wenn sie zusätzlich noch Anreize zur Akzeptierung beim Rezipien-

---

[150] Vgl. Schweiger, W., Fahr, A. (2013), S. 389
[151] Schweiger, W., Fahr, A. (2013), S. 390
[152] Vgl. Schweiger, W., Fahr, A. (2013), S. 390-391
[153] Schenk, M. (2007), S. 78

ten hervorruft."[154] Das Ausmaß der Anreize, die die Eigenschaften der Kommunikationsquelle, die Art der Kommunikationsstimuli und die Umgebung des Rezipienten liefern, bestimmt den Grad der Einstellungs- und Meinungs- sowie Verhaltensänderung des Rezipienten. Der Rezipient muss also durch diese Variablen zum Einstellungs- und Meinungswandel sowie einer Verhaltensänderung motiviert werden.[155] Eine Änderung der Einstellung und des Verhaltens von Rezipienten hängt insbesondere mit sozialen Einflussprozessen zusammen, die als Einwilligung, Identifikation und Internalisierung beschrieben werden können.[156] Zudem ist das Einflusspotenzial eines medialen Meinungsführers abhängig von unterschiedlichen Subfaktoren. Zu diesen zählen die Eigenschaften des Inhalts und des Kommunikators selbst, dessen Glaubwürdigkeit, aber auch die Eigenschaften des Mediums, auf welchem die Kommunikation stattfindet. Weiterhin spielen situative Bedingungen wie die Aufnahmefähigkeit, allgemeine Beeinflussbarkeit oder Stimmung des Rezipienten in den Prozess mit hinein.[157] Auch die Identifikation des Rezipienten mit dem medialen Vorbild sowie die diesem gegenüber empfundene Sympathie sind ausschlaggebende Faktoren. Wetiterhin spielt die parasoziale Beziehung des Rezipienten zu seinem medialen Vorbild eine entscheidende Rolle. Die Variablen bei der Einstellungs- und einer daraus resultierenden Verhaltensänderung lassen sich in einem Stufenfluss[158] darstellen.[159] „Tritt nach der Handlung eine Kongruenz von Einstellung und Verhalten auf, dann ist von Verstärkung die Rede. Anderenfalls wird die neue Einstellung untergraben. Die Konsistenz von Einstellung und Verhalten ist schließlich „belohnend", sodass eine Konsolidierung das Ergebnis ist. Die neue Einstellung erlangt im Zeitablauf Persistenz bzw. ist von dauerhaftem Charakter."[160]. Zudem ist es notwendig, dass ein Meinungsführer, der eine Information mit seiner Zielgruppe teilt, Botschaften wiederholt, um den maximalen Einfluss zu erzielen. Aber auch der Kontext, in

---

[154] Schenk, M. (2007), S. 78
[155] Vgl. Schenk, M. (2007), S. 78
[156] Vgl. Schenk, M. (2007), S. 79
[157] Vgl. Schenk, M. (2007), S. 80
[158] Zuwendung, Aufmerksamkeit, Interesse, Verständnis, Akquisition bestimmter Bestandteile der Botschaft, Zustimmung bzw. Akzeptanz, Speicherung, Auffinden der neuen Einstellung bzw. Information im Gedächtnis, Entscheidung, und Handlung
[159] Vgl. Schenk, M. (2007), S. 83
[160] Schenk, M. (2007), S. 83

dem die Botschaft vermittelt wird, spielt eine ausschlaggebende Rolle.[161] Auch demografische Rezipienten-Merkmale wie Demografie, Persönlichkeit, Lebensstil und kognitive Fähigkeiten sind zu berücksichtigen.[162] Der letztendliche Einfluss hängt von der Aufmerksamkeit, dem Verständnis sowie der Annahme des Rezipienten ab.

Der Meinungswandel eines Rezipienten stellt einen Teil von dessen Einstellungswandels dar, „der sich im Gegensatz zum Meinungswandel nicht auf verbale Äußerungen beschränken lässt, sondern in einem breiteren Rahmen zu verwenden ist"[163]. Einstellungen und Meinungen ändern sich durch Lernprozesse. Zusätzlich ist es zu beachten, dass Kommunikation nur dann eine Meinungs- oder Einstellungsänderung hervorrufen kann, wenn die Botschaft Anreize zur Akzeptierung beim Rezipienten hervorruft.[164] Ohne eine Akzeptanz der vermittelten Botschaften eines Influencers wird keine Änderung bei der Followerschaft hervorgerufen. Inhalt und Effekt einer Botschaft sind demnach nicht gleichzusetzen. „Vielmehr bestimmt das Ausmaß der Anreize, die die Eigenschaften der Kommunikationsquelle, die Art der Kommunikationsstimuli und die Umgebung des Rezipienten liefern, den Grad der Einstellungs- und Meinungsänderung des Rezipienten; der Rezipient muss also durch diese Variablen zum Einstellungs- und Meinungswandel motiviert werden"[165], welcher wiederum zu einem Verhaltenswandel führen kann. Die Meinung eines Rezipienten besteht folglich so lange, bis er sich vom Gegenteil überzeugen lässt und Lernerfahrungen macht, die ihm plausibel erscheinen und zu einer Übereinstimmung bei ihm führen. Die durch Kommunikation verursachte Einstellungs- und Meinungsänderung, die in einigen Fällen auch zu einem Verhaltenswandel führen kann, steht in einem engen Zusammenhang mit sozialen Einflussprozessen, die als Einwilligung, Identifikation und Internalisierung beschrieben werden können. Internalisierung meint vor allem, dass Einflüsse von Rezipienten akzeptiert werden, „weil Ideen und Verhaltensweisen, die geliefert werden, belohnender Art in dem Sinne sind, dass sie in Kongruenz zum Wertesystem der Person stehen"[166]. Dies kann sich durch den äußeren Einfluss

---

[161] Vgl. Schenk, M. (2007), S. 83
[162] Vgl. Schenk, M. (2007), S. 83
[163] Schenk, M. (2007), S. 78
[164] Vgl. Schenk, M. (2007), S. 78
[165] Schenk, M. (2007), S. 78
[166] Schenk, M. (2007), S. 79

und die Rezeption der Meinungen anderer ebenfalls ändern. Dabei ist allerdings auch zu differenzieren, ob der Einstellungswandel des Rezipienten nur auf verbaler Ebene erfolgt und nach kurzer Zeit wieder verschwindet, oder ob es ein dauerhafter Wandel ist, der sich tief in das Wertesystem einer Person integriert hat.[167]

---

[167] Vgl. Schenk, M. (2007), S. 80

4 Veganismus

Eine vegane Lebensweise impliziert grundsätzlich den Verzicht tierischer Produkte in allen Lebensbereichen. „Es wird versucht, Wolle, Daunen und Leder bei der Bekleidung oder in Gebrauchsgegenständen zu vermeiden."[168] Der Begriff Veganismus schließt folglich nicht nur die Ernährungsweise eines Menschen mit ein, sondern bezieht sich vielmehr auf einen Lebensstil. Dabei handelt es sich um ein Konzept, welches zum Ziel hat, Tieren durch seine Handlungsweisen so wenig wie möglich, bis bestenfalls gar nicht, zu schaden. Die vegane Lebensweise versucht unter anderem, gegen Massentierhaltung, das Welthungerproblem und den Klimawandel anzusteuern. Vermehrt rücken nun die gesundheitlichen Aspekte ins Zentrum der Aufmerksamkeit, sowohl bedingt durch die vielen Skandale in der Lebensmittelbranche (Antibiotika, verunreinigtes Fleisch), als auch durch diverse Erkenntnisse der Wissenschaft, welche besagen, dass der Konsum von tierischen Lebensmitteln dem Menschen schadet.[169] In den letzten Jahren hat sich ein wachsender Anteil der Weltbevölkerung für eine vegane Ernährung entschieden. Heutzutage leben mehr Menschen, u.a. auch Prominente wie Schauspieler, Musiker und Sportler vegetarisch beziehungsweise vegan und sprechen öffentlich über ihre Beweggründe. Einige vegan-vegetarische Prominente[170] zeigen, dass es sich beim Veganismus um eine Lebensweise handelt.[171] Dadurch fühlen sich mehr Menschen von dieser Ernährungsweise angesprochen, weil der Trend alltagstauglicher wird. „Es gibt verschiedene Gründe, sich fleischlos zu ernähren. Eine stark pflanzenbasierte Ernährung weist neben gesundheitlichen Vorteilen auch sozial und ökologisch positive Aspekte auf. [...] Gesellschaftspolitisch werden einer vegetarischen Lebensweise häufig positive Auswirkungen zugeschrieben. Sie kann unter anderem über die Reduzierung der Massentierhaltung dazu beitragen die Umwelt zu schonen."[172] Die vegane Lebensweise geht demnach über den Ernährungsaspekt weit hinaus und leistet einen wichtigen Beitrag zur Lösung von Um-

---

[168] Hopp, M., Keller, T., Lange, S., Epp, A., Lohmann, M., Böl, G.-F. (2017), Web
[169] Vgl. Schlüter, H. (2018), Web
[170] z.B. Kochbuchautoren wie Attila Hildmann oder Sportler wie Mike Tyson
[171] Vgl. Schlüter, H. (2018), Web
[172] o.V. vom Robert Koch Institut (2016), Web

weltproblemen – seien es die Folgen der Überdüngung oder die Emission von Treibhausgasen.[173]

Ob es sich beim Veganismus um eine Trenderscheinung, einen Wertewandel oder einen Lebensstil aus Überzeugung handelt, darüber sind sich Kritiker häufig uneinig. Fest steht, dass eine vegane Lebensweise in den letzten Jahrzehnten stark an Beliebtheit dazugewonnen hat und dem Thema bis heute mehr mediale und gesellschaftliche Aufmerksamkeit denn je zukommt.[174] Auf diese Entwicklung der Popularität des Lebensstils Veganismus sowie die Zunahme der Medienberichterstattung über dieses Thema wird in diesem Kapitel näher eingegangen.

4.1 Charakteristika von Veganern

„Grundsätzlich ist erkennbar, dass Veganer ein deutlich höheres Bewusstsein für den eigenen Körper, die Gesundheit, die Ernährung und auch die Umwelt im Laufe der Zeit entwickeln. Ebenfalls sorgt die achtsame Lebensmittelauswahl und die intensive Beschäftigung mit Nahrungsmitteln häufig für eine gesündere, ausgewogenere sowie auch kalorienärmere Ernährungsweise und die meisten Veganer haben ein deutlich besseres Körpergefühl als Menschen, die sich hauptsächlich durch Mischkost ernähren. Interessant ist, dass sich mehr Frauen als Männer vegan beziehungsweise zumindest vegetarisch ernähren und vegan lebende Frauen und Männer einen höheren Bildungsstand aufweisen – fast 70 Prozent der Veganer haben einen hohen Bildungsabschluss."[175] Laut einer Studie des Robert Koch Instituts[176] ist der Anteil der Vegetarier in der Altersgruppe der 18- bis 29-Jährigen am höchsten. Die Studie fand heraus, dass der typische Veganer zwischen 20 und 30 Jahre alt ist. Insgesamt sind 81 Prozent der Veganer Frauen und 19 Prozent Männer. Laut dem Robert Koch Institut ist die vegetarische Ernährungsweise bei Frauen mit 6,1 Prozent weiter verbreitet als bei Männern mit 2,5 Prozent. Laut dem Bundesinstitut für Risikobewertung wollen „Veganer [...] deutlich stärker eine Veränderung in der Gesellschaft hervorrufen, sind risikobereiter und hängen weniger an Gewohnheiten und Vertrautem."[177] Viele Veganer berich-

---

[173] Vgl. Keller, M. (2013), S. 21
[174] Vgl. Vieth, J. (2015), Web
[175] o.V. (2018), Web
[176] Vgl. Mensink GBM, Lage Barbosa C, Brettschneider AK (2016), Web
[177] Hopp, M., Keller, T., Lange, S., Epp, A., Lohmann, M., Böl, G.-F. (2017), S.23, Web

ten oftmals über ein gesteigertes Wohlbefinden nach ihrer Ernährungsumstellung. Sie können häufig festellen, „dass sich [seit der Ernährungsumstellung] die körperliche Fitness verbesserte, das Schlafbedürfnis verringerte oder bislang vorhandene Krankheitssymptome verschwanden. Die wesentlichen Vorteile einer veganen Ernährung werden aus Sicht der Veganer in einem verringerten Risiko für Herz-Kreislauf-Erkrankungen, niedrigeren Cholesterinwerten sowie einem geringeren Diabetes-Risiko gesehen."[178]

4.2 Medienberichterstattung über Veganismus

„Die starke Verbreitung des Veganismus in den letzten Jahren ist vor allem auf zwei Entwicklungen zurückzuführen: Zum einen auf die sozialen Medien und zum anderen auf [...] Dokus, die der Fleisch und Fisch im Überfluss verzehrenden Gesellschaft einen Spiegel vorhalten und indirekt dazu auffordern, den bisherigen, gewohnten Konsum zu überdenken. In den sozialen Medien sind es wiederum mehrere Entwicklungen, die parallel laufen. So sprießen immer mehr vegane Blogs und Seiten auf Facebook, Instagram und Co. aus dem Boden. Sie klären über die Vorteile des veganen Lebens auf, es werden Tipps für einfache vegane Lebensmodelle oder auch konkrete Rezeptideen mit Alternativen für tierische Produkte gepostet."[179] Neben Dokumentationen und Inhalten auf sozialen Netzwerken haben auch prominente Persönlichkeiten einen großen Einfluss auf das Verhalten vieler Menschen. „Sie dienen oftmals als Idole, als Vorbilder für ganze Lebensstile und Einstellungen."[180] Dies trifft auch auf Hollywoodschauspieler zu, die durch ihre Rollen in diversen Filmen, aber auch durch ihre Interviews, eine immense Bandbreite eines heterogenen Publikums ansprechen. „Viele von ihnen folgen dem Trend des Veganismus und verzichten inzwischen auf tierische Produkte. [...] Dadurch beeinflussen viele prominente Veganer und Veganerinnen ihre Fans und Anhänger in direkter oder indirekter Weise und verbreiten damit die Vorteile des veganen Lebens weiter."[181] Tendenziell lässt sich festhalten, dass der Lebensstil Veganismus in der Gesellschaft inzwischen Fuß gefasst hat und von Köchen und Ernährungsexperten vertreten wird. Der Trend ist demnach inzwischen in der Gesellschaft angekommen und lässt sich inzwischen vielmehr als Le-

---

[178] Hopp, M., Keller, T., Lange, S., Epp, A., Lohmann, M., Böl, G.-F. (2017), S. 12, Web
[179] o.V. (2017), LVZ, Web
[180] o.V. (2017), LVZ, Web
[181] o.V. (2017), LVZ, Web

benseinstellung bezeichnen. Er ist, ähnlich wie der Vegetarismus, aus dem Leben vieler Menschen nicht mehr wegzudenken. „In erster Linie lässt sich die Umstellung auf ein veganes Leben in Milieus beobachten, in denen viele junge Menschen leben – seien es Universitätsstädte, Szeneviertel in Großstädten oder bei Menschen, die in neueren Wohnkonzepten zusammenwohnen und für progressive und neuartige Ideen schnell zu begeistern sind. Laut Stephanie Stragies, Leiterin der Pressestelle vom Vegetarierbund Deutschland, ist ein Veränderungsprozess in der medialen Berichterstattung über Vegetarier und Veganer feststellbar: „Es gibt ein Bild, das die Medien im Moment gerne aufgreifen. Das sind junge Menschen, die modern sind, die nicht mehr einem Klischeebild von früher entsprechen. Das sind heute, im Gegensatz zu früheren Zeiten, junge, moderne, hippe und gut gebildete Verbraucher."[182] Diese Aussage stimmt mit der Aussage des im Rahmen dieser Arbeit befragten Kommunikationsexperten für Veganismus, Andreas Grabolle, überein. Nach dessen Äußerung ist die Medienberichterstattung in den letzten Jahren deutlich positiver geworden. „Nur noch vereinzelt erscheinen dann mal Beiträge, die das Thema Veganismus sehr kritisch sehen, gerade auf Seiten der Journalisten wird es schon sehr positiv dargestellt und die stehen dem offener gegenüber, das war nicht immer so."[183] Als Folge wird der Veganismus in der Gesellschaft durch die mediale Präsenz immer populärer. Aber auch im Hinblick auf die Lösung gesellschaftlicher Probleme stellt der Veganismus einen entscheidenden Faktor dar. So haben viele Menschen durch die Berichterstattung über zahlreiche Herausforderungen der heutigen Gesellschaft wie Welthunger, Umweltkatastrophen und gesundheitliche Probleme ein gesteigertes Umwelt- und Gesundheitsbewusssein.[184] Aber auch durch Skandale wie Tiertransporte und Fleischskandale, die in den vergangenen Jahrzehnten in den Medien aufgedeckt wurden, fand in der Gesellschaft eine kritischere Auseinandersetzung mit dem Verzehr von Fleisch statt, die eine Bewusstseinsveränderung zur Folge hatte.[185] In diesen Themen spielt der Veganismus als Teil der Lösung eine wichtige Rolle, weshalb die Medienberichterstattung aktuell deutlich positiver ausfällt als noch vor einigen Jahren.[186]

---

[182] Vieth, J. (2015), Web
[183] Anhang 8.3.1, Z. 130-133
[184] Vgl. Anhang 8.3.1, Z. 26-28
[185] Vgl. Anhang 8.3.1, Z. 21-26
[186] Vgl. Anhang 8.3.1, Z.130-133

4.3 Veganismus auf Social Media

Die größte Altersgruppe, die sich in sozialen Netzwerken aufhält und diese im Vergleich zu anderen Altersgruppen verhältnismäßig viel nutzt, ist die Gruppe der 14-29-Jährigen. Das ist das Ergebnis einer Studie der Bitkom zu sozialen Netzwerken aus dem Jahr 2013. Die Studie fand zudem heraus, dass junge Menschen im Alter von 14 bis 29 Jahren soziale Netzwerke zu den oben genannten Zwecken nutzen. In Kapitel 4.1 wurde bereits festgestellt, dass ein Großteil der Veganer zwischen 20 und 30 Jahren alt ist. Anhand dieser Zahlen ist feststellbar, dass die zwei genannten Faktoren, also das Durchschnittsalter der Veganer und das Durchschnittsalter der Social-Media Nutzer, sich überschneiden. „Die Möglichkeit, sich als eine Art ‚Ernährungsaußenseiter' über das Internet mit Gleichgesinnten auszutauschen und spezifische Informationen über vegane Ernährung zu finden, erfüllt für viele Veganer eine zentrale Funktion, die über die sachliche Information zur Ernährungsweise weit hinausgeht. Sie dient vielmehr als Selbstbestätigung und der eigenen moralischen Unterstützung."[187] Junge Erwachsene im Alter von 14 bis 29 Jahren nutzten das Internet im Jahr 2017 durchschnittlich 274 Minuten täglich[188] und verbringen einen großen Teil dieser Zeit in sozialen Medien.

Es lässt sich festhalten, dass das Internet mit Abstand die wichtigste Informationsquelle ist, wenn es um vegane Ernährung geht. Viele Veganer oder jene, die sich für diese Ernährungsform interessieren, haben keine oder nur wenige Kontakte in ihrem sozialen Umfeld, mit denen sie sich über Themen wie eine pflanzliche Ernährung austauschen können.[189] Deshalb sind soziale Plattformen wie Instagram sehr beliebt, weil man sich auf diesen mit Menschen, die ähnliche Interessen und Ansichten haben, vernetzen und austauschen kann.[190]

Menschen, die auf der Suche nach weiteren Informationen zu dieser Lebensweise sind, finden auf diesen Ansprechpartner in Form von veganen Influencern, die ihnen mit Rat wie ein Freund oder eine Freundin zur Seite stehen und Empfehlungen geben, auf Fragen antworten und zeigen, wie sie selbst die Lebensweise im Alltag umsetzen. Sie teilen ihre eigenen Erfahrungen und berichten, welche Vorteile sie durch eine rein pflanzliche Ernährungsweise für sich feststellen konnten.

---

[187] Hopp, M., Keller, T., Lange, S., Epp, A., Lohmann, M., Böl, G.-F. (2017), Web
[188] Vgl. Koch, W., Frees, B. (2017), S. 438, Web
[189] Vgl. Anhang 8.4.3-8.4.6, Einflussfaktoren auf Ernährungsweise, V3, soziales Umfeld
[190] Vgl. Anhang 8.3.2, Z. 128-132

Dies kann für viele Nutzer, die vorher nur darüber nachgedacht haben, diese Ernährungsweise selbst auszuprobieren, eine Motivation darstellen, tätig zu werden.

In den nächsten Kapiteln wird näher beleuchtet, welche Rolle vegane Influencer auf Instagram einnehmen und wie eine mögliche Content- und Kommunikationsstrategie aussehen kann, die die Zielgruppe beeinflusst. Dies wird anhand der Analyse der Inhalte einer veganen Influencerin aufgezeigt und erläutert. Zunächst soll es darum gehen, was Influencer im Allgemeinen ausmacht und welche Art von Inhalten sie täglich teilen.

4.3.1 Vegane Influencer als Meinungsführer auf Instagram

Meinungsführer mit einer großen Multiplikatoren-Funktion werden auf Instagram als ‚Influencer' bezeichnet. Sie fungieren in erster Linie als Vorbilder, Inspirationsquellen, Orientierungshilfen und Informationsvermittler für ihre Follower. „Der Einfluss dieser Personen bezieht sich vor allem auf Einstellungen, Meinungen und auf Kaufabsichten; sie sprechen Empfehlungen oder Kritik aus und vertreten bestimmte Standpunkte und die Menschen vertrauen auf diese Äußerungen und folgen ihnen."[191] Die Intention von Influencern ist es in den meisten Fällen, ihr soziales Umfeld auf eine positive Weise zu beeinflussen und zu inspirieren. Bei Influencern sind die Reichweite und vor allem das Einflusspotenzial entscheidend. Einflussnehmende Meinungsführer legen ihren Fokus auf die gezielte Verbreitung von Informationen. Sie verfügen häufig über reiches Detailwissen in ihrem Fachgebiet und beraten andere gerne. Die persönliche Meinung von Influencern wird von der Followerschaft oft geschätzt. So werden sie beispielsweise zu speziellen Themen von ihrer Zielgruppe um Rat gefragt, weil sie eine überdurchschnittliche Informiertheit in ihrem Themenbereich aufweisen und ihr Wissen gerne offen teilen.[192] Ihre Inhalte dienen der Zielgruppe häufig als Inspirationsquelle oder zur Informationsgewinnung. Meinungsführer weisen eine erhöhte soziale Kompetenz auf. Aus diesen Eigenschaften kann auf ein hohes Selbstwertgefühl sowie einen erhöhten Grad an Durchsetzungsfähigkeit und Selbstsicherheit geschlossen werden.[193] Viele Meinungsführer besitzen ein gewisses Maß an Ext-

---

[191] Rodewald, P. (2017), Web
[192] Vgl. Möller, M. (2011), S. 40
[193] Vgl. Möller, M. (2011), S. 42

rovertiertheit und Persönlichkeitsstärke. Die Darstellung von fachlicher Kompetenz verursacht eine Beeinflussung bei den Rezipienten.[194]

Es lässt sich festhalten, dass meinungsführende vegane Influencer auf Instagram als „Brücken" zwischen der Medien- und Rezipientenagenda fungieren und der Themensensibilisierung dienen. Dies kann insbesondere bei Themen wie dem Veganismus der Fall sein, der nicht nur eine zum Trend gewordene Ernährungsweise, sondern vielmehr eine Überzeugung und Lebenseinstellung darstellt.

4.3.2 Analyse der Content-Strategie eines veganen Influencers

Eine mögliche Content-Strategie sowie das Vorgehen und die Verbindung der Themenbereiche Lifestyle und pflanzliche Ernährung werden anhand des Beispiels einer veganen Food- und Lifestyle- Influencerin im Folgenden aufgezeigt und näher erläutert. Für die vorliegende Arbeit wurde die Instagrammerin Laura Grosch im Rahmen eines qualitativen Leitfadeninterviews befragt. Die Studentin ist 24 Jahre alt und teilt auf Instagram bereits seit vier Jahren Inhalte über die Themen Veganismus, Ernährung und Gesundheit. Laura Grosch verfolgt bei der Veröffentlichung ihrer Inhalte eine Strategie, die es ihr ermöglicht hat, innerhalb von vier Jahren mit mehr als 111.000 Menschen weltweit ihren Lebensstil und ihre Ernährungsweise zu teilen. Im Folgenden werden acht ausgewählte Instagram-Beiträge der Influencerin inhaltlich untersucht und zentrale Ergebnisse zusammengefasst. Die folgenden Aussagen werden auf Basis der subjektiv vorgeprägten, objektiv geleiteten Einschätzung der Forscherin getroffen.

Insgesamt präsentiert die Influencerin die vorgestellten Themeninhalte sehr positiv. Es überwiegen die Themen Veganismus, Tierrechte, Gesundheit, vegane Gerichte und in Teilen Nachhaltigkeits- sowie Umweltaspekte. Als Anlass der Beiträge dienen oftmals kürzlich kreierte neue Rezepte, persönliche Erfahrungen und Erlebnisse der Influencerin, eigene präsente Gedanken oder wichtige aktuelle Ankündigungen. Die Influencerin zählt zu den Vorteilen einer rein pflanzlichen Ernährung und eines veganen Lebensstils die persönlich wahrgenommenen, positiven Auswirkungen auf ihre eigene Gesundheit. Aber auch positive Auswirkungen auf die Umwelt, die Vermeidung von Tierleid, Genuss beim Essen sowie ein besseres Lebensgefühl gehören laut ihr dazu. Im Kontrast werden als Risiken und Nachteile einer tierproduktreichen Ernährung Gesundheitsbeschwerden, negati-

---

[194] Vgl. Möller, M. (2011), S. 42-43

ve Auswirkungen auf die Umwelt und Tierleid genannt.[195] Auf ihren Bildern sind überwiegend Gerichte und die Influencerin selbst an verschiedenen Orten abgebildet. Das Licht ist sehr natürlich und insbesondere auf Bildern, auf denen Gerichte abgebildet sind, herrscht eine klare Symmetrie des angerichteten Essens. Die Farben sind sehr kontrastreich und bunt, wodurch die Bilder insgesamt ein sehr positives Gefühl vermitteln. Dieses Gefühl soll, wie die Inhaltsanalysen der Influencerin ergeben haben, auch in den Bildunterschriften mit aufgegriffen werden. Die Bildunterschriften sind so aufgebaut, dass in den ersten Sätzen ein inhaltlicher Bezug zum Bild hergestellt wird, worauf häufig Informationen über ihre aktuelle Situation folgen. Anschließend leitet sie zu einem weiteren Thema wie z.B. Ernährungsinformationen, Gesundheitstipps oder positiven Auswirkungen einer veganen Lebensweise über. In ihren Einleitungen stellt die Influencerin ihrer Followerschaft häufig eine Frage mit Bildbezug und verwendet Smileys.[196] Im darauffolgenden Hauptteil verwendet sie verstärkt das Kommunikationsmittel des Story-Tellings, indem sie Berichte über ihren Alltag und persönliche Erlebnisse und Erfahrungen sowie Gedanken und vorherrschende Emotionen teilt. Mit dieser Methode gewährt sie ihrer Community Einblicke in ihre Gefühlswelt und weckt verstärkt das Interesse ihrer Followerschaft, da Identifkationspotenzial geschaffen wird.[197] Ihre Wortwahl ist umgangssprachlich und zeugt von einem engen Verhältnis zu ihrer Followerschaft. Sie verwendet eine Vielzahl sehr positiv konnotierter Wörter, die eine ebensolche Wirkung bei ihrer Zielgruppe hervorrufen können.[198] Durch ihre Empfehlungen und die direkte Ansprache ihrer Abonnenten[199] bindet sie diese in ihre Bildunterschriften mit ein und gibt ihnen das Gefühl, direkt mit ihnen zu kommunizieren. Ihre Satzlänge variiert zwischen langen Schachtelsätzen mit zahlreichen Hintergrundinformationen und kurzen, sehr prägnanten Sätzen mit leicht verständlichen Fakten.[200] In ihren abschließenden Zeilen betont die Influencerin häufig die Vorteile einer veganen Ernährung und zeigt diese anhand ihres eigenen Beispiels auf. Am Ende steht jeweils ein direkter oder indirekter Appell an ihre Followerschaft, der diese motivieren und ermuti-

---

[195] Vgl. Anhang 8.6, Codebücher aller Beiträge
[196] Vgl. Anhang 8.5.1, Z. 1-3
[197] Vgl. Anhang 8.5.1, Z. 4-18
[198] Vgl. Anhang 8.6.1, V3
[199] Vgl. Anhang 8.5.1, Z. 1, 2, 14, 15, 16-17
[200] Vgl. Anhang 8.5.1, Z. 13-15

gen soll, diese Ernährungform ebenfalls für sich auszuprobieren.[201] Sie verbindet in einem Großteil ihrer Beiträge die Themen Gesundheit und vegane Ernährung, sodass Rezipienten, die besonders großen Wert auf ihre eigene Gesundheit legen, die Inhalte reflektieren und sich in Zukunft öfter für pflanzliche Gerichte entscheiden.[202] Indem Laura Grosch ihre omnivoren Follower gezielt daran erinnert, dass eine pflanzliche Ernährung sich positiv auf die eigene Gesundheit auswirkt, motiviert sie diese dazu, es ihr gleich zu tun und sich im Alltag verstärkt für vegane Gerichte zu entscheiden. Indem sie Fakten über die vegane Ernährungsweise teilt, informiert sie ihre Followerschaft über Hintergründe, die vielen Lesern ihrer Beiträge zuvor möglicherweise nicht bewusst waren. Sie formuliert einige Aussagen als Bitten an ihre Followerschaft, sodass die Leser ihrer Bildunterschriften sich persönlich angesprochen fühlen und dazu inspiriert werden, ihre eigenen Konsumentscheidungen zu reflektieren.[203] Sie integriert Kernaussagen, die zum Nachdenken anregen sollen und eine starke Aussagekraft besitzen, in ihre Beiträge. Auf diese Weise zeigt sie Zusammenhänge zwischen Themen wie Ernährung und Umwelt auf. Sie erklärt, wie mit einfachen Alltagsentscheidungen ein positiver Einfluss auf das eigene Wohlbefinden, die Umwelt und das Wohl von Tieren erzielt werden kann. Bei der Analyse der Beiträge wird deutlich, dass es das Ziel der Influencerin ist, Menschen mit ihren Inhalten auf einen gesünderen Lebensstil aufmerksam zu machen und diesen auf ansprechende Weise zu vermitteln. Ihre Ziele erreicht Laura Grosch potenziell dadurch, dass sie in den Bildunterschriften ihrer Beiträge Informationen und Tipps sowie Empfehlungen mit ihrer Followerschaft teilt. Sie selbst gibt an, dass sie „so viele Menschen wie möglich dazu inspirieren [möchte], glücklicher, dankbarer, selbstbestimmter und gesünder zu leben"[204]. Sie möchte dem Anteil ihrer Followerschaft, der sich noch nicht vegan ernährt, demonstrieren, wie abwechslungsreich und ansprechend veganes Essen sein kann. „Ich hoffe [...], dass die Menschen meine Tipps und Empfehlungen umsetzen und dass sie dadurch achtsamer und gesünder leben, sich vielleicht sogar öfters vegan ernähren [...]."[205] Durch die Verbindung von persönlichem Storytelling und abstrakten Informationen bereitet sie ihre Gedanken so auf, dass diese

---

[201] Vgl. Anhang 8.5.1, Z. 18-19
[202] Vgl. Anhang 8.5.1, Z. 18-19
[203] Vgl. Anhang 8.5.1, Z. 14-15
[204] Anhang 8.3.2, Z. 60-61
[205] Anhang 8.3.2, Z. 135-137

von ihrer Zielgruppe positiv aufgefasst werden und dadurch potenziell Emotionen und der Wunsch nach Veränderung auf Seiten der Followerschaft entstehen. Indem die Influencerin sich regemäßig mit der Community austauscht und auf deren Fragen und Anregungen eingeht, erhält sie im Gegenzug sehr positives Feedback. Die Follower schicken der Influencerin täglich Nachrichten, in denen sie sich für Laura Groschs Rezepte, Empfehlungen und Tipps bedanken, die bereits umgesetzt wurden.[206] In einigen ihrer Beiträge spricht die Influencerin Themen an, die sehr tiefgreifend sind und von ihrer nicht vegan lebenden Followerschaft ggf. als unangenehm wahrgenommen werden können. Zu diesen zählen u.a. die negativen Auswirkungen auf die Gesundheit beim Verzehr tierischer Produkte und die ethischen Hintergründe im Hinblick auf die Fleisch-, Milch und Eierindustrie.[207] Als Anlass des Verfassens von Bildunterschriften dienen in erster Linie die persönlichen Erfahrungen und Erlebnisse der Influencerin, wie z.B. ihre eigene Umstellung auf eine rein pflanzliche Ernährungsweise. Laura Grosch erzählt von ihrer eigenen Vergangenheit, auf welche Weise sie damit begonnen hat, sich vegan zu ernähren und teilt, wie ihre aktuelle Ernährungsweise im Detail aussieht.[208] Unter Bildern, die Gerichte abbilden, überwiegen in erster Linie kurze Rezepte als Bildunterschrift, die auf einen Einleitungssatz oder eine Einstiegsfrage folgen.[209] Bei diesen Beiträgen stehen die Vorteile einer rein pflanzlichen Ernährung wie der Genuss und ein besseres Lebensgefühl häufig im Vordergrund.[210] Als Risiken und negative Auswirkungen einer tierprodukthaltigen Ernährung nennt Laura Grosch in gesundheitsbezogenen Beiträgen oftmals diverse gesundheitliche Nachteile[211], aber auch ethische Gründe wie das Tierleid[212] und negative Auswirkungen auf die Umwelt.[213] Indem sie ihre Bilder ästhetisch gestaltet und ein bestimmtes Design bei ihrer Bildbearbeitung verfolgt, welches ihrem Feed ein einheitliches Aussehen verleiht, gelingt es ihr potenziell, die Zielgruppe visuell anzusprechen.[214] Dies ist besonders wichtig, da „auf Instagram [...] der visuelle Aspekt ein vorherrschender

---

[206] Vgl. Anhang 8.3.2, Z.163
[207] Vgl. Anhang 8.5.3, Z. 8-16
[208] Vgl. Anhang 8.5.8, Z. 6-14
[209] Vgl. Anhang 8.5.3, Z. 4-7, Vgl. Anhang 9.5.5, Z. 3-6
[210] Vgl. Anhang 8.5.1, Z. 13-16, Vgl. Anhang 9.5.2, Z. 22-25
[211] Vgl. Anhang 8.5.3, Z. 13-16
[212] Vgl. Anhang 8.5.3, Z. 8-12, Anhang 8.5.2, Z. 13-19
[213] Vgl. Anhang 8.5.1, Z. 13-16
[214] Vgl. Anhang 8.3.2, Z. 65-68

Faktor [ist], um erfolgreich zu sein"[215]. Die Bilder der Influencerin dienen dazu, „die Aufmerksamkeit des Nutzers zu erregen und die Bildunterschrift hilft dabei"[216], diesen im Anschluss an sich und ihre Inhalte zu binden. Sie versucht in jedem Beitrag mindestens einen Aspekt in ihre persönlichen Geschichten, die sie teilt, zu integrieren, „der die Menschen zum Nachdenken anregt und der ihnen auch Handlungsempfehlungen gibt"[217].

4.3.3 Interpretation der Content- und Kommunikationsstrategie

Influencer auf Instagram können sich über einen längeren Zeitraum hinweg eine persönliche Marke mit Wiedererkennungswert in der Community aufbauen. Dies kann unter anderem durch einen einzigartigen Bildbearbeitungsstil oder eine spezielle Schreibweise der Bildunterschriften geschehen. Bei der Influencerin Laura Grosch ist erkennbar, dass nicht nur ihr Bildbearbeitungsstil stets einheitlich ist, sondern auch ihre Beiträge eine ähnliche Struktur aufweisen.[218] Die Influencerin versucht bewusst, sich „so umgangssprachlich und gleichzeitig eloquent wie möglich auszudrücken, damit es fundiert wirkt"[219]. Damit ermöglicht sie ihrer überwiegend jungen Zielgruppe im Alter von 18-24 Jahren[220] ein schnelles und einfaches Verständnis ihrer Inhalte. Zudem ist bei der Optik ihres Feeds erkennbar, dass sie ein bestimmtes visuelles Thema verfolgt. Insgesamt wirkt der Feed des Accounts einheitlich und strukturiert, da Bilder mit Gerichten und solche, die die Influencerin selbst zeigen, in einem wechselnden, wiederkehrenden Rhythmus geteilt werden.[221] „Essen allein als Inhalt vermittelt nur Ideen für eine Mahlzeit, deswegen möchte ich über noch mehr persönliche Inhalte gern die verschiedenen Aspekte [der veganen Lebensweise] intensiver vermitteln."[222] Es ist ebenso wichtig, Authentizität und Nähe durch Einblicke hinter die Kulissen zu schaffen. Dies ist durch das Instagram-Feature „Instagram Stories" möglich, in denen Influencer ihre Followerschaft mitnehmen und teilen können, wie ein Tag bei ihnen verläuft, wo sie sind und welche Lebensmittel sie konsumieren. Dieses Fea-

---

[215] Anhang 8.3.2, Z. 65-66
[216] Anhang 8.3.2, Z. 79-80
[217] Anhang 8.3.2, Z. 72-76
[218] Vgl. Anhang 8.6.1-8.6.8, Bildunterschrift, V2
[219] Anhang 8.3.2, Z. 86-88
[220] Vgl. Anhang 8.3.2, Z. 112, Z. 263-264
[221] Vgl. https://www.instagram.com/laurafruitfairy/
[222] Anhang 8.3.2, Z. 227-236

ture nutzt auch Laura Grosch täglich, die ihre Followerschaft in ihrem Alltag mitnimmt und in ihren Stories zeigt, was sie isst, wie sie zur Universität geht und ihre Bilder fotografiert. Sie antwortet zusätzlich auf Fragen, die häufig von ihren Followern gestellt werden und die sich um Themen wie Gesundheit, eine vegane Ernährung und Fitness drehen. Aber auch Teile aus ihrem persönlichen Leben und bevorstehende Projekte werden geteilt.

Kurzum: Instagram ist für Influencer eine Plattform, auf der Menschen sich aus eigenem Antrieb vernetzen und regelmäßig Informationen austauschen. Daher gilt es für Meinungsführer, nicht nur den Rahmen für einen Informationsaustausch zu bieten, sondern sich auch selbst in Diskussionen mit einzubringen. Es ist notwendig hervorzuheben, welche große Verantwortung Influencer durch ihren potenziellen Einfluss gegenüber ihrer Followerschaft haben. Insbesondere junge Frauen im Alter von 20 bis 25 Jahren, die auf der Suche nach sich selbst und einer Ernährungsweise sind, die für sie funktioniert, stehen neuen Lebensstilen tendenziell offener gegenüber und sind gewillt, etwas Neues auszuprobieren. Hier liegt die Verantwortung der Influencer darin, nicht nur auf den veganen Lebensstil aufmerksam zu machen, sondern auch auf die Nachteile dieses Lebensstils hinzuweisen.

5 Auswertung Experteninterviews

Das erste Leitfadeninterview fand mit einem Experten für Nachhaltigkeitskommunikation und vegane Ernährung statt. Andreas Grabolle ist Klimaexperte und Wissenschaftsjournalist. Er arbeitet selbstständig als Autor für Öffentlichkeitsarbeit und hat das Buch „Kein Fleisch macht glücklich – Mit gutem Gefühl essen und genießen" verfasst. Weiterhin verfügt der Experte über Kenntnisse in den Bereichen der Umwelt- und Ernährungskommunikation. Im Interview[223] gibt er einen Überblick über die Vorteile einer rein pflanzenbasierten Ernährung und geht auf die Verbreitung des Ernährungstrends in der Gesellschaft und insbesondere unter jungen Erwachsenen ein. Er zeigt auf, wie es zu dem Ernährungs- und Lifestyle-Trend kam und erklärt, inwiefern soziale Netzwerke heute zu dessen Verbreitung beitragen können.

Als vegane Influencerin wurde Laura Grosch, die nebenberuflich als Bloggerin und YouTuberin arbeitet, ausgewählt.[224]

Vier weitere qualitative Leitfadeninterviews wurden mit weiblichen Followern der oben genannten Influencerin im Alter von 20 bis 25 Jahren durchgeführt und ausgewertet. Bei der Auswahl der Rezipienten wurde im Rahmen der Stichprobenziehung der Befragten darauf geachtet, dass diese die Grundgesamtheit insofern repräsentativ und strukturtreu darstellen, als dass per Zufallsprinzip vier deutsche Followerinnen der Influencerin, die unter Beiträgen der Influencerin kommentiert hatten, kontaktiert wurden. Die Interviewpartnerinnen erfüllen alle zuvor definierten Anforderungen.[225] Die anschließende inhaltsanalytische Auswertung dieser Interviews nach Gläser und Laudel soll Rückschlüsse darüber erlauben, ob und inwiefern Rezipienten, die sich nicht vegan ernähren und dennoch vegane Influencer auf Instagram abonniert haben, sich von diesen digitalen Meinungsführern in ihrer eigenen Ernährungsweise beeinflussen lassen. Dazu soll erforscht werden, wie die Befragten zu dieser Ernährungsweise stehen, wie sie sich selbst ernähren und ob eine Veränderung im Laufe der Zeit stattgefunden hat. Es soll weiterhin untersucht werden, ob mögliche Wirkungszusammenhänge zwischen der Rezeption der Inhalte veganer Influencer auf Instagram und der Er-

---

[223] S. Anhang 8.3.1
[224] Für weitere Informationen, s. Kapitel 4.3.2
[225] Altersklasse 20-25 Jahre, deutsche Herkunft, aktives Rezipieren der Beiträge (anhand von Interaktionen in Form von Kommentaren erkennbar), keine vegane Ernährungsweise

nährungsweise der Follower bestehen kann. Falls Zusammenhänge festgestellt werden können, so ist das Ziel zu analysieren, auf welche Weise und in welchem Ausmaß sich diese äußern. Deshalb soll, falls vorhanden, eine Veränderung der Ernährungsweise der vier ausgewählten weiblichen Rezipienten evaluiert und, falls gegeben, mögliche Rückschlüsse auf den Medienkonsum der Inhalte von veganen Influencern gezogen werden.

5.1 Experte für Nachhaltigkeitskommunikation

Andreas Grabolle ist Biologe, Klimaexperte, Wissenschaftsjournalist und Veganer. Er ist Autor der Bücher "Pendos CO2-Zähler" und "Kein Fleisch macht glücklich", das vom Vegetarierbund zum Sachbuch des Jahres 2013 gewählt wurde. Die Forscherin hat sich für diese Auskunftsperson entschieden, weil der Experte sich mit den Themen vegane Ernährung sowie Kommunikation sehr gut auskennt und über ein detailreiches Wissen in Bezug auf die aktuelle Medienberichterstattung sowie den Trend Veganismus als Ernährungs- und Lebensweise verfügt.

Laut dem Experten werden in Studien bei der Angabe von Hauptgründen für eine vegane Lebensweise an erster Stelle ethische Motive genannt. Demnach scheinen Tierschutz und Tierrechte für viele Menschen bei der Entscheidung zu einer rein pflanzenbasierten Ernährung die größte Rolle zu spielen.[226] Als weitere Motive nennt er die eigene körperliche Gesundheit und ein gesteigertes Wohlbefinden, aber auch Umwelt- und Nachhaltigkeitsgründe sind Ursachen für die Ernährungsumstellung.[227] Der Anreiz, sich einer Gruppe aus moralischen Gründen zugehörig zu fühlen, die ähnliche Werte teilt, kann ebenfalls eine Belohnung darstellen. Zusätzlich entsteht durch den Aufbau eines neuen Wertesystems ein neues Selbstbild und die Bezeichnung als Veganer kann zu einer Art persönlichen Auszeichnung werden. Menschen meinen, sich positiv abzuheben, indem sie sich gezielt von der breiten Masse, die tierische Produkte konsumiert, abgrenzen.[228] Zu den Vorteilen eines veganen Lebensstils zählen demnach die moralische Konsonanz, da Menschen durch ihr Ernährungsverhalten den eigenen ethischen Ansprüchen gerecht werden können[229] und das Essen einen neuen Stellenwert be-

---

[226] Vgl. Anhang 8.3.1, Z. 4-8
[227] Vgl. Anhang 8.3.1, Z. 8-10
[228] Vgl. Anhang 8.3.1, Z. 259-266
[229] Vgl. Anhang 8.3.1, Z. 105-106

kommt. Der Slogan „Du bist, was du isst" hat inzwischen eine neue Bedeutung erhalten und die Ernährungsweise wird zum Identifikationswert, weil sich die eigene Wahrnehmung verändert. Menschen definiere sich darüber, wie sie sich ernähren und grenzen sich dadurch klar von anderen Ernährungsweisen ab.[230] Der Wunsch nach einem besseren Wohlbefinden steigert sich und viele Menschen, die sehen, wie gut es anderen durch eine vegane Ernährungsweise geht, streben dieses Lebensgefühl ebenfalls an.[231] „[...] die Gründe, die dazu geführt haben, dass dieser Trend überhaupt erst aus dieser absoluten Nische herausgekommen ist – durch Medienberichte und das geänderte Bewusstsein in Sache Gesundheit und Ernährung"[232] fördern sich gegenseitig, denn eine steigende Anzahl von Menschen befassen sich mit diesem Thema.

Bei der Vermittlung der Relevanz dieser Thematik können Influencer einen entscheidenden Faktor darstellen, weil sie die Rolle von Freunden im sozialen Online-Umfeld einnehmen. Sie wirken vertrauensvoll, weil sie mit ihrer Followerschaft interagieren, ihre Zielgruppe scheinbar persönlich und direkt ansprechen[233] und damit zu der Beschleunigung der Verbreitung dieses Trends beitragen.[234] Durch diese Vorgehensweise erhalten Instagram-Nutzer neuen Input, bekommen neue Gedankenanstöße und haben zudem die Möglichkeit, sich mit gleichgesinnten Menschen, die ähnliche Interessen haben, zu vernetzen. Zusätzlich erhalten sie von diesen hilfreiche Informationen und verspüren eine Art von Rückhalt durch den Austausch, denn durch den Kontakt mit Gleichgesinnten auf sozialen Netzwerken sind sie nicht mehr ausschließlich auf Personen aus ihrem realen sozialen Umfeld angewiesen, um sich über Themen wie Veganismus auszutauschen.[235] „Das kann dann auch eine starke Motivation sein, ins Handeln zu kommen, weil die eigenen Fragen u.a. von Gleichaltrigen auf einfache Weise beantwortet werden und so weniger Hürden da sind"[236] und die Hemmschwelle, diese Ernährungsform auszuprobieren, sinken kann. Praktische Probleme und offene Fragen lassen sich leicht lösen bzw. beantworten, da sich Informationen

---

[230] Vgl. Anhang 8.3.1, Z. 30-34, Z. 40-47
[231] Vgl. Anhang 8.3.1, Z. 190-196
[232] Anhang 8.3.1, Z 50-53
[233] Vgl. Anhang 8.3.1, Z. 230-235
[234] Vgl. Anhang 8.3.1, Z.146-154
[235] Vgl. Anhang 8.3.1, Z. 155-159
[236] Anhang 8.3.1, Z. 185-188

schnell beschaffen lassen und zudem das Gefühl bei den Rezipienten entsteht, den Influencer als Ansprechpartner bei Unklarheiten immer kontaktieren zu können.[237] Interaktionen mit veganen Influencern und deren soziale Erreichbarkeit stellen wichtige Faktoren dar, die Vertrauen auf Seiten der Rezipienten wecken und die Bindung an mediale Vorbilder verstärken. Indem Nutzer, die Interesse an dieser Ernährungsweise haben, von den positiven Erfahrungen anderer lesen und Handlungsanweisungen für die Integration in den eigenen Alltag erhalten, verringern sich ihre Vorurteile, Zweifel und Ängste. Das kann dazu führen, dass sich der Wunsch, selbst einige Tipps umzusetzen, bei den Followern verstärkt. Veränderungen in der Ernährungsweise „sind viel häufiger bei jungen Menschen der Fall, die gerade von zuhause ausgezogen sind und ihre bisherige Lebensführung infrage stellen, mit neuen Lebenssituationen konfrontiert werden [...]"[238]. Dies liegt daran, dass viele junge Erwachsene mit neuen Lebenssituationen konfrontiert werden, da sie aus ihrem Elternhaus ausziehen und damit beginnen, selbst einkaufen zu gehen und sich ihre eigenen Gerichte zu kochen. Durch diese Veränderung beschäftigen sie sich möglicherweise zum ersten Mal intensiver damit, welche Lebensmittel sie einkaufen und aus welchen Gründen sie sich für bestimmte Produkte entscheiden. Sie sind dazu gezwungen, eigenständige Entscheidungen zu treffen und reflektieren dadurch verstärkt bisherige Gewohnheiten.[239] Zudem sind viele junge Erwachsene auf der Suche danach, wie sie ihr Leben konkret gestalten möchten und hinterfragen im Zuge dessen oftmals bisherige Wertesysteme und alltägliche Entscheidungen.[240] Sie haben dadurch die Möglichkeit, sich selbst neu zu definieren, sich anderen gegenüber bewusst abzugrenzen[241] und zu der Lösung grundlegender Probleme der heutigen Gesellschaft beizutragen. Junge Erwachsene suchen demnach in ihrem individuellen Verhalten eine Lösung[242] und profitieren gleichzeitig gesundheitlich davon, weil sie sich ggf. besser fühlen, wenn sie sich rein pflanzlich ernähren.[243]

---

[237] Vgl. Anhang 8.3.1, Z. 182-188
[238] Anhang 8.3.1, Z. 84-87
[239] Vgl. Anhang 8.3.1, Z. 86-87
[240] Vgl. Anhang 8.3.1, Z. 87-90
[241] Vgl. Anhang 8.3.1, Z. 90-91
[242] Vgl. Anhang 8.3.1, Z. 98-102
[243] Vgl. Anhang 8.3.1, Z. 106-111

Es wird deutlich, dass soziale Netzwerke wie Instagram zu einer wesentlichen sozialen Komponente geworden sind, da Menschen verstärkt Zeit in diesen verbringen und sich mit anderen Personen vernetzen können, die ähnliche Interessen haben und denen sie Vertrauen entgegenbringen.

5.2 Veganer Influencer

Vegane Influencer auf Instagram, die andere Menschen mit ihrer Lebensweise inspirieren möchten, verspüren häufig den Drang danach, ihre Leidenschaft für pflanzliche Lebensmittel mit ihrer Followerschaft zu teilen und diese über die Vorteile der von ihnen gewählten Ernährungsweise zu informieren. So geht es auch der bereits vorgestellten Influencerin. Laura Grosch gelingt es nach eigener Aussage, Menschen durch ihre positive Botschaft und Botschaftsvermittlung auf Instagram auf eine ermutigende Weise dazu zu veranlassen, etwas in ihren Leben zu verändern und diese mit ihrem Lebensstil sowie ihrer Lebensphilosophie zu inspirieren. Durch die positive Verkörperung ihrer eigenen Botschaft, die sie täglich in ihren Beiträgen teilt, verändern einige ihrer Follower ebenfalls ihre Lebensweise von Grund auf, fühlen sich dadurch positiver, ausgeglichener und gesünder. Ihr gelingt es, zumindest einen Teil ihrer Followerschaft dazu zu inspirieren, verstärkt zu pflanzlichen und gesunden Lebensmitteln zu greifen sowie bewusstere Entscheidungen im Alltag zu treffen.[244] Weiterhin sehen viele vegane Influencer nach Angaben von Laura Grosch es als ihre Aufgabe, mit Vorurteilen gegenüber einer veganen Ernähurngsweise aufzuräumen und auf Instagram zu demonstrieren, wie vielseitig und schmackhaft eine rein pflanzliche Ernährung sein kann. Menschen, die beginnen, sich mit der veganen Lebensweise intensiver auseinanderzusetzen, sind sich häufig unsicher, welche Lebensmittel noch infrage kommen und welche pflanzlichen Alternativen und Möglichkeiten es heutzutage gibt.[245] Aus diesem Grund haben mehrere vegane Influencer es sich als Ziel gesetzt, negative Vorurteile zu revidieren und diesem Teil der Zielgruppe die Angst zu nehmen, als Veganer in der Auswahl der Gerichte eingeschränkt zu sein. Die Intention besteht darin, Interesse an dieser Ernährungsweise zu wecken, indem die Vielfalt dieser Ernährungsform auf Bildern demonstriert und in Bildunterschriften beschrieben wird. Es werden Hintergründe zu diesem Lebensstil vermit-

---

[244] Vgl. Anhang 8.3.2, Z. 176-185
[245] Vgl. Anhang 8.3.4, Z. 46-57

telt, Einblicke gewährt und aufgezeigt, welche Optionen für Veganer existieren.[246] Der Einfluss veganer Influencer äußert sich in der Veränderung der Einstellungen (indirekter Einfluss) und der Handlungsweisen, also der Umsetzung (direkter Einfluss) der Followerschaft. Laura Grosch erhält nach eigenen Angaben täglich Feedback von ihren Followern, die ihr mitteilen, dass sie dank ihrer Inspiration positiver und dankbarer sind, im Alltag achtsamer handeln und ihre Alltagsentscheidungen verstärkt reflektieren. In Teilen hinterfragen und verändern sie ihre bisherigen Essgewohnheiten, wodurch sie sich insgesamt besser fühlen, sowohl körperlich als auch mental. Ihr direkter Einfluss äußert sich darin, dass die Zielgruppe sehr offen und positiv auf ihre Vorschläge reagiert und ihren Empfehlungen und Tipps mit Neugierde und Interesse begegnet. Einige ihrer Follower kochen ihre Rezepte nach, probieren bestimmte vegane Lebensmittel aus und setzen in die Tat um, worüber sie zuvor nur nachgedacht haben.[247] „Ich bekomme regelmäßig, also sogar täglich Nachrichten von Personen auf Instagram, die mir schreiben, dass ich sie auf gewisse Weise dazu inspiriert habe, gesünder und vor allem pflanzenbasierter zu essen und insgesamt aktiver zu leben."[248] Viele von Laura Groschs Followern schreiben ihr, dass sie durch ihre Inspiration häufiger vegane Mahlzeiten in ihre eigene Ernährung einbauen oder inzwischen sogar vollständig vegan leben. „[...] Nachrichten, dass ich in irgendeiner Art und Weise einen positiven Einfluss auf das Leben oder die Ernährung von jemandem habe, bekomme ich täglich. [...] Ich bekomme auch wöchentlich Feedback von Leuten, die sagen, dass sie meine Tipps gut fanden, ein Rezept nachgekocht haben, das ihnen gut geschmeckt hat oder anderweitig von meiner Ernährungsweise beeinflusst wurden."[249] Dies ist nach Laura Groschs Angaben insbesondere bei jungen Frauen der Fall, die entweder schreiben, dass sie sich gut mit ihr identifizieren können oder aber einen ganz anderen Lifestyle haben, sich von ihrer Denk- und Ernährungsweise jedoch sehr inspiriert fühlen.[250] Die Influencerin gibt ebenfalls an, dass auch ihre Freundinnen trotz geringerer Reichweite ähnliches Feedback erhalten. So veröffentlichen auch diese veganen Influencerinnen Beiträge über die Themen Veganismus und Gesundheit und erhalten wie Laura Grosch täglich bzw.

---

[246] Vgl. Anhang 8.3.2, Z. 305-307
[247] Vgl. Anhang 8.3.2, Z. 145-152
[248] Anhang 8.3.2, Z. 241-244
[249] Anhang 8.3.2, Z. 247-253
[250] Vgl. Anhang 8.3.2, Z. 253-256

wöchentlich Nachrichten, in denen sie von ihrer Followerschaft[251] nach weiteren Fakten und Tipps bzgl. einer veganen Ernährung gefragt werden.[252] Es wird von der Autorin darauf hingewiesen, dass Aussagen über detailliertere Auswirkungen des Konsums von Influencer-Inhalten auf der sozialen Plattform Instagram ausschließlich nach Durchführung und Auswertung detaillierter Individual- und Persönlichkeitsanalysen der Rezipienten getroffen werden können.

5.3 Rezipienten

Bei der Auswahl der Rezipienten wurde im Rahmen der Stichprobenziehung das Zufallsprinzip angewandt. Im Vorhinein wurde durch eine Kontaktierung sichergestellt, dass die ausgewählten Befragten alle zu Beginn festfelegten Rezipientenmerkmale erfüllen. Die vier befragten Follower der Influencerin sind unterschiedlichen Alters[253], kommen aus verschiedenen Gegenden Deutschlands und haben keine übereinstimmenden Vorerfahrungen mit der veganen Ernährung gemacht. Jede Rezipientin bringt andere Grundvoraussetzungen und Einstellungen mit. Die Stichprobe stellt die Grundgesamtheit hinsichtlich wesentlicher Merkmale strukturgetreu verkleinert dar, soweit es möglich war. Die Auswertung der vier Leitfadeninterviews mit den Rezipienten erfolgt mit Hilfe der qualitativen Inhaltsanalyse nach Gläser und Laudel. Nach diesem Vorgehen wird vor Beginn der Analyse ein Kategoriensystem erstellt und relevante Informationen nach dem Durchsuchen der Texte in die entsprechenden Kategorien eingeordnet. Bei der Verkodung des Textes wurde offen vorgegangen, sodass das zuvor erstelle Kategoriensystem um neue Kategorien ergänzt wurde, sofern neue, für die Beantwortung der Forschungsfrage relevante Aspekte aufgetaucht sind. Im Zuge der Extraktion der relevanten Informationen wurden diese in die entsprechende Kategorie des Suchrasters eingetragen.[254] Die Verstehensprozesse der Autorin sind objektiv geleitet, können jedoch u.U. individuell geprägt sein und dadurch Einfluss auf die Interpretation der extrahierten Informationen nehmen.

---

[251] überwiegend Frauen im Alter von 18-24 Jahren
[252] Vgl. Anhang 8.3.2, Z. 300-310
[253] In der Altersspanne von 20 bis 25 Jahren
[254] Vgl. Gläser, J., Laudel, G. (2010), S. 200-201

Motive des Konsums

Die Rezipienten geben u.a. als Motive ihres Konsums an, dass sie auf der Suche nach Informationen zu dem Thema gesunde Ernährung und Ideen für pflanzenbasierte Rezepte sind.[255] Sie lassen sich gerne von Influencern inspirieren und informieren sich darüber hinaus noch eigenständig zu bestimmten Themen weiter. Wenngleich Instagram eine primär visuell geprägte soziale Plattform ist, legen einige der Rezipienten viel Wert auf die Texte unter den Bildern. Bildunterschriften werden gerne gelesen[256] und stellen einen persönlicheren Kontakt durch den Austausch mit dem Influencer her. Bildunterschriften, die weitere wichtige Informationen z.B. mit Gründen, warum ein Gericht gesund ist und wie genau es zubereitet wird, enthalten, werden geschätzt.[257] Diese Beiträge wirken überzeugender, authentischer und langfristiger als Beiträge, in denen keine Zusatzinformationen bereitgestellt werden.

Das Motiv der Selbstfindung, das bereits von dem befragten Kommunikationsexperten in Kapitel 5.1 genannt wurde, spielt ebenfalls eine wichtige Rolle. Rezipienten, die auf der Suche nach bestimmten Informationen sind, können als offener gegenüber neuen Ernährungsweisen bezeichnet werden. Sie besitzen die intrinsische Motivation, eine Lösung für ihr Problem zu finden und weisen den Willen auf, etwas Neues auszuprobieren. Als weiteres Motiv für den Konsum der Inhalte veganer Influencer wird der Wunsch genannt, frischer zu kochen.[258] Die Rezepte veganer Influencer werden laut der Angaben der befragten Rezipienten unterschiedlich häufig nachgekocht. Dies hängt zum einen von dem persönlichen Involvement und der Überzeugung von einer veganen Ernährung ab, aber auch der Zeitfaktor spielt eine entscheidende Rolle. So variiert die Häufigkeit von einem Tag[259] bis hin zu drei Tagen pro Woche.[260] Weiterhin dient die Ästhetik der Bilder den Rezipienten als Anregung und Inspiration.[261] Die Rezipienten wollen nach der Rezeption der Inhalte häufig selbst kreativ werden, da sie sich neben einer veganen Ernährungsweise z.T. auch für das Thema Lebensmittel-Fotografie begeis-

---

[255] Vgl. Anhang 8.3.4, Z. 134-139
[256] Vgl. Anhang 8.3.3, Z. 40-41
[257] Vgl. Anhang 8.3.3, Z. 215-218
[258] Vgl. Anhang 8.3.4, Z. 174-177
[259] Vgl. Anhang 8.3.6, Z. 241
[260] Vgl. Anhang 8.3.5, Z. 293-295
[261] Vgl. Anhang 8.3.3, Z. 40-47

tern.[262] Sie finden das Thema Veganismus im Allgemeinen sehr spannend und interessieren sich dafür, wie eine vegane Ernährung im Alltag konkret umgesetzt werden kann.

Aufgaben von Influencern[263]

Durch die Bildunterschriften der Beiträge von veganen Influencern erhalten die Rezipienten nähere Informationen zu den Themen gesunde Ernährung und Veganismus, Empfehlungen des Influencers und erfahren mehr über dessen persönliche Erfahrungen. Laut der Aussage einer Rezipientin stellen Influencer häufig nicht nur Vorbilder dar, sondern können auch die Funktion eines Ansprechpartners oder Freundes übernehmen.[264] Durch Kontakt zu einigen veganen Influencern und Einblicke in die Motivation hinter diesem Lebensstil wird das Verständnis für eine rein pflanzliche Ernährungsweise geweckt.[265] Weiterhin zeigen die Bilder mit Rezept-Ideen und Gerichtinspiration Followern, die noch nicht vegan leben, welche Lebensmittel bei dieser Ernährungsweise infrage kommen und welche Möglichkeiten es bei der Umsetzung einer veganen Ernährungsweise gibt. Die Empfehlungen veganer Influencer können dazu beitragen, dass Rezipienten neugierig werden und die Produkte oder Gerichte, die vorgestellt werden, gerne ausprobieren oder nachkochen möchten.[266] Diese beziehen sich jedoch nicht nur auf Lebensmittel. Auch das Interesse an Dokumentationen wie „Cowspiracy", die von veganen Influencern mehrfach empfohlen werden[267], wird ggf. geweckt. Diese Dokumentationen liefern wichtige Informationen über die Hintergründe des veganen Lebensstils und können Menschen dazu inspirieren, sich verstärkt mit dem Thema auseinander zu setzen. Dies ist auch bei einer Rezipientin der Fall, die nach dem Ansehen der oben genannten Dokumentation damit begonnen hat, sich noch intensiver mit der veganen Ernährung zu beschäftigen. Virtuelle Meinungsführer übernehmen demnach eine Aufgabe, die auch typische Massenmedien erfüllen, und zwar die des Agenda-Settings. Vegane Influencer auf Instagram können andere Nutzer auf diese Lebensweise aufmerksam machen, indem sie den

---

[262] Vgl. Anhang 8.3.4, Z. 16-25
[263] Vgl. Abbildung 6, Anhang
[264] Vgl. Anhang 8.3.3, Z. 307-310
[265] Vgl. Anhang 8.3.6, Z. 169-171. Z. 178-183
[266] Vgl. Anhang 8.3.3, Z. 96-100
[267] Vgl. Anhang 8.3.3, Z. 74-85

veganen Lebensstil aktiv promoten. Dadurch kommen Menschen, die sich normalerweise nicht mit dem Thema Veganismus beschäftigt hätten, mit dieser Lebensweise in Berührung und lernen weitere Aspekte darüber kennen.[268] Es wird demnach ein größeres Bewusstsein für das Thema gesunde Ernährung im Allgemeinen und vegane Ernährung im Besonderen geschaffen.[269] Die Rezipienten fühlen sich im Anschluss an den Konsum der Beiträge veganer Influencer häufig inspirierter und motivierter, bewusster zu essen und gesündere Lebensmittel anstelle von ungesunden einzukaufen.[270] Drei der vier Rezipienten geben an, dass sie durch die Inspiration der Influencer den Wunsch, aktiv etwas an ihrer Ernährungsweise zu verändern, verstärkt verspüren würden. Eine Rezipientin möchte durch die Ermutigung der Influencer den Schritt zum Veganismus wagen.[271] Die anderen Rezipienten wiederum finden es faszinierend, zu sehen, was bei dieser Ernährungsweise alles möglich ist. Eine Rezipientin nimmt die Inhalte der Influencer als Ansporn, selbst tätig zu werden. „Ich habe mich schon vorher viel damit befasst, konnte mich da aber nie so richtig zu durchringen, und jetzt habe ich doch öfter den Gedanken, wenn es andere schaffen, dann kann ich das auch."[272]

Alle befragten Rezipienten stimmen in der Aussage überein, dass vegane Influencer auf Instagram eine gute Inspirationsquelle darstellen und als zusätzlicher Faktor bei der Ernährungsveränderung hinzukommen. Dies ist aus dem Grund der Fall, weil es sehr hilfreich für sie ist zu sehen, wie andere eine vegane Ernährung umsetzen.[273] Die Ausprägungen der Veränderung sind bei allen Rezipienten unterschiedlich stark. Eine der Rezipienten hat an ihrer Ernährungsweise selbst seit dem Beginn des Konsums der Inhalte veganer Influencer nicht viel geändert. Lediglich der Fokus hat sich von einer kohlenhydratreduzierten zu einer veganen Ernährung verschoben.[274] Auch der Kontakt zu mehreren veganen In-

---

[268] Vgl. Anhang 8.3.6, Z. 419-422
[269] Vgl. Anhang 8.3.6, Z. 428-429
[270] Vgl. Anhang 8.3.4, Z. 171-176
[271] Vgl. Anhang 8.3.4, Z. 276-280
[272] Anhang 8.3.5, Z. 136-140
[273] Vgl. Anhang 8.3.5, Z.185-189
[274] Vgl. Anhang 8.3.6, Z. 155-157

fluencern und der Gemeinschaftsaspekt auf Instagram motivieren sie dazu, sich häufiger für gesunde, natürlich vegane Produkte zu entscheiden.[275]

Für Influencer ist es besonders wichtig, sich ihrer Aufgabe und ihres Einflusses bewusst zu sein und regemäßig zu reflektieren, wie ihre Inhalte aufgefasst werden können. Zusätzlich ist es ihre Aufgabe, die eigene Followerschaft darauf hinzuweisen, sich eigenständig weiter zu informieren und eigene Entscheidungen zu treffen. Für die Follower von Influencern ist es von Bedeutung, auf ihren eigenen Körper zu hören, anstatt sich ausschließlich auf die Äußerungen einer anderen Person im sozialen Online-Umfeld zu verlassen. Dies wird anhand des Beispiels Laura Grosch erkennbar, die ihre Followerschaft dazu auffordert, sich eigenständig weiterzubilden, zu recherchieren und externe Informationen in den persönlichen Entscheidungsprozess[276] mit einfließen zu lassen.[277]

Einflussfaktoren auf die Ernährungsweise[278]

Als konkrete Einflussfaktoren auf die eigene Ernährungweise werden von den Rezipienten insbesondere das Eigeninteresse und die intrinsische Motivation, sich selbst gesünder ernähren zu wollen, genannt.[279] Ein starkes Eigeninteresse an dem Thema vegane Ernährung führt dazu, dass die Rezipienten für den Einfluss von Influencern empfänglicher und offener sind und darüber hinaus zusätzlich recherchieren, um neue Informationen aufzunehmen.[280]

Ein weiterer Einflussfaktor auf die Ernährungsweise der Rezipienten stellt das soziale Umfeld dar, denn Essen ist häufig ein Gesprächsthema[281] und ein sozialer Akt, wie z.B. ein gemeinsamer Restaurantbesuch. Bei Anlässen dieser Art möchte sich eine der Rezipienten keinen Zwang auferlegen oder sich einschränken, wenn nur wenige vegane oder vegetarische Optionen zur Auswahl stehen. Sie möchte sich somit alle Möglichkeiten offenhalten, indem sie sich nicht endgültig für eine

---

[275] Vgl. Anhang 8.3.6, Z. 320-323
[276] Vgl. Abbildung 7, Anhang
[277] Vgl. Anhang 8.5.3, Z. 15-16
[278] Vgl. Abbildung 8, Anhang
[279] Vgl. Anhang 8.3.4, Z. 50-57
[280] Vgl. Anhang 8.3.4, Z. 378-385
[281] Vgl. Anhang 8.3.3, Z. 231-233

vegane Ernährungsweise entscheidet. Ihre Maxime ist es, so wenige tierische Produkte wie möglich zu konsumieren.[282]

Zudem beeinflussen externe Faktoren wie Stress und Zeit das Essverhalten der Befragten. So entscheiden sich einige Rezipienten aus Zeitgründen häufig für Fertiggerichte, die nicht vegan sind, obwohl sie sich lieber etwas Frisches, Gesundes und Pflanzliches kochen würden.[283] Auch persönliche Präferenzen und „Schwächen" der Befragten nehmen Einfluss auf die Ernährungsweise. Zwei der Rezipienten geben an, bislang nicht auf Käse verzichten zu wollen[284] und diesen ab und zu noch zu konsumieren. Das aktuelle Wohlbefinden spielt ebenfalls eine entscheidende Rolle bei täglichen Ernährungsentscheidungen: eine Rezipientin macht geltend, ihr allgemeines Wohlbefinden verbessern zu wollen und sich deshalb unter anderem mit dem Thema Veganismus auseinander zu setzen. „Der Auslöser, dass ich gesagt habe, ich möchte das jetzt versuchen und eine Zeit lang vegan leben, um zu schauen, wie sich das auf mich und mein Wohlbefinden auswirkt, ich denke, das ist zum größten Teil auch Influencern geschuldet, weil ich mich dadurch wirklich aktiv damit auseinandergesetzt habe [...]."[285] Zu sehen, welche „positiven Erfahrungen andere mit diesem Lebensstil gemacht haben"[286], ermutigt sie dazu, die Ernähurngsweise für sich selbst ausprobieren zu wollen. Aber auch das Vetrauen in und die empfundene Sympathie für den Influencer sowie das Verständnis und die Präsentation von dessen Inhalten spielen eine Rolle bei dem Einfluss auf die Rezipienten. Drei der vier Befragten äußern sich, dass ihr Vertrauen in vegane Influencer grundsätzlich groß bis sehr groß ist.[287] Eine der Rezipienten betont, dass sie viel Vertrauen in die geteilten Inhalte und Empfehlungen veganer Influencer hat, diese aber auch hinterfragt und auf Basis ihrer eigenen Meinung Entscheidungen trifft.[288] Weiterhin sind bei einer Rezpientin die Umsetzbarkeit im Alltag und persönliche Präferenzen, aber auch ihre eigene Gefühlswelt und ihre Gesundheit weitere Faktoren, die sie in ihrer Ernährungsweise täglich auf unterschiedliche Weise beeinflussen. Sie gibt an, dass ihr häufig Zuta-

---

[282] Vgl. Anhang 8.3.6, Z. 383-388
[283] Vgl. Anhang 8.3.6, Z. 330
[284] Vgl. Anhang 8.3.3, Z. 258-259, Anhang 8.3.5, Z. 322
[285] Anhang 8.3.4, Z. 235-239
[286] Anhang 8.3.4, Z. 240-241
[287] Vgl. Anhang 8.3.3, Z. 88-96, Anhang 8.3.4, Z. 146-150, Anhang 8.3.5, Z. 63-75
[288] Vgl. Anhang 8.3.3, Z. 88-96

ten fehlen, die es ihr ermöglichen würden, sich auf die Weise zu ernähren, wie sie es sich wünscht. Zudem betont sie, dass ihre Ernährung besonders stark von dem „Glücklich-Faktor" beeinflusst wird und sie grundsätzlich nur Lebensmittel konsumiert, die sie glücklich machen. Deshalb verzehrt sie nach wie vor Eier und Milchprodukte[289], Fleisch hingegen hat sie in ihrer Vergangenheit nicht glücklich gemacht. Aus dieser Feststellung entwickelte sich der Wunsch, vegetarisch zu leben.[290] Sie vertritt die Grundhaltung, dass jeder Mensch anders ist und das für sich Richtige finden muss. Die Rezipientin kategorisiert Käse, Eier und Honig als ihre persönlichen „Schwächen", auf die sie nicht verzichten möchte, weil diese Produkte sie glücklich machen und sie sich gut mit der Implementierung dieser in ihre Ernährungsweise fühlt.[291] Sie bezeichnet sich als „Teilzeit-Veganer"[292] und ersetzt mehr tierische Produkte durch pflanzliche Alternativen, die ihr gut schmecken.[293]

Auch die Intensität der Rezeption der Inhalte, die Rezeptionssituation[294] und die tägliche Konsumdauer von Inhalten veganer Influencer beeinflussen, wie stark die Rezipienten im Anschluss bewusst und unbewusst über die konsumierten Inhalte nachdenken und diese verarbeiten. Es wird deutlich, dass die Rezipienten sich je nach Konsumdauer, Involvement und Voreinstellungen unterschiedlich stark beeinflussen lassen und die Anregungen veganer Influencer sich demnach in unterschiedlich starken Ausprägungen auf deren Alltag auswirken können.

Eine Rezipientin nennt als Einflussfaktoren auf ihre Ernährungsweise an erster Stelle die Eigenmotivation, gefolgt von dem Zeitfaktor und dem sozialen Umfeld. „Hinzu kommt dann noch zusätzlich der Einfluss von Influencern, aber auch erst an vierter Stelle."[295] Rezipienten, die ein besonders großes Interesse an den Themen gesunde Ernährung und Veganismus aufweisen und die Inhalte der Influencer, die sie abonniert haben, für sehr vertrauenswürdig halten, tendieren verstärkt dazu, ihre eigene Ernährungsweise mit der von Influencern zu verglei-

---

[289] Vgl. Anhang 8.3.5, Z. 232-326, Z. 337-343
[290] Vgl. Anhang 8.3.5, Z. 172-180
[291] Vgl. Anhang 8.3.5, Z. 155-156, Z. 322
[292] Anhang 8.3.5, Z. 256-157
[293] Vgl. Anhang 8.3.5., Z. 160-161
[294] Alleine vs. im Beisammensein anderer, nebenbei und habitualisiert oder involviert und aufmerksam
[295] Anhang 8.3.4, Z. 387-389

chen. Dies hat bei einer Rezipientin zur Folge, dass sie sich während der Konsumierung der Inhalte regelmäßig fragt, wie sie deren Tipps und Anregungen in ihren eigenen Alltag integrieren kann. Ihr Ziel ist es, diese so abzuwandeln, dass sie auf ihr eigenes Leben zugeschnitten und für sie umsetzbar sind.[296]

Intervenierende Variablen bei der Umsetzung einer veganen Ernährungsweise

Da die befragten Rezipienten Studentinnen sind, die i.d.R. ein kleineres Budget für spezielle Lebensmittel haben, werden vegane Produkte, die teurer sind als herkömmliche, seltener nachgekauft.[297] Dies ist insbesondere der Fall, wenn für einen Rezipienten kein klarer Vorteil der veganen Produkte gegenüber den tierischen feststellbar ist.[298] So ist für eine Rezipientin das Budget ein entscheidender Faktor, der sie davon abhält, sich vollständig vegan zu ernähren. Sie gibt an, nach dem Konsum der Inhalte zunächst Lust auf das abgebildete Essen zu bekommen, anschließend jedoch das Gefühl zu haben, dass eine vegane Ernährung teuer sein muss. Dies ist „zumindest bei so Rezepten mit besonderen Zutaten, die es auch nicht überall zu kaufen gibt [...]"[299] der Fall. Drei der vier Rezipienten haben bzgl. des Budgets die Befürchtung, dass dieser Lebensstil für sie zu teuer sein könnte, weil sie auf Instagram häufig Rezepte mit speziellen Produkten wie Seidentofu sehen.[300] Eine Rezipientin gibt an, dass sie eine vegane Ernährung nicht für mit ihrem Lebensstil vereinbar hält, weshalb sie nicht zulässt, dass die konsumierten Inhalte veganer Influencer sie nachhaltig in ihren Einstellungen oder Handlungen beeinflussen.[301] Als Hauptgründe dafür nennt sie die Kosten, die mit einer veganen Ernährung verbunden sein können sowie die Umstrittenheit der gesundheitlichen Vorteile einer rein pflanzlichen Ernährung.[302] Eine rein vegane Ernährung ist für sie zweifelhaft, da es viele widersprüchliche Studien gibt, die sich unterschiedlich über gesundheitliche Vorteile äußern. Sie selbst hat dadurch das Gefühl, dass eine komplett vegane Ernährung mit Mangelerscheinungen einhergehen kann, die mit Nahrungsergänzungsmitteln wieder kompensiert werden müssen. Dieser Zweifel stellt für sie eine Beeinflussung in eine negative Richtung

---

[296] Vgl. Anhang 8.3.4, Z. 307-315
[297] Vgl. Anhang 8.3.5, Z. 363-364
[298] Vgl. Anhang 8.3.6, Z. 75-78
[299] Anhang 8.3.6, Z. 37-41
[300] Vgl. Anhang 8.3.5, Z. 349-351
[301] Vgl. Anhang 8.3.6, Z. 71-74
[302] Vgl. Anhang 8.3.6, Z. 74-79

dar.[303] Eine weitere intervenierende Variable ist folglich die Grundeinstellung von Rezipienten, da es viele Ernährungsformen gibt, die gesund sein sollen. Aus diesem Grund kommen verstärkt Zweifel auf, ob eine vegane Ernährung, wie häufig von veganen Influencern dargestellt, die gesündeste Ernährungsform ist.

Als intervenierende Variable bei der Umsetzung einer veganen Ernährungsweise wird von allen Rezipienten die soziale Komponente angeführt. Die Rezipienten fühlen sich von ihrem sozialen Umfeld oftmals nicht in der Entscheidung bestärkt, sich verstärkt pflanzlich zu ernähren. So ist z.B. der Wunsch einer Rezipientin, mit ihrem Freund vegan zu kochen, oftmals ein Konfliktpunkt. Ihr Partner zeigt Unverständnis gegenüber seiner Freundin, die sich häufiger pflanzlich ernähren möchte.[304] Für eine weitere Rezipientin sind die Themen Veganismus und pflanzliche Ernährung ebenfalls keine möglichen Gesprächsthemen mit ihrem sozialen Umfeld, da sowohl ihre Familie als auch ihre Freunde keinen Bezug zu und kein Interesse an diesen Themen haben. Aus diesem Grund hat der Austausch auf Instagram mit anderen Veganern einen wichtigen Stellenwert für sie, da sie sich nur auf diese Weise über das Thema unterhalten und austauschen kann.[305]

Die vier befragten Rezipienten vertreten einstimmig die Meinung, dass jeder Mensch auf seinen eigenen Körper hören und Lebensmittel konsumieren sollte, die er am besten verträgt.[306] Aus diesem Grund konsumieren zwei Rezipienten, die bereits vegetarisch leben und ein großes Interesse an einer veganen Ernährung haben, nach wie vor Käse. Sie bezeichnen diesen als „große Schwachstelle"[307] bzw. „Problem"[308] bei dem Übergang zu einer verstärkt pflanzlichen Ernährung, möchten derzeit jedoch nicht vollständig darauf verzichten. Auch alte Gewohnheiten und ein fehlender Antrieb sind Gründe dafür, warum Rezipienten, die grundsätzlich Interesse an einer rein pflanzlichen Ernährung haben, ihre Vorstellungen nicht umsetzen.[309] Einen weiteren intervenierenden Faktor stellt die fehlende Motivation dar, für sich allein zu kochen und nimmt wiederum Bezug auf die bereits genannte soziale Komponente. So gibt eine Rezipientin an, dass sie

---

[303] Vgl. Anhang 8.3.6, Z. 263-275
[304] Vgl. Anhang 8.3.3, Z. 264-272
[305] Vgl. Anhang 8.3.5, Z. 57-59
[306] Vgl. Anhang 8.3.3, Z. 278-284
[307] Anhang 8.3.3, Z. 259
[308] Anhang 8.3.5, Z. 322
[309] Vgl. Anhang 8.3.4, Z. 102-105, Z. 323-329

sich wünschen würde, öfter mit ihren Freunden gemeinsam vegan zu kochen. Sie gibt an, dass es ihr mehr Spaß bereiten würde, im Beisammensein ihrer Freunde frisch und pflanzlich zu kochen.[310]

Auch die Angst, dass eine vegane Ernährung mehr Aufwand bedeuten könnte, stellt häufig eine intervenierende Variable bei der Umsetzung dar. Eine Rezipientin gibt an, dass insbesondere in stressigen Zeiten Zweifel bei ihr aufkommen, dass eine vegane Ernährung mit einem größeren Aufwand verbunden ist. In solchen Phasen erinnern vegane Influencer sie daran, dass es auch schnell und unkompliziert möglich ist, sich gesund und vegan zu ernähren.[311]

Instagram-Nutzung und Auswirkungen auf Ernährungsweise

Die Instagram-Nutzung der Rezipienten variiert von nebenbei und habitualisiert über involviert bis hin zu intensiv und ist abhängig von verschiedenen Faktoren, insbesondere dem Zeitfaktor. Bei den befragten Rezipienten variiert die Nutzungsdauer von 30 bis 60 Minuten[312] bis hin zu 6 Stunden täglich.[313] Als Auswirkungen werden neue Gedankenanstöße[314] und das Zubereiten unbewusst veganer Gerichte[315] genannt. Darüber hinaus wird der Wunsch, auch mit anderen vegan zu kochen[316], geweckt. Weiterhin kommt es zu einer Kommunikation mit Personen im sozialen Umfeld über das Thema Veganismus als Form der Verarbeitung[317] und es entsteht die Motivation, häufiger gesunde Gerichte zu kochen[318]. Der soziale Vergleich, d.h. zu sehen, dass andere Menschen sich die Zeit dafür nehmen, frisch und pflanzlich zu kochen, vermittelt einer Rezipientin zum einen das Gefühl der eigenen Untätigkeit, spornt sie andererseits aber auch dazu an, es den Influencern gleich zu tun.[319] Die Wirkung wird von den befragten Rezipienten überwiegend als positiv bewertet, da durch die Rezeption die Motivation geweckt wird, sich selbst etwas Gesundes und Frisches zuzubereiten. Die Rezipienten le-

---

[310] Vgl. Anhang 8.3.4, Z. 343-354
[311] Vgl. Anhang 8.3.4, Z. 334-337
[312] Vgl. Anhang 8.3.4, Z. 7-11
[313] Vgl. Anhang 8.3.3, Z. 18-23
[314] Vgl. Anhang 8.3.3, Z. 42
[315] Vgl. Anhang 8.3.3, Z. 52-57
[316] Vgl. Anhang 8.3.3, Z. 103-106
[317] Vgl. Anhang 8.3.3, Z. 107-108
[318] Vgl. Anhang 8.3.4, Z. 77-82, Z. 94-95
[319] Vgl. Anhang 8.3.4, Z. 94-95

ben durch die Inspiration veganer Influencer achtsamer und werden daran erinnert, sich gesünder und allgemein bewusster zu ernähren.

6 Erforschung der Wirkungszusammenhänge

In diesem Kapitel soll es um die Erforschung der Voraussetzungen für potenzielle Wirkungszusammenhänge zwischen der (möglichen Veränderung der) Ernährungsweise junger Erwachsener und dem Konsum der Inhalte veganer Influencer auf Instagram gehen. Im Rahmen der Forschung wird auch der Einstellungswandel der ausgewählten vier Rezipienten näher untersucht, da die Veränderung einer bisherigen Meinung in einer Verhaltensänderung resultieren kann. Daher ist die nähere Betrachtung der Faktoren, welche eine Veränderung der Meinungen, Einstellungen und im Zuge dessen auch des Verhaltens hervorrufen, für die Beantwortung der Forschungsfrage erforderlich. Diese Veränderungen können unter bestimmten Voraussetzungen das Ernährungsverhalten der Rezipienten beeinflussen. Aus diesem Grund werden in Kapitel 6.1 zunächst theoretische Hintergründe zu einem Einstellungs-, Meinungs- und Verhaltenswandel aufgezeigt, die anhand ausgewählter Beispiele aus den Rezipienteninterviews belegt und näher erläutert werden. Auf diese theoreotischen Vorüberlegungen wird in Kapitel 6.2 anhand der durchgeführten Interviews Bezug genommen und der Prozess der Veränderung evaluiert. In diesem Kapitel wird aufgezeigt, inwiefern sich eine Veränderung der Ernährungsweise feststellen und begründen lässt. In Kapitel 6.3 werden Wirkungszusammenhänge zwischen der Ernährungskommunikation der veganen Influencer und der Ernährungsweise ihrer weiblichen Abonnenten aufgezeigt.

6.1 Einstellungs- und Meinungswandel der Rezipienten

Im Rahmen der Analyse der qualitativen Leitfadeninterviews wird deutlich, dass alle vier der befragten Rezipienten mehrere vegane Influencer abonniert haben, deren Inhalte sie z.T. mehrere Stunden am Tag konsumieren.[320] Die Beeinflussung kann je nach Konsumdauer, der Anzahl der abonnierten veganen Influencer, den Konsummotiven, der Rezeptionssituation und -intensität unterschiedlich stark erfolgen und deshalb verschiedene Auswirkungen haben. Als Tendenz lässt sich feststellen, dass die Rezipienten, die eine große Zahl an veganen Influencern

---

[320] Vgl. Anhang 8.4.3-8.4.6, Einfluss von veganen Influencern, V1

abonniert haben und mehrere Stunden pro Tag auf Instagram mit der Rezeption von Inhalten verbringen, insgesamt überzeugter von der Lebensweise sind.[321] Die drei Hauptfaktoren, welche die Effekte der Massenkommunikation bestimmen, sind zum einen die beobachtbaren Kommunikationsstimuli[322], die Prädispositionen des Rezipienten[323] und zum anderen die allgemeine Überredbarkeit einer Person[324] sowie die mediatisierenden Faktoren[325].[326] Da die Rezipienten aus eigenem Antrieb heraus die Inhalte veganer Influencer verfolgen, drückt dies bereits ein gewisses Interesse an dieser Ernährungsweise aus und demonstriert die Bereitschaft, neue Informationen aufzunehmen.[327] Die Annahme der Informationen durch den Rezipienten ist jedoch abhängig von den Persönlichkeitsmerkmalen sowie Voreinstellungen der betreffenden Person und kann individuell variieren. Während ein Rezipient sich so stark inspirieren lässt, dass sie sich im Alltag häufiger vegane Gerichte zubereitet[328], verwendet eine andere nach wie vor tierische Produkte in ihren Gerichten[329]. Sie gibt an, sich weniger stark beeinflussen zu lassen[330] und sich daher nicht viel öfter als zuvor vegan zu ernähren[331].

---

[321] Vgl. Anhang 8.4.1-8.4.6

[322] dazu zählen die Eigenschaften des Inhalts, die Eigenschaften des Kommunikators, die Eigenschaften des Mediums sowie situative Bedingungen

[323] dazu zählen zum einen die Bereitschaft einer Person zur Akzeptierung oder Zurückweisung einer bestimmten Ansicht über einen bestimmten Gegenstand, also die individuelle Interaktion mit den Kommunikationsstimuli, und zum anderen die allgemeine Überredbarkeit einer Person, also kommunikationsfreie Faktoren, sowie die mediatisierenden Faktoren (dazu zählen die Aufmerksamkeit, das Verständnis und die Annahme des Rezipienten)

[324] kommunikationsfreie Faktoren

[325] dazu zählen die Aufmerksamkeit, das Verständnis und die Annahme des Rezipienten

[326] Vgl. Schenk, M. (2007), S. 82

[327] Vgl. Anhang 8.3.2, Z. 194-197, Anhang 8.4.3-8.4.6, Einflussfaktoren auf Ernährungsweise, V2, Eigeninteresse

[328] Vgl. Anhang 8.3.3, Z. 54-56

[329] Vgl. Anhang 8.3.6, Z. 218-228

[330] Vgl. Anhang 8.3.6, Z. 71-74, Z. 79

[331] Vgl. Anhang 8.3.6, Z.212-214

Weiterhin spielt die Wiederholung von Botschaften eine wichtige Rolle bei der Umsetzung und Implementierung der Inhalte von Kommunikation. So äußert sich eine Rezipientin, dass die Dokumentation „Cowspirary"[332] von mehreren Influencern empfohlen wurde und sie sich diese deshalb angeschaut hat. Wäre diese Dokumentation nicht von mehreren Influencern empfohlen worden, so hätte sie sich diese nicht angeschaut, gibt die Rezipientin an. Durch die zahlreichen Empfehlungen ist bei ihr der Eindruck entstanden, dass die Informationen in dieser Dokumentation sehr wichtig sein müssen. „Zur Entscheidung für eine vegane Lebensweise kommt es in der Regel durch das Zusammenwirken von Einstellungen, begünstigenden Faktoren und dem ethischen Motiv, Tierleid vermeiden zu wollen. Außerdem gibt es meist ein Schlüsselereignis als Auslöser für die konkrete Ernährungsumstellung."[333] Dies ist auch bei drei der vier befragten Rezipienten der Fall. Jeder dieser Rezipienten erlebte in ihrer Vergangenheit eine Situation oder einen Moment, in dem ihr bewusst wurde, dass er etwas an ihrer derzeitigen Ernährungsweise verändern möchte.[334] Für eine Rezipientin war es eine Erfahrung mit Tieren auf einer Reise, die sie dazu angeregt hat, ihren Fleischverzehr zu hinterfragen und Recherche zu betreiben[335], wohingegen es für eine andere eine Zeit im Ausland war, während der sie sehr viele Früchte aß und sich sehr gut fühlte. Daraus entstand der Wunsch, diese Ernährungsweise auch in Deutschland beizubehalten und aus ihrem bisher sehr eintönigen Alltag herauszukommen. Diese Auslöser führten dazu, dass sie die Motivation entwickelte, etwas an ihrer Ernährung zu verändern, um sich besser zu fühlen.[336] Eine weitere befragte Rezipientin stellte für sich fest, dass ihr Fleischkonsum sie nicht mehr glücklich machte. Daraufhin wollte sie diesen drastisch reduzieren, da sie sich u.a. auch aus ethischen Gründen nicht mehr gut damit fühlte. Daraus zog sie im Laufe der Zeit die Konsequenz, sich vollständig vegetarisch zu ernähren. Eine andere entschied sich nach eigenen Angaben vor einiger Zeit dazu, nach der Beendigung ihres Studiums den

---

[332] Cowspiracy - The Sustainability Secret ist ein Dokumentarfilm aus dem Jahr 2014, der die Auswirkungen der Viehwirtschaft auf die Umwelt behandelt. Die Kernaussage des Filmes ist, dass die weltweite Fleisch- und Fischindustrie einen weit größeren Einfluss auf Klima und Umwelt schädigende Treibhausgase habe als sämtliche anderen Abgasemissionen zusammengenommen. Quelle: http://www.cowspiracy.com
[333] Hopp, M., Keller, T., Lange, S., Epp, A., Lohmann, M., Böl, G.-F. (2017), Web
[334] Vgl. Anhang 8.4.3-8.4.5, Rezipientenmerkmale, V5, Aha-Moment
[335] Ethisches Motiv
[336] Wohlbefinden und Lebensgefühl sowie der Wunsch nach Veränderung als Motiv

Schritt zum Veganismus zu wagen und sich rein pflanzlich zu ernähren, um zu sehen, wie es ihr damit geht. Sie strebt ein besseres Lebensgefühl an und möchte sich durch diese Ernährungsweise selbst verwirklichen.[337]

Ein weiterer einflussnehmender Faktor bei der Ernährungsumstellung sind die Emotionen, welche bei dem Rezipienten durch den Konsum der Inhalte veganer Influencer auf Instagram geweckt werden. Unterhaltende Inhalte, die Geschichten erzählen und Identifikation wecken, sind besonders beliebt[338], aber auch das Stimmungsmanagement und vermitteltes Wissen sind Zuwendungsmotive.[339] Die Emotionen bei den Rezipienten kommen dadurch zustande, dass die konsumierten Inhalte im Hinblick auf die Ziele und Bedürfnisse des Individuums selbst bewertet werden.[340] Durch die persönliche Bedeutung, die diese Inhalte für das Individuum besitzen, entstehen Emotionen, welche sich entsprechend auf zukünftige Handlungen auswirken. So gibt eine Rezipientin an, dass Bilder, die Gerichte abbilden, bei ihr wenige Emotionen wecken und ihre Gefühle relativ neutral bleiben.[341] Bei einer anderen Rezipientin hingegen entsteht ein Gefühl des Ansporns, sich selbst ebenfalls ein kreatives und gesundes Essen zuzubereiten, wenn sie ein solches auf Instagram sieht.[342] Der Einfluss fällt damit sehr unterschiedlich aus und ist abhängig von den Voreinstellungen und Persönlichkeitsmerkmalen sowie Nutzungsmotiven der Rezipienten. Demnach gehen häufig die Aufmerksamkeitsweckung, Information, Unterhaltung und Persuasion[343], aber auch Inspiration mit der Rezeption der Inhalte einher und üben Einfluss auf die Emotionen der Rezipienten aus.

---

[337] Vgl. Anhang 8.3.4, Z. 69-73, Z. 216
[338] Vgl. Schenk, M. (2007), S. 194
[339] Vgl. Schenk, M. (2007), S. 195
[340] Vgl. Schenk, M. (2007), S. 197
[341] Vgl. Anhang 8.3.6, Z. 44-46
[342] Vgl. Anhang 8.3.4, Z. 77-82
[343] Vgl. Schenk, M. (2007), S. 196

6.2 Evaluation der Veränderung der Ernährungsweise

Einen entscheidenden Einfluss auf die Ernährungsweise der befragten Rezipienten üben in erster Linie deren vorhandene Eigenmotivation, sich besser und gesünder zu fühlen[344], der Zeitfaktor[345] und ihr Budget[346] aus, aber auch ethische Gründe[347] können ausschlaggebend für eine Ernährungsveränderung sein. Neben der gesundheitlichen und ethischen Kernmotivation können weitere Einflussfaktoren identifiziert werden, welche den Wechsel hin zu einer veganen Ernährungsweise begünstigen. So sind viele Veganer vorher bereits Vegetarier.[348] „Damit begünstigt Vegetarismus eindeutig die Entscheidung für eine vegane Lebensweise. Dies scheint plausibel, da Vegetarier bereits eine weitreichende Ernährungsumstellung – Verzicht auf Fleisch – realisiert haben und auch die soziale Rolle eines „Ernährungs-Außenseiters" schon eingenommen wurde."[349] Die Analyse der Rezipienteninterviews beweist zudem, dass „die Entscheidung für die vegane Ernährung [...] in der Regel nicht von heute auf morgen [erfolgt]"[350]. Häufig werden vor der Umstellung auf die vegane Ernährung tierische Produkte bereits nur eingeschränkt verzehrt. Den Schritt zum Vegetarismus haben zum Teil auch die befragten Rezipienten gewagt. So gibt eine Rezipientin an, sich in ihrer Kindheit und Jugend sehr ungesund mit viel Fast Food ernährt zu haben. Sie wollte aus eigener Motivation heraus etwas verändern und später unterstützen sie vegane Influencer auf Instagram zusätzlich mit ihren Inhalten bei der Entwicklung zu einer gesünderen Ernährung hin.[351] Aus diesem Antrieb heraus begann sie damit, vermehrt gesündere, pflanzenbasierte Gerichte zu essen, sich weiterzubilden und zu recherchieren. An dieser Entwicklung hatte Instagram einen großen Anteil.[352] Während der Fastenzeit aß sie vier Wochen lang ausschließlich vegane Gerichte und auch heute ernährt sie sich zeitweise rein pflanzlich. Sie verzehrt nur noch sehr wenige tierische Produkte und ernährt sich seit Beginn des

---

[344] Vgl. Anhang 8.3.5, Z. 184-190
[345] Vgl. Anhang 8.3.5, Z. 323-325
[346] Vgl. Anhang 8.3.5, Z. 363-364
[347] Vgl. Anhang 8.3.3, Z. 66-71
[348] Vgl. Hopp, M., Keller, T., Lange, S., Epp, A., Lohmann, M., Böl, G.-F. (2017), Web
[349] Hopp, M., Keller, T., Lange, S., Epp, A., Lohmann, M., Böl, G.-F. (2017), Web
[350] Hopp, M., Keller, T., Lange, S., Epp, A., Lohmann, M., Böl, G.-F. (2017), Web
[351] Vgl. Anhang 8.3.3, Z. 150-153
[352] Vgl. Anhang 8.3.3, Z. 156-164

Jahres 2018 vegetarisch.[353] Diese Entwicklung ist durch ihre Eigenmotivation und den Einfluss durch Instagram zustande gekommen.[354] Eine rein pflanzliche Ernährung kann die Rezipientin sich derzeit für sich selbst nicht vorstellen, weil sie unsicher ist, ob ihr Körper es schafft, sich umzugewöhnen.[355] Eine andere Rezipientin hat bereits eine Zeit lang vegetarisch gelebt und ist jetzt Teilzeit-Vegetarierin. Da sie bereits Vorerfahrungen mit der vegetarischen Lebensweise gemacht hat, weiß sie, dass dies für sie problemlos umsetzbar ist.[356] Sie reflektierte ihre frühere, fleischlastige Ernährungsweise in den vergangenen Wochen verstärkt und stellte fest, dass sie sich zum damaligen Zeitpunkt häufig müde gefühlt hat. Aus diesem Grund ernährt sie sich nun häufiger pflanzenbasiert, da sie sich dadurch energetischer und besser fühlt.[357] Die Rezipientin führt an, inzwischen bereit dafür zu sein, eine vegane Ernährung auszuprobieren. Ihr Ziel ist es, herauszufinden, ob es in ihrem Leben einen Unterschied macht, wenn sie sich rein pflanzlich ernährt. Sie glaubt, als Veganerin ein positiveres Lebensgefühl zu haben. Diese Annahme rührt aus der Tatsache her, dass sie unter Beiträgen veganer Influencer auf Instagram häufig liest, dass diese sich seit dem Umstieg auf eine vegane Ernährungsweise besser fühlen und mehr Energie haben. Der Wunsch nach ähnlichen Erfahrungen bestärkt sie in ihrem Vorhaben, sich vollständig vegan zu ernähren.[358] Eine weitere befragte Rezipientin gibt an, vor ihrer Ernährungsumstellung bereits großen Wert auf eine gesunde Ernährung gelegt zu haben. Dies war allerdings in einem anderen Ausmaß der Fall. Derzeit ist sie Teilzeit-Veganerin[359] und kauft sich gelegenheitlich vegane Ersatzprodukte. Zudem ernährt sie sich deutlich gesünder und kauft mehr Obst und Gemüse ein als zuvor. Inspiriert zu dieser Ernährungsveränderung haben sie unter anderem die Inhalte veganer Influencer auf Instagram.[360] Eine andere Rezipientin verzichtete in ihrer Vergangenheit weitgehend auf Kohlenhydrate[361], da sie abnehmen wollte und be-

---

[353] Vgl. Anhang 8.3.3, Z.170-172, Z. 198-202
[354] Vgl. Anhang 8.3.3, Z.167-168, Z. 186-188
[355] Vgl. Anhang 8.3.3, Z. 197-198
[356] Vgl. Anhang 8.3.4, Z. 62-66
[357] Vgl. Anhang 8.3.4, Z. 374-376
[358] Vgl. Anhang 8.3.4, Z. 69-73
[359] Vgl. Anhang 8.3.5, Z. 156-162, Z. 194-202
[360] Vgl. Anhang 8.3.5, Z.150-162
[361] „Low Carb Ernährung"

gann dadurch, sich intensiver mit dem Thema Ernährung auseinanderzusetzen[362]. Im Laufe der Zeit beschäftigte sie sich auch mit anderen Ernährungsformen und wurde auf die vegane Ernährungsweise aufmerksam. Sie kocht inzwischen einmal in der Woche natürlich vegane Gerichte von Influencern nach. Aktuell ernährt sie sich zu ca. 80 Prozent vegetarisch, zu fünf Prozent vegan und konsumiert die restliche Zeit tierische Produkte.[363]

6.3 Wechselwirkungen Ernährungskommunikation und Ernährungsweise

Jeden Tag bekommen Nutzer sozialer Netzwerke, die sich für die Themen Gesundheit, Ernährung und Veganismus interessieren, zahlreiche Ernährungsinformationen geliefert. Aus dieser Menge an Auskünften müssen sie die für sich relevanten herausfiltern und entscheiden, was sie überzeugt und welche Empfehlungen sie in ihren eigenen Alltag integrieren möchten. Im Zuge der Analyse der Rezipienteninterviews wird deutlich, dass einige der Befragten, die auf der Suche nach einer Ernährungsweise sind, die gut für sie funktioniert, nicht genau wissen, welche die für sie persönlich beste und gesündeste Ernährungsweise darstellt. Die heutige Informationsvielfalt trifft folglich auf Menschen, die Antworten auf ihre ernährungsbezogenen Fragen in sozialen Netzwerken suchen. Dort abonnieren sie die Inhalte von Personen, denen sie eine gewisse Kompetenz zusprechen und in Ernährungs- und Gesundheitsfragen zumindest ein Stück weit vertrauen.[364] Der direkte und indirekte Einfluss, den Meinungsführer auf sozialen Netzwerken auf ihre Follower ausüben, variiert von Nutzer zu Nutzer, da diese unterschiedliche Persönlichkeitsmerkmale[365] besitzen. Zudem lassen sie sich verschiedenen Nutzertypen zuordnen.[366] Von der Art der Social-Media-Nutzung eines Followers hängt oftmals der ausgeübte Einfluss eines Influencers auf die Einstellungen und Verhaltensweisen des Rezipienten ab. Ein wichtiger Faktor ist neben den Nutzungsmotiven eines Followers demnach der Nutzertyp. Zu den unterschiedlichen Nutzertypen zählen zum einen der Kreative, der Diskutant, der Kri-

---

[362] Vgl. Anhang 8.3.6, Z.49-53
[363] Vgl. Anhang 8.3.6, Z.19-204
[364] Vgl. Anhang 8.4.3-8.4.6, Einfluss von veganen Influencern, V1, Motive; V3, Wissensvermittlung, Ansprechpartner; Einfluss auf Ernährungsweise, V1, Vertrauen in Inhalte/ Influencer
[365] Vgl. Anhang 8.4.3-8.4.6, Rezipientenmerkmale
[366] Vgl. Anhang 8.4.3-8.4.6, Einfuss von veganen Influencern, V1 Instagram Nutzung

tiker, der Sammler, der Teilnehmer sowie der Zuschauer und der Inaktive.[367] Während Influencer und Meinungsführer zu den Kreativen, Diskutanten und Kritikern zählen, lassen sich Follower in den meisten Fällen den Nutzertypen der Sammler, Teilnehmer, Zuschauer und Inaktiven zuordnen. Bei Followern kann es sich jedoch auch um Kritiker oder solche Nutzer handeln, die selber Inhalte kreieren, in erster Linie aber auf Instagram nach Inspiration und Informationen zu bestimmten Themen suchen.[368] Es ist zusätzlich zu beachten, dass Informationen von Influencern so vermittelt werden sollten, dass die Zielgruppe diese in ihren Alltag integrieren und problemlos umsetzen kann, ohne durch widersprüchliche Aussagen verunsichert zu werden. Besonders bedeutsam bei der Vermittlung von Wissen bei der Ernährungskommunikation von Influencern ist es, dass diese ihre Followerschaft auf dem Weg vom Wissen zum Handeln unterstützen. Ziel sollte es sein, die Rezipienten ihrer Inhalte dazu zu befähigen, die bereitgestellten Tipps und Ratschläge in den eigenen Alltag zu übernehmen. Die meisten Menschen, die bereits vegan leben oder diese Ernährungsweise in Erwägung ziehen, informieren sich im Internet über vegane Ernährung. „An erster Stelle stehen soziale Netzwerke und spezielle Foren, aber auch sonstige Quellen im Internet."[369] Durch eine intensive Auseinandersetzung mit dem Thema Veganismus kann eine Einstellungsveränderung stattfinden, welche letztlich in einer Verhaltensänderung, d.h. einer Veränderung der Ernährungsweise, resultieren kann. Grundvoraussetzung dafür sind zunächst „die Motivation des Rezipienten, sich mit dem Thema bzw. der Botschaft gedanklich auseinanderzusetzen"[370], und die wahrgenommene persönliche Relevanz, die eine Botschaft für eine Person hat. Je höher die zugeschriebene Relevanz ist, desto eher sind die Rezipienten dazu bereit, etwas an ihrer Ernährungsweise zu verändern. Die Auswirkungen der Rezeption von Influencer-Inhalten kann auf zwölf Stufen erfasst werden. Zu diesen zählen die Zuwendung zu dem Inhalt, die Aufmerksamkeit, das Interesse am und Verständnis des Inhalts und die Akquisition bestimmter Bestandteile der Botschaft wie z.B. die Zutaten eines Rezepts oder Informationen mit Mehrwert, z.B. über Gesundheit oder Ernährung. Darauf folgen die Zustimmung bzw. Akzeptanz des Inhalts durch den Rezipienten sowie die abschließende Speicherung in dessen Gedächtnis. Im wei-

---

[367] Vgl. Grabs, A., Bannour, K.-P., Vogl, E. (2014), S. 75-76
[368] Vgl. Anhang 8.4.3-8.4.6, Einfluss von veganen Influencern, V1, Motive
[369] Hopp, M., Keller, T., Lange, S., Epp, A., Lohmann, M., Böl, G.-F. (2017), Web
[370] Schenk, M. (2007), S. 261

teren Verlauf des Wirkungszusammenhangs entsteht, falls eine Verhaltensreaktion des Rezipienten erfolgt, eine neue Einstellung bzw. Information im Gedächtnis des Rezipienten, worauf eine Entscheidung erfolgt, die in einer Handlung resultiert.[371] Damit ist der Prozess jedoch nicht abgeschlossen. „Tritt nach der Handlung eine Kongruenz von Einstellung und Verhalten auf, dann ist von Verstärkung die Rede. [...] Die neue Einstellung erlangt im Zeitablauf Persistenz bzw. ist von dauerhaftem Charakter."[372] Dies ist bei einer Rezipientin feststellbar, die angibt, dass sie sich im Feburar dieses Jahres für eine rein vegetarische Ernährungsweise entschieden hat.[373]

Eine weitere Rezipientin hat sich eine lange Zeit immer wieder zwischendurch vegetarisch ernährt und tut es seit einigen Wochen nun vollständig.[374] Einzelne Meinungen und Einstellungen von Rezipienten stehen nie isoliert da, sondern sind häufig in einem Gesamtzusammenhang aufeinander bezogen. Überzeugungen, Werte und Ideologien dienen Individuen „als Bezugsrahmen für die Verarbeitung von Informationen und die Strukturierung von Einstellungen in einem konsistenten und logischen System"[375]. So gruppieren sich aufeinander bezogene Überzeugungen meistens auf eine zentrale Überzeugung. Einstellungen sind als diejenigen Tendenzen zu verstehen, die bestimmen, ob Rezipienten positiv oder negativ in Bezug auf ein Objekt handeln, und wie sie zu den Konsequenzen dieser Handlung unter Betrachtung ihrer persönlichen Werte stehen.[376] Menschen haben mehrere verschiedene Einstellungen, die miteinander verbunden sind. Steht eine Einstellung jedoch isoliert da, so reicht u.U. „die Präsentation einer Reihe von Botschaften über ein Konzept aus, die von einer glaubwürdigen Quelle übermittelt werden, damit Persuasion erfolgt. Überzeugungen werden von Individuen somit zur Bewertung von eingehenden Botschaften herangezogen"[377]. Damit beeinflussen die Grundhaltungen der Rezipienten[378], auf welche Weise sie die Botschaften veganer Influencer auffassen und kognitiv weiterverarbeiten. Für einen

---

[371] Vgl. Schenk, M. (2007), S. 83
[372] Schenk, M. (2007), S. 83
[373] Vgl. Anhang 8.3.3, Z. 167-168
[374] Vgl. Anhang 8.3.5, Z. 194-197
[375] Schenk, M. (2007), S. 188
[376] Vgl. Schenk, M. (2007), S. 188
[377] Schenk, M. (2007), S. 189
[378] Vgl. Anhang 8.4.3-8.4.6, Einflussfaktoren auf Ernährungsweise, V3, Grundeinstellung

Einstellungswandel bei den Rezipienten sind zum einen die Botschaften, die auf Instagram empfangen werden, als auch „die durch den hierarchischen Strukturaufbau der Einstellungen und Überzeugungen ausgelösten Effekte"[379] verantwortlich. Inwiefern ihre Einstellungen und Überzeugungen mit den empfangenen Botschaften übereinstimmen und inwieweit sie überzeugend auf den Rezipienten wirken, bestimmt darüber, welche Konsequenzen für zukünftige Handlungen gezogen werden.

Die Follower der Influencerin Laura Grosch vergleichen empfangene Aussagen über die Themen Veganismus und vegane Ernährung sowohl mit ihrer persönlichen Voreinstellung als auch mit ihren eigenen verknüpften Einstellungen und Konzepten, die sie mit diesen Themen verbinden.[380] Wenn die Rezipienten den Botschaften und Informationen eigene Positionen bzw. Argumente entgegenbringen können, so ist der Einfluss auf ihre eigene Ernährungsweise verhältnismäßig schwächer.[381] „Während [...] dauerhafte Einstellungsänderungen, die auf einer elaborierten, argumentativen Informationsverarbeitung beruhen, Zeit benötigen, werden die Themenbedeutungen bei hohem Involvement weitaus schneller übernommen."[382] Je wichtiger ein Thema für eine Person ist, desto größer ist die Wahrscheinlichkeit, dass die Verknüpfung mit eigenen Einstellungen stärker ist als der externe Einfluss. Sind bei einem Rezipienten weniger Voreinstellungen und verknüpfte Konzepte zu einem Thema vorhanden, so ist ein Einstellungswandel wahrscheinlicher.[383] Dies liegt an der Diskrepanz zwischen vorhandener Einstellung und der in der Aussage vertretenen Einstellung. Dieser Zusammenhang wird ebenfalls an einer der befragten Rezipienten deutlich, welche bereits die Voreinstellung besitzt, dass eine pflanzenbasierte Ernährung sehr gesund und gut für Körper und Geist ist, weshalb sie ihre bisherigen Gewohnheiten kritisch hinterfragt.[384] Sie ist demnach empfänglicher für externe Botschaften und offener gegenüber einem Einstellungswandel. An dieser Stelle spielen jedoch auch die jeweiligen Persönlichkeitsmerkmale des Rezipienten wie die allgemeine Überredbarkeit eine wichtige Rolle. „Für das Entstehen persuasiver Wirkungen ist [...]

---

[379] Schenk, M. (2007), S. 190
[380] Vgl. Schenk, M. (2007), S. 190-191
[381] Vgl. Anhang 8.3.6, Z. Z. 76, 79, 394
[382] Schenk, M. (2007), S. 495
[383] Vgl. Schenk, M. (2007), S. 191
[384] Vgl. Anhang 8.3.4, Z. 322-326

die Art der Gedanken, die Personen im Zusammenhang mit einer Botschaft einfallen, ausschlaggebend. Fühlen sich Personen durch die Botschaft in irgendeiner Weise eingeschränkt („Reaktanz"), sodass der Eindruck entsteht, dass sie keine andere Wahl haben, als sich überreden zu lassen, dann motiviert sie gerade dies zur Gegenargumentation, selbst wenn die Botschaft starke Argumente enthält. Abgesehen von den eigentlichen Argumenten, die die Vorzüge einer Position herausstreichen, dienen auch andere Merkmale hilfsweise als „Argumente" [...]: die Glaubwürdigkeit der Quelle, ihre Attraktivität, die bloße Häufung von Argumenten oder eine beeindruckend große Zahl anderer Personen, von denen angenommen wird, dass sie für die in der Botschaft eingenommene Position eintreten."[385] Dies wird auch anhand der Aussage einer Rezipientin deutlich, welche angibt, dass sie hinsichtlich Ernährungsfragen jemandem mit einer Ausbildung in diesem Bereich mehr vertrauen würde.[386] Sie lässt sich demnach weniger von den Aussagen veganer Influencer überzeugen.

Im Rahmen der Interviews mit den vier Rezipienten lässt sich feststellen, dass alle Befragten sich, zumindest in Teilen bedingt durch den Konsum der Inhalte veganer Influencer[387], dazu entscheiden, sich öfter vegan zu ernähren und mehr pflanzliche anstelle von tierischen Produkten zu konsumieren. Eine indirekte Wirkung tritt z.B. dann ein, wenn das Ernährungsverhalten erst durch die Kommunikation mit anderen (sowohl während als auch nach der Medienrezeption) beeinflusst wird und somit die Anschlusskommunikation Wirkungen auslöst, die indirekter Natur sind. Erst der gemeinsame Austausch mit dem sozialen Umfeld führt also dazu, dass letztendlich tatsächlich eine Verhaltensänderung stattfindet und beispielsweise häufiger vegan gekocht wird.[388] „Der Einfluss medialer Gesundheitskommunikation kann folglich durch das soziale und situative Umfeld der Mediennutzung sowie die Anschlusskommunikation mit Familienmitgliedern, Freunden oder Arbeitskollegen verstärkt oder vermindert werden."[389] Die interpersonale Kommunikation der Rezipienten mit ihrem sozialen Umfeld hat einen entscheidenden Einfluss auf die Umsetzung ihrer angestrebten Ernährungsweise. Die Anschlusskommunikation der Rezipienten mit ihrem sozialen Umfeld ist u.a.

---

[385] Schenk, M. (2007), S. 265
[386] Vgl. Anhang 8.4.6, Einflussfaktoren auf Ernähurngsweise, V1, Vertrauen in Inhalte
[387] Vgl. Anhang 8.4.3-8.4.6, Rezipientenmerkmale, V4, Inspiration/ Einfluss durch Influencer
[388] Vgl. Anhang 8.4.3-8.4.4, Einfluss von veganen Influencern, V2, Kommunikation mit Dritten
[389] Schweiger, W., Fahr, A. (2013), S. 388

eine Folge der Rezeption der Inhalte veganer Influencern auf Instagram.[390] Indem diese die vegane Ernährung thematisieren und pflanzenbasierte Rezepte teilen, nehmen sie bei einem hohem Involvement der Rezipienten zumindest in Teilen Einfluss auf die Themen, über die Rezipienten im Rahmen der interpersonalen Kommunikation sprechen.[391] Die themenbezogene interpersonale Kommunikation der Rezipienten ist demnach ein Indikator für die Relevanz, die das Individuum dem Thema vegane Ernährung beimisst. Durch die interpersonale Kommunikation kann sich die Verhaltensänderung der Rezipienten entweder verstärken[392] oder aber abschwächen[393].

Als Gründe für die bisher stattgefundene Ernährungsveränderung werden in erster Linie gesundheitliche Motive[394], gefolgt von ethischen[395] und umweltbezogenen[396] Gründen sowie der Inspiration durch Influencer[397] genannt.[398] Umgekehrt gilt jedoch auch, dass Medieninhalte von veganen Influencern abschreckend wirken können, weil die Ernährungsweise schwer umsetzbar erscheint.[399] Zu beachten ist, dass sowohl bei einer positiven als auch einer negativen Beeinflussung des Rezipienten die Wirkung einerseits kurz- aber auch langfristig sein kann.[400] „So können nach der Rezeption von gesundheitsbezogenen Informationen kurzfristige Wirkungen in Form eines temporär veränderten Gesundheitsverhaltens auftreten, welches aber nach einigen Tagen oder Wochen wieder endet. Gleichzeitig besteht die Möglichkeit, dass eine solche Intention zu einem langfristig veränderten Gesundheitsverhalten, z.B. einer dauerhaften Ernährungsumstellung, führt. Gesundheitskommunikation kann unterschiedliche Folgen haben. So können medial verbreitete Gesundheitsinformationen neues Verhalten initiieren, bestehendes Verhalten (oder auch Einstellungen) verändern, stabilisieren oder bestärken und

---

[390] Vgl. Anhang 8.4.3-8.4.6, Rezipientenmerkmale, V4, Gründe für Ernährungsveränderung und Inspiration/ Einfluss durch Influencer; V5, Inspiration von außen
[391] Vgl. Schenk, M. (2007), S. 495
[392] z.B. durch die Bestärkung und den Zuspruch des sozialen Umfelds
[393] z.B. bei Treffen auf Widerstand und Ablehnung durch das soziale Umfeld
[394] Vgl. Anhang 8.4.4-8.4.6, Rezipientenmerkmale, V5, Gesundheit
[395] Vgl. Anhang 8.4.3, 8.4.5 und 8.4.6, Rezipientenmerkmale, V5, Ethik/ Moral
[396] Vgl. Anhang 8.4.3 und 8.4.6, Rezipientenmerkmale, V5, Umwelt
[397] Vgl. Anhang 8.4.3-8.4.6, Rezipientenmerkmale, V5, Inspiration von außen
[398] Vgl. Abbildung 9, Anhang
[399] Vgl. Anhang 8.3.6, Z. 37-41, Z. 209-210, Z. 269-280
[400] Vgl. Schweiger, W., Fahr, A. (2013), S. 388

somit Verhaltensänderungen verhindern."[401] Die Wechselwirkung zwischen der Ernährungskommunikation auf Seiten des Influencers und der Rezeption sowie der daraus resultierenden, mehr oder weniger veränderten Ernährungsweise der Rezipienten hängt von der Mediennutzung sowie persönlichen Merkmalen der Medienkonsumenten ab. Das Mediennutzungsverhalten kann stark variieren und bestimmt demnach auch den Grad der Beeinflussung. „Intensität und Umfang der Mediennutzung sind nicht nur Voraussetzung für Medienwirkungen überhaupt, sondern insbesondere auch für die Entstehung von Agenda-Setting-Effekten."[402] Dies wird an dem Beispiel einer Rezipientin deutlich, welche sich vor dem Beginn des Konsums der Inhalte von veganen Influencern auf Instagram nicht näher mit dem Thema Veganismus beschäftigte, sondern sich kohlenhydratreduziert ernährte und erst durch die Inhalte veganer Influencer auf Instagram ihren Fokus auf eine pflanzliche Ernährungsweise lenkte.[403] Aber auch die qualitative Nutzung eines Mediums spielt eine tragende Rolle. Die Konsumdauer der Medieninhalte allein muss sich nicht zwangsläufig in Agenda-Setting-Effekten niederschlagen, vielmehr bestimmt der Grad der Aufmerksamkeit, der Zuwendung und des Interesses des Rezipienten, inwieweit das angesprochene Thema in dessen Gedächtnis bleibt.[404] Ein vorhandenes Interesse der Rezipienten ist demnach ausschlaggebend dafür, inwieweit eine Beeinflussung stattfinden kann. Als Nutzungsmotive werden in erster Linie ein Orientierungs- und Informationsbedürfnis, einhergehend mit der Bedeutsamkeit der Information (Relevanz) für das Individuum und dem Interesse an dem angesprochenen Thema, sowie ein gewisser Grad an Unsicherheit[405] genannt. Aber auch Vorwissen und Involvement spielen bei den kognitiven Faktoren der Rezipienten eine wichtige Rolle. Die Botschaften der Influencer werden in das kognitive System der Rezipienten integriert und daher müssen bereits vorhandene Wissensbestände, Denkmuster und Schemata ebenfalls mitberücksichtigt werden.[406] Aus diesem Grund sind „bei der Herausbildung von Themenbewusstsein und Themenstrukturen abgesehen vom medialen Input weitere

---

[401] Schweiger, W., Fahr, A. (2013), S. 388
[402] Schenk, M. (2007), S. 488-489
[403] Vgl. Anhang 8.3.6, Z. 155-157
[404] Vgl. Schenk, M. (2007), S. 489
[405] Vgl. Schenk, M. (2007), S. 490
[406] Vgl. Schenk, M. (2007), S. 492

Einflüsse aus dem kognitiven System von Bedeutung [...]"[407]. Dies kann z.B. die Kommunikation mit Freunden sein, wie es bei einer Rezipientin der Fall war. Einige ihrer Freunde ernährten sich bereits vegan, sie selbst jedoch hatte sich bis zu diesem Zeitpunkt nicht eingehender mit dem Thema beschäftigt, sodass kein Gefühl von persönlichem Involvement entstand. Dies änderte sich jedoch, da sie im Laufe der Zeit damit begann, häufiger über das Thema nachzudenken und sich intensiver mit einer veganen Ernährung auseinanderzusetzen.[408] Wenngleich es veganen Influencern gelingt, die rein pflanzliche Ernährungsweise bekannter zu machen und ansprechend zu vermitteln, so spielen „für die weitere Evaluation und Prioritätensetzung die individuellen kognitiven Systeme eine wichtige Rolle [...]"[409]. Schlussendlich entscheiden das Vorwissen sowie die Voreinstellungen gegenüber der veganen Ernährungsweise darüber, wie die Botschaften der Influencer aufgenommen werden. Das Involvement der Rezipienten bestimmt ebenfalls darüber, wieviel sie nach der Konsumierung der Inhalte abseits von Instagram über das Thema Ernährung und insbesondere eine vegane Ernährung nachdenken.[410]

Im Rahmen persuasiver Kommunikation wird „den unabhängigen Variablen Quelle, Botschaft, Kanal, Empfänger und Ziel die abhängige Variable Einstellungsänderung [...] mit den [...] Stufen [...] Aufmerksamkeit, Verständnis, Zustimmung, Behalten und Handlung"[411] gegenübergestellt. Die Aufmerksamkeit und Zuwendung der befragten Rezipienten variiert sehr stark und unterscheidet sich im Hinblick auf Stress- und Ruhephasen, Tageszeit und Arbeitstag oder Wochenende.[412] Auch die Stufen ‚Verständnis der Inhalte'[413] und ‚Handlung bzw. Umsetzung'[414] wurden im Zuge der Forschung evaluiert.[415] Je größer die Aufmerksamkeit und das Involvement bei der Rezeption der Inhalte sind und je verständlicher die Informationen in den Beiträgen der veganen Influencer aufbereitet wurden, desto eher

---

[407] Schenk, M. (2007), S. 492
[408] Vgl. Anhang 8.3.4, Z. 246-260
[409] Schenk, M. (2007), S. 492
[410] Vgl. Anhang 8.4.2-8.4.6, Rezipientenmerkmale, V1-V3
[411] Schenk, M. (2007), S. 82
[412] Vgl. Anhang 8.4.3-8.4.6, Einfluss von veganen Influencern, V1, Intensität und Situation
[413] Vgl. Anhang 8.4.3-8.4.6, Einflussfaktoren auf Ernährungsweise, V1, Verständnis der Inhalte
[414] Vgl. Anhang 8.4.3-8.4.6, Einfluss von veganen Influencern, V2, Umsetzung
[415] Vgl. Anhang 8.4

kommt es zu einer Zustimmung und Umsetzung auf Seiten der Rezipienten. Die Zustimmung ist ebenfalls abhängig von dem konkreten Inhalt eines Beitrags sowie den individuellen Voreinstellungen des Rezipienten. Die Grundeinstellung eines Rezipienten kann einen entscheidenden Einfluss darauf haben, ob es zu einer Persuasion kommt.[416] Diverse Voreinstellungen sowie eine fehlende Überzeugung im Hinblick auf die ethischen und gesundheitlichen Aspekte, die mit dem Veganismus Hand in Hand gehen, können die Stufen ‚Zustimmung' und ‚Handlung' beeinflussen. Der Rezipient muss jede der oben genannten Stufen durchlaufen, sodass Kommunikation maximal persuasiv wirkt. Jede Stufe hängt dabei von der vorherigen ab. Eine übermittelte Nachricht muss also die Aufmerksamkeit des Rezipienten erlangen, verstanden werden, Zustimmung finden, und dies über einen längeren Zeitraum hinweg, damit sie zu einem andauernden Einstellungswandel führt. Schließlich muss der Rezipient noch im Sinne der neuen Einstellung handeln.[417]

---

[416] Vgl. Anhang 8.4.3-8.4.6, Einflussfaktoren auf Ernährungsweise, V3, Grundeinstellung
[417] Vgl. Schenk, M. (2007), S. 82

7 Fazit

Zu Forschungsbeginn bestand die Annahme, dass immer mehr junge Erwachsene sich verstärkt mit den Inhalten veganer Influencer auseinandersetzen und diese die Denkweise sowie das Verhalten ihrer Zielgruppe bewusst und unterbewusst beeinflussen. Diese Annahme lässt sich auf Grundlage der Inhaltsanalysen der Social-Media-Beiträge einer Influencerin und der sechs durchgeführten Interviewanalysen bis zu einem gewissen Grad stützen.

Nach der Durchführung der Analyse aller Untersuchungssamples lässt sich feststellen, dass unter bestimmten Bedingungen Zusammenhänge zwischen der Konsumierung der Inhalte veganer Influencer auf Instagram und der Ernährungsweise weiblicher Rezipienten im Alter von 20 bis 25 Jahren bestehen können. Dies ist daran erkennbar, dass die Rezipienten in unterschiedlichen Anteilen einige der Handlungsempfehlungen von Influencern im Hinblick auf pflanzliche Gerichte und eine verbesserte Gesundheit in die eigene Ernährungsweise implementieren. Sie befolgen Ratschläge, die ihnen zusagen, sie inspirieren und probieren Empfehlungen aus, die ihre Neugierde wecken. Zudem beeinflusst die optische Aufmachung einer Mahlzeit sehr stark, ob die Rezipienten bereit sind, das Gericht selbst nachzukochen.[418] Aber auch Voreinstellungen, Persönlichkeitsmerkmale und externe Faktoren beeinflussen die Umsetzung der Ratschläge veganer Influencer.

Ihre Inhalte werden nach Relevanz (Neuartigkeit, momentane Zielerreichung), Implikation für das eigene Wohlergehen und die langfristigen Ziele, die Bewältigung der Konsequenzen sowie die normative Signifikanz (für das Selbstkonzept, Normen und Werte) bewertet und überprüft.[419] Diese Bewertungen geschehen direkt, unmittelbar und intuitiv.[420] Daher ist sowohl von bewussten als auch von unbewussten Bewertungsprozessen auszugehen. Informationen, die über die Beiträge veganer Influencer aufgenommen werden, werden folglich nach der persönlichen Betroffenheit und dem individuellen Involvement verarbeitet. Die Rezipienten bewerten die Vorzüge und Nachteile der Informationen und passen daran ihre Handlungen an.[421] Ein hohes Involvement kann aufgrund der tieferen Informationsverarbeitung zu einer größeren Persuasionswirkung führen als ein gerin-

---

[418] Vgl. Anhang 8.3.3, Z. 54-56
[419] Vgl. Schenk, M. (2007), S. 197
[420] Vgl. Schenk, M. (2007), S. 197
[421] Vgl. Schenk, M. (2007), S. 259

ges Involvement. Je wichtiger und präsenter die Themen Ernährung und Gesundheit, aber auch Veganismus für die Rezipienten sind, desto mehr beschäftigen sie sich mit den Botschaften veganer Influencer.

Eine Wirkungsevaluation war insofern möglich, als dass in Ansätzen Zusammenhänge zwischen dem Konsum der Influencerinhalte und der Ernährungsweise der Rezipienten im Rahmen der Interview-Analysen festgestellt werden konnten. Es wurde deutlich, dass die Ursprünge einer Veränderung der Ernährungsweise sowie die Motive zwar variieren können, Instagram-Inhalte veganer Influencer jedoch einen Teil zu dieser Entwicklung beitragen. Die medialen Meinungsführer können als Vertrauensperson fungieren und haben es sich oftmals zum Ziel gesetzt, ihrer Followerschaft gezielt Informationen zu den Themen Veganismus und Ernährung zu vermitteln.[422] Indem sie Identifikationspotenzial aufweisen, sich womöglich in derselben Altersklasse befinden und eine ähnliche Rolle wie Freunde im sozialen Online-Umfeld übernehmen, erscheinen sie greifbarer als prominente Persönlichkeiten. Die Kommunikation findet zudem beidseitig statt. Bei einer Ernährungsveränderung der Rezipienten kommt die Inspiration durch Influencer bei dieser Entwicklung oftmals hinzu, sodass der externe Input auf sozialen Plattformen für einige den letzten Ausschlag geben kann, aktiv Veränderungen vorzunehmen.[423]

Die erzielten Forschungsergebnisse stützen die Forschungsfrage dieser Arbeit[424] in Teilen. Es sind jedoch stets mehrere Faktoren bei einer Ernährungsveränderung zu berücksichtigen. Zu diesen zählen zum einen die Eigenmotivation, das persönliche Involvement und ein starkes Interesse an den Themen Veganismus und/ oder einer gesunden Ernährung. Aber auch das Budget, der Lebensstil und die allgemeinen Lebensumstände, das soziale Umfeld sowie Voreinstellungen und Gewohnheiten der Rezipienten können die Ernährungsweise beeinflussen. Die Ausprägungen variieren folglich und unterliegen den individuellen Persönlichkeitsmerkmalen der Rezipienten, aber auch externen Einflussfaktoren.

---

[422] Vgl. Anhang 8.3.3, Z. 293-303, Anhang 8.3.4, Z. 229-242, Z. 445-446, Anhang 8.3.5, Z. 185-189, Anhang 8.3.6, Z. 405-413
[423] Vgl. Anhang 8.3.4, Z. 289.291
[424] ob potenziell Zusammenhänge zwischen der Ernährungsweise weiblicher junger Erwachsener und dem Konsum der Inhalte veganer Influencer auf Instagram bestehen können

Es lässt sich festhalten, dass Medien generell eine zentrale Rolle beim Wandel hin zu einer tierproduktfreien Ernährungsweise spielen.[425] Das Internet und insbesondere eine soziale Plattform wie Instagram können eine funktionale Alternative zu interpersonaler Kommunikation darstellen.[426] Die Bildplattform dient den Nutzern als Inspirationsquelle und ermöglicht es Nutzern, nach Informationen zu suchen, die zum Reflektieren und Handeln anregen. Aufgrund dieser Ergebnisse kann davon ausgegangen werden, dass virtuellen Meinungsführern wie Influencern in sozialen Medien bei zunehmender Wirklichkeitskonstruktion durch die Massenmedien eine steigende Bedeutung zukommt.[427] Mit welchen Themen Influencer sich beschäftigen und wie sie über diese denken, kann beeinflussen, wie sich die Meinung der breiten Masse entwickeln wird.[428]

Die Forscherin gibt auf Grundlage der gesammelten Erkenntnisse den Ausblick, dass sich in Zukunft noch mehr ernährungsinteressierte, junge Menschen durch die visuelle und kognitive Inspiration auf sozialen Netzwerken mit einer tierproduktfreien Ernährung auseinandersetzen und ggf. verstärkt rein pflanzliche Mahlzeiten in ihren Alltag integrieren werden.

---

[425] Vgl. Hopp, M., Keller, T., Lange, S., Epp, A., Lohmann, M., Böl, G.-F. (2017), Web
[426] Vgl. Schenk, M. (2007), S. 749
[427] Vgl. Geise, S. (2017), S. 127
[428] Klaus, F. (2014), Web

Literaturverzeichnis

Früh, W. (2011): Inhaltsanalyse, Konstanz und München 2011

Gläser, J., Laudel G. (2010): Experteninterviews und qualitative Inhaltsanalyse, Wiesbaden 2010

Goderbauer-Marchner, G., Büsching, T. (2015): Social-Media-Content, Konstanz 2015

Grabs, A., Bannour, K.-P., Vogl, E. (2014): Follow me!, Bonn 2014

Keller, M. (2013): Das präventive und therapeutische Potenzial vegetarischer und veganer Ernährung, Stuttgart 2013

Keller, M. (2015): Vegetarische und vegane Ernährung – Chancen und Risiken, Stuttgart 2015

Kobilke, K. (2014): Erfolgreich mit Instagram – mehr Aufmerksamkeit mit Fotos und Videos, Rheinbreitbach 2014

Mayring, P. (2010): Qualitative Inhaltsanalyse, Weinheim und Basel 2010

Mayring, P. (2015): Qualitative Inhaltsanalyse, 12., überarbeitete Auflage, Wenheim und Basel (2010)

Möller, M. (2011): Online-Kommunikationsverhalten von Multiplikatoren, Wiesbaden 2011

Schenk, M. (2007): Medienwirkungsforschung, Tübingen 2007

Schmiegelow, A., Mielau, M. (2010): Markenführung in sozialen Medien – Neue Wege zum Konsumentenherz, in: Beißwenger, A. (Hrsg.): Youtube und seine Kinder, S.105-119, Baden-Baden 2010

Scholl, A. (2015): Die Befragung, 3. Aufl., Konstanz 2015

Schweiger, W., Fahr, A. (2013): Handbuch Medienwirkungsforschung, Wiesbaden 2013

Internetquellen

Berlin, J. (2016), auf skopos.de: 1,3 Millionen Deutsche leben vegan, https://www.skopos.de/news/13-millionen-deutsche-leben-vegan.html [Abruf am 05.04.2018].

Frees, B. (2013), auf uni-frankfurt.de: Vortrag an der Uni Frankfurt zu dem Thema: Soziale Netze – wie verändern sie unsere Gesellschaft, Quelle: ZDF - Communitystudie 2011 mit Phydon, Modul qualitative Tiefeninterviews bei 14-59-Jährigen, n=24, https://www.uni-frankfurt.de/45045267/Vortrag-Frees.pdf [Abruf am 23.03.2018].

Gentemann, L. (2018), auf bitkom-research.de: Jeder Dritte kann sich ein Leben ohne Social Media nicht mehr vorstellen, https://www.bitkom-research.de/epages/63742557.sf/de_DE/?ObjectPath=/Shops/63742557/Categories/Presse/Pressearchiv_2018/Jeder_Dritte_kann_sich_ein_Leben_ohne_Social_Media_nicht_mehr_vorstellen [Abruf am 03.06.2018].

Hopp, M., Keller, T., Lange, S., Epp, A., Lohmann, M., Böl, G.-F. (2017), auf brf.bund.de: Vegane Ernährung als Lebensstil: Motive und Praktizierung, http://www.bfr.bund.de/cm/350/vegane-ernaehrung-als-lebensstil-motive-und-praktizierung.pdf [Abruf am 31.05.2018].

Instagram (2018), auf statista.com: Anzahl der monatlich aktiven Instagram-Nutzer weltweit in ausgewählten Monaten von Januar 2013-Juni 2018, https://de.statista.com/statistik/daten/studie/300347/umfrage/monatlich-aktive-nutzer-mau-von-instagram-weltweit/ [Abruf am 29.06.2018].

Klaus, F. (2014), Web: Influencer-Analysen: Mehr als nur Reichweite, https://medienresonanzanalyse.wordpress.com/2014/09/01/influencer analysen/ [Abruf am 23.03.2018].

Koch, W., Frees, B. (2017), Web: ARD/ZDF-Onlinestudie 2017: Neun von zehn Deutschen online, in Media Perspektiven 9/2017, http://www.ard-zdf-onlinestudie.de/files/2017/Artikel/917_Koch_Frees.pdf [Abruf am 25.06.2018].

Mensink GBM, Lage Barbosa C, Brettschneider AK (2016), Web: Verbreitung der vegetarischen Ernährungsweise in Deutschland. Journal of Health Monitoring 1(2):2–15 DOI 10.17886/RKI-GBE-2016-033, https://www.rki.de/DE/Content/Gesundheitsmonitoring/Gesundheitsberichterstattung/GBEDownloadsJ/JoHM_2016_02_ernaehrung1a.pdf;jsessionid=50371FD00EEAD688B9112039BA78B53C.1_cid372?_blob=publicationFile [Abruf am 03.06.2018].

Mohr, M. (2017), auf statista.com: Fleischverzicht ist weiblich und jung, https://de.statista.com/infografik/10875/vegetarier-und-veganer-in-oesterreich-nach-soziodemografischen-merkmalen/ [Abruf am 03.06.2018].

o.V. (2016), veröffentlicht vom Robert Koch Insitut, Web: Verbreitung der vegetarischen Ernährungsweise in Deutschland, https://www.rki.de/DE/Content/Gesundheitsmonitoring/Gesundheitsberichterstattung/GBEDownloadsJ/JoHM_2016_02_ernaehrung1a.html [Abruf am 03.06.2018].

o.V. (2017), veröffentlicht von der Redaktion Leipziger Volkszeitung, Web: Ist Veganismus nur ein Lifestyle-Trend?, http://www.lvz.de/Mehr/Lifestyle/Ist-Veganismus-nur-ein-Lifestyle-Trend [Abruf am 31.05.2018].

o.V. (2018), auf vebu.de: Anzahl der Vegetarier und Veganer in Deutschland, https://vebu.de/veggie-fakten/entwicklung-in-zahlen/anzahl-veganer-und-vegetarier-in-deutschland/ [Abruf am 03.06.2018].

Reinhardt, M. (2015), auf unternehmer.de: Instagram-Marketing: KMU müssen das Medium richtig nutzen, http://www.unternehmer.de/marketing-vertrieb/179723-instagram-marketing-gezielt-anwenden [Abruf am 27.03.2018].

Rodewald, P. (2017), Web: Der Influencer – das unbekannte Wesen, https://www.webbosaurus.de/der-influencer-das-unbekannte-wesen/ [Abruf am 24.03.2018].

Schlüter, H. (2018), veröffentlicht auf vebu.de: Geschichte des Vegetarismus und Veganismus, https://vebu.de/veggie-fakten/geschichte-des-vegetarismus-und-veganismus/ [Abruf am 30.05.2018].

Stein, F. (2015), Web: Social-Media-Entwicklung und -Geschichte im Überblick in Deutschland, http://www.social-media-agentur.net/social-media-entwicklung-geschichte-im-ueberblick-2015/ [Abruf am 21.04.2018].

Tamble, M. (2015), Web: Influencer Marketing: Was sind Influencer?, http://www.influma.com/blog/influencer-marketing-was-sind-influencer/ [Abruf am 23.03.2018].

Tippelt, F., Kupferschmitt, T. (2015), Web: Ergebnisse der ARD/ZDF-Onlinestudie 2015: „Social Web: Ausdifferenzierung der Nutzung – Potenziale für Medienanbieter", S. 442-446, http://www.ard-zdf-onlinestudie.de/files/2015/10-15_Tippelt_Kupferschmitt.pdf [Abruf am 23.03.2018].

Vieth, J. (2015), auf fachjournalist.de: „Trendy, sexy und gesund „: Wie Medien über Vegetarismus und Veganismus berichten, http://www.fachjournalist.de/trendy-sexy-und-gesund-wie-medien-ueber-vegetarismus-und-veganismus-berichten/ [Abruf am 05.04.2018].

Wohlers, K., Hombrecher, M. (2017), Web: „Iss was, Deutschland." – TK-Ernährungsstudie 2017, https://www.tk.de/resource/blob/2026618/1ce2ed0f051b152327ae3f132c1bcb3a/tk-ernaehrungsstudie-2017-data.pdf [Abruf am 05.04.2018].

Anhang

Anhang 1: Abbildungen

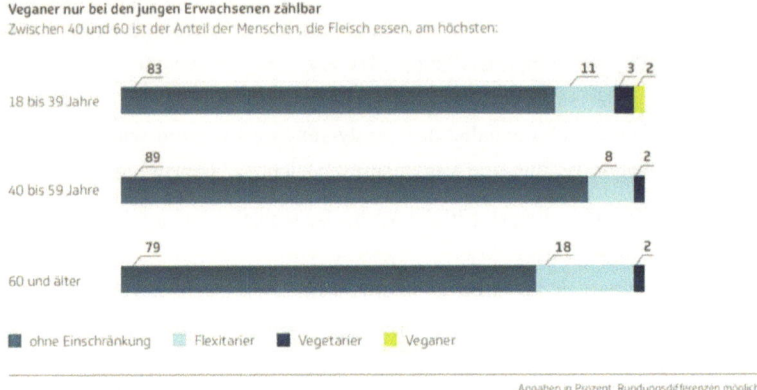

Abbildung 1: Bevölkerungsanteil Veganer in Deutschland (Quelle: Online-Broschüre TK)

Die Abbildung zeigt den Bevölkerungsanteil von Veganern in Deutschland im Jahr 2017 in drei verschiedenen Altersklassen. Es ist erkennbar, dass der Anteil der Veganer in der Altersklasse von 18 bis 39 Jahren am höchsten ist. Im Jahr 2017 lag dieser bei rund 2 Prozent.

Anhang

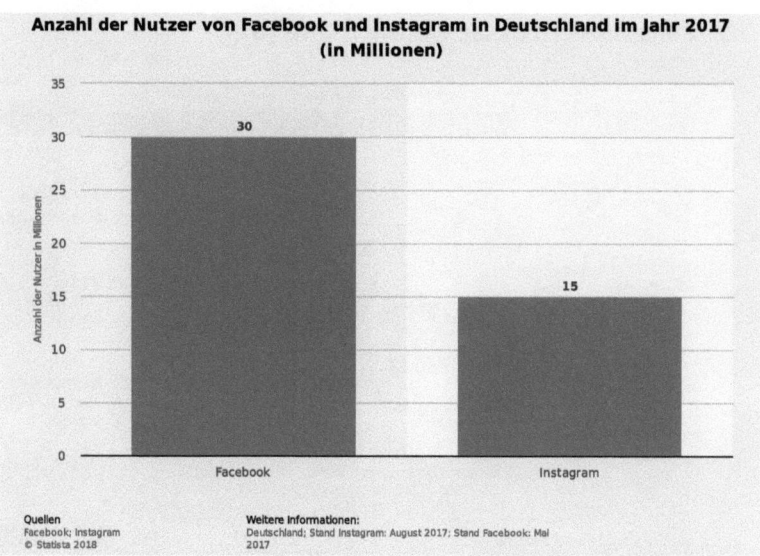

Abbildung 2: Anzahl Nutzer Facebook & Instagram, Deutschland 2017 (Quelle: Statista)

Diese Statistik bildet die Anzahl der Nutzer von Facebook und Instagram in Deutschland im Mai bzw. August 2017 ab. Die Zahl der monatlich aktiven Instagram-Nutzer lag im August bei 15 Millionen.

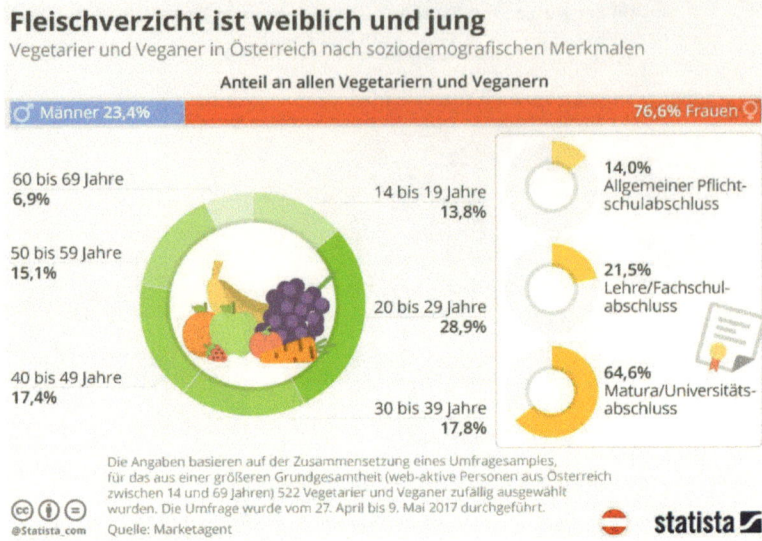

Abbildung 3: Abbildung Merkmale Vegetarier und Veganer in Österreich 2017

Die obige Abbildung spiegelt die typischen Merkmale von Vegetariern und Veganern in Österreich im Jahr 2017 wieder. Es wird deutlich, dass der Anteil an Frauen mit 76,6 Prozent deutlich überwiegt und mehr als drei Viertel der Gesamtzahl ausmacht. Zudem ist die Anzahl der Menschen, die auf Fleisch und (in Teilen und/oder gänzlich) auf tierische Produkte verzichten in der Altersklasse von 20-29 Jahren mit 28,9 Prozent am höchsten. Zudem weisen die befragten österreichischen Vegetarier und Veganer hohe Bildungsstandards auf.

Anhang

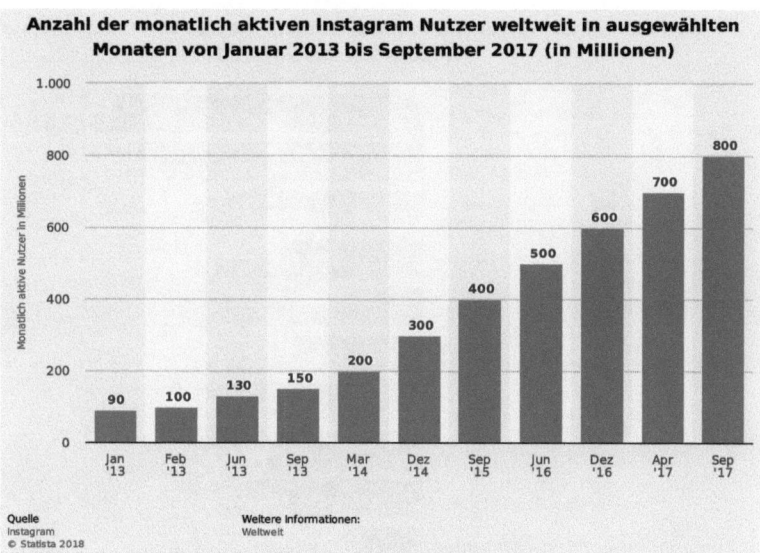

Abbildung 4: Monatlich aktive Nutzer Instagram weltweit 2013-2017 (Quelle: Statista)

Die Statistik zeigt die Anzahl der monatlich aktiven Nutzer von Instagram in ausgewählten Monaten von Januar 2013 bis September 2017. Es wird deutlich, dass die Nutzerzahl des sozialen Netzwerks mit jedem Jahr kontinuierlich weiter ansteigt und damit weltweit an Beliebtkeit und Bekanntheit hinzugewinnt.

Anhang

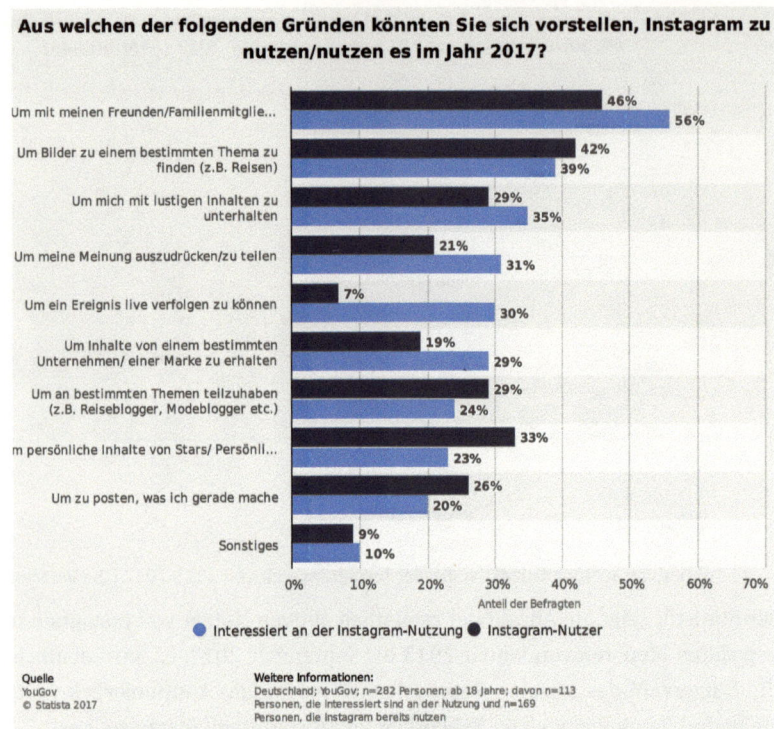

Abbildung 5: Diagramm Nutzungsgründe Instagram Deutschland 2016 (Quelle: Statista)

Die obige Statistik zeigt das Ergebnis einer Umfrage in Deutschland zu den Gründen für die Instagram-Nutzung. 42 Prozent der bisherigen Instagram-Nutzer geben als Nutzungsgründe an, dass sie nach Bildern zu bestimmten Themen (Reisen, Lifestyle, Beauty, Mode, Essen) suchen, an diesen teilzunehmen (29 Prozent) oder um persönliche Inhalte von Stars, Persönlichkeiten oder Influencern zu verfolgen (33 Prozent). 21 Prozent nutzen die Plattform auch zum Ausdruck ihrer persönlichen Meinung und um ihre Einstellungen mit der Öffentlichkeit zu teilen.

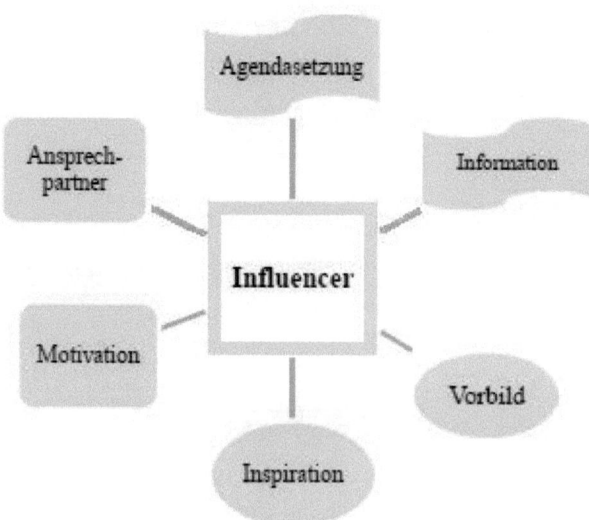

Abbildung 6: Aufgaben veganer Influencer (Eigene Darstellung)

Die Abbildung fasst die Aufgaben veganer Influencer auf einem Überblick zusammen. Es wird deutlich, dass Influencer die Funktionen von Personen im sozialen Umfeld (Motivation, Ansprechpartner (Hilfe bei Problemlösung)), von Massenmedien (Agendasetzung, Information) und von Prominenten (Vorbild, Inspiration) einnehmen können.

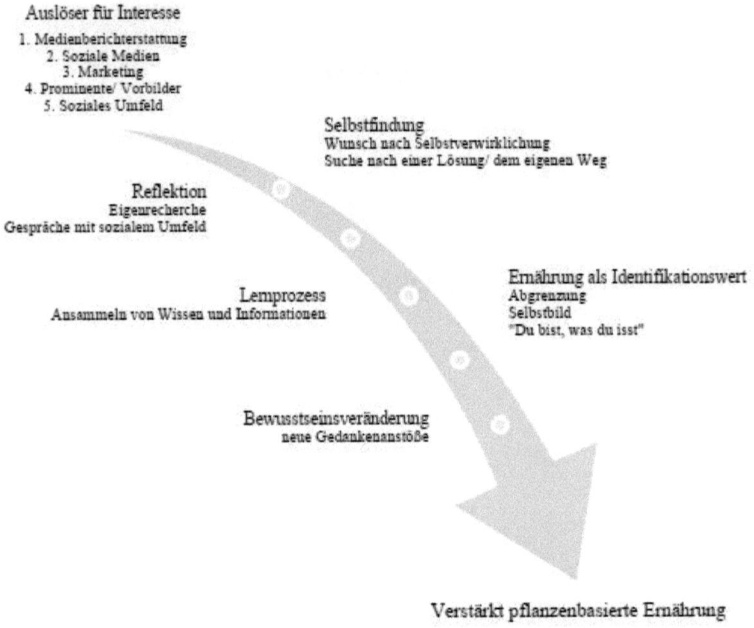

Auslöser für Interesse
1. Medienberichterstattung
2. Soziale Medien
3. Marketing
4. Prominente/ Vorbilder
5. Soziales Umfeld

Selbstfindung
Wunsch nach Selbstverwirklichung
Suche nach einer Lösung/ dem eigenen Weg

Reflektion
Eigenrecherche
Gespräche mit sozialem Umfeld

Lernprozess
Ansammeln von Wissen und Informationen

Ernährung als Identifikationswert
Abgrenzung
Selbstbild
"Du bist, was du isst"

Bewusstseinsveränderung
neue Gedankenanstöße

Verstärkt pflanzenbasierte Ernährung

Abbildung 7: Hinwendungsprozess pflanzenbasiertere Ernährung (Eigene Darstellung)

Das Diagramm beschreibt den Hinwendungsprozess junger Erwachsener zu einer pflanzenbasierteren Ernährungsweise. Es wird deutlich, dass die Auslöser für das Interesse an dieser Art der Ernährung variieren können und der Rezipient verschiedene Stufen durchläuft, die in einer Bewusstseinsänderung durch neue Gedankenanstöße münden. Daraus kann u.U. eine Veränderung der Ernährungsweise resultieren.

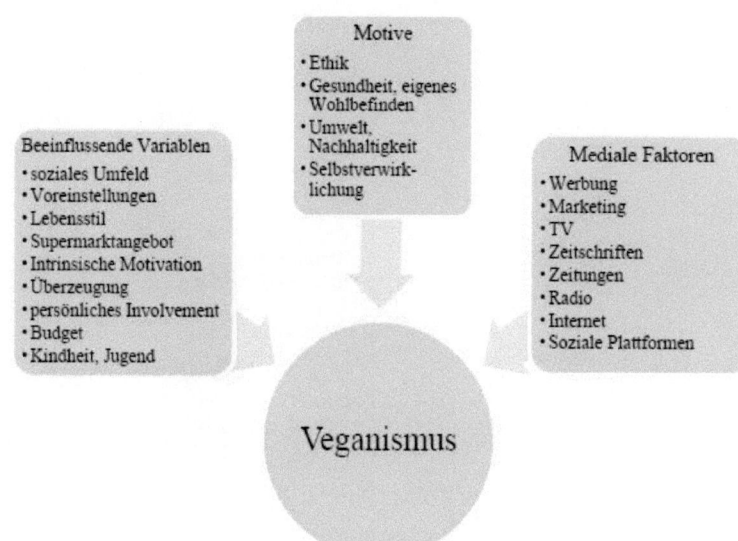

Abbildung 8: Einflussfaktoren auf Zuwendung zu Veganismus (Eigene Darstellung)

Die Darstellung veranschaulicht die beeinflussenden Variablen, Motive sowie mediale Faktoren, die dazu beitragen, dass Menschen sich mit dem Thema Veganismus auseinandersetzen.

Ethik
- Tierschutz
- Tierrechte
- Hinterfragen
- kritische Auseinandersetzung
- Erschaffen eines neuen Wertesystems

Gesundheit
- Wohlbefinden
- Sport/ Fitness
- Gesundheitsbewusstsein
- Wunsch nach Gewichtsreduktion
- Körpergefühl
- Krankheitsprävention

Umwelt
- Nachhaltigkeitsgründe
- gesteigertes Umweltbewusstsein
- Klimaschutzgründe
- Ressourcenschonung
- Konsonanz eigener Werte

Selbstverwirklichung
- Konsonanz eigener Werte und Handlungen
- besseres Lebensgefühl
- soziale Zugehörigkeit zu einer Gruppe von Menschen

Abbildung 9: Gründe für vegane Lebensweise (Eigene Darstellung)

Die Abbildung stellt Gründe für eine Ernährungsumstellung auf eine pflanzenbasiertere Ernährungsweise dar, die im Rahmen dieser Arbeit ersichtlich wurden. Dabei spielen die Bereiche Ethik, Gesundheit, Umwelt und Selbstverwirklichung eine tragende Rolle.

Anhang 2: Interviewleitfäden

Leitfaden Kommunikationsexperte Veganismus und Nachhaltigkeit

1. Was sind die Hauptgründe, die Menschen dazu veranlassen, sich vegan zu ernähren?
2. Das Thema Veganismus hat in den letzten Jahren stark an Bedeutung gewonnen. Wie kam es zu dieser gesellschaftlichen Entwicklung, was sind mögliche Hintergründe?
3. Was sind mögliche Gründe für die bis heute ansteigende Popularität dieses Trends? Was macht ihn so besonders?
4. Warum ist das Thema heutzutage aktueller und wichtiger denn je?
5. Aus welchen Gründen ist die vegane Ernährung insbesondere für junge Erwachsene so interessant?
6. Was beeinflusst junge Erwachsene in ihrer Entscheidung, sich vegan zu ernähren? Was können ausschlaggebende Faktoren und Gründe sein?
7. Wie sehen Sie heutzutage die Online-Berichterstattung über das Thema?
8. Inwiefern hat das Internet und insbesondere das Social Web Einfluss auf die Verbreitung des Ernährungstrends genommen?
9. Woher kommt der Wandel der Ernährungsweise vieler Menschen zu einer vegetarischen oder veganen Ernährung?
10. Welche Rolle spielt bei der Verbreitung des Trends die Popularität des Themas in den sozialen Medien?
11. Welche potenziellen Auswirkungen kann die Thematisierung dieser Ernährungsweise in den sozialen Medien auf die Ernährungsweise der Rezipienten haben?

Leitfaden Influencer

1. Aus welchen Gründen wurden Sie vegan und wie lange schon?
2. Inwiefern hat die Veränderung Ihrer Ernährungsweise Ihr Leben verändert und / oder bereichert?
3. Welche gesundheitlichen Vorteile hat die pflanzliche Ernährung für Sie bisher gehabt?
4. Aus welchem Grund haben Sie angefangen, Ihre Lebensweise und vor allem Ihr Essen auf Instagram zu teilen?

5. Warum haben Sie Instagram als Plattform ausgewählt? Seit wann nutzen Sie diese zur Vermarktung Ihrer Ernährungs- und Lebensweise?
6. Wie positionieren Sie sich aktuell auf Instagram? Wie möchten Sie als Person gerne wahrgenommen werden?
7. Was glauben Sie, was für ein Image von Ihnen in den Köpfen Ihrer Followerschaft existiert?
8. Was ist Ihr Ziel bei der Lifestyle-Vermarktung online?
9. Worauf legen Sie beim Kreieren von Inhalten besonderen Wert, damit diese Ihre Zielgruppe inspirieren und im besten Fall beeinflussen?
10. Aus welchen Gründen ist die Verbindung von Bild und Bildunterschrift so wichtig?
11. Welche Strategie bzw. kommunikative Zielsetzung wird mit Ihrer Zielgruppenansprache verfolgt?
12. Welche Werte möchten Sie dabei vermitteln?
13. Wie versuchen Sie im Rahmen der Ansprache Ihrer Follower Authentizität und Glaubwürdigkeit zu vermitteln?
14. Welche Zielgruppen werden vorrangig mit Ihren Inhalten angesprochen und warum?
15. Was glauben Sie, mit welchen Nutzungsmotiven Instagram-Nutzer Ihr Profil besuchen und warum Sie sich dazu entscheiden, Ihnen zu folgen?
16. Was glauben Sie, was Ihre Follower von Ihnen in Bezug auf Inhalte und Input erwarten?
17. Welchen Stellenwert nimmt der regelmäßige Kontakt und Austausch mit der Followerschaft im Rahmen Ihres Social-Media-Auftritts ein und was erhoffen Sie sich davon?
18. Welche Ziele werden von Ihnen bei der Zielgruppenansprache und mit den geteilten Inhalten verfolgt?
19. Inwiefern glauben Sie, dass Sie einen direkten und / oder indirekten Einfluss auf Ihre Followerschaft ausüben?
20. Was für Feedback erhalten Sie von Ihrer Zielgruppe, sowohl per Direktnachricht als auch per E-Mail?
21. Woran machen Sie Ihren Erfolg fest und was glauben Sie, inwiefern Sie Ihre Followerschaft nachhaltig dazu beeinflussen, sich bewusster und pflanzenbasierter zu ernähren?

22. Glauben Sie, dass es einen Zusammenhang zwischen der Ernährungsweise Ihrer Followerschaft und der Rezeption Ihrer geteilten Inhalte geben kann? Falls ja, inwiefern und warum?
23. Sind für die Zukunft irgendwelche kommunikativen und inhaltlichen Veränderungen sind für die Zukunft geplant? Was glauben Sie, inwiefern Sie Ihre Zielgruppe damit noch gezielter ansprechen und die vegane Ernährungsweise noch stärker promoten können? Sehen Sie Potenzial nach oben?

Leitfaden Rezipienten

1. Wie lange sind Sie bereits auf Instagram angemeldet? *Einleitende Frage*
2. Wie viel Zeit verbringen Sie durchschnittlich am Tag mit dem Konsum von Influencer-Inhalten auf Instagram? *Einleitende Frage*
3. Wie viel Prozent der Personen, die Sie dort abonniert haben, teilen Inhalte über die Themen Veganismus und/ oder Ernährung? *Einleitende Frage*
4. Aus welchen Gründen haben Sie diese Influencer abonniert? *Einleitende Frage*
5. Wie fühlen Sie sich während und nach der Konsumierung der Inhalte? Welche Gedanken kommen Ihnen während oder nach dem Konsum der Inhalte von veganen Influencern in den Sinn? *Direkte Frage*
6. Aus welchen Gründen beschäftigen Sie sich mit den Themen Veganismus und Ernährung? *Direkte Frage*
7. Beschäftigen Sie sich, seitdem sie vegane Influencer abonniert haben, verstärkt mit den Themen Veganismus, Ernährung und Gesundheit?
8. Wie groß ist Ihr Vertrauen in die veganen Influencer, die Sie abonniert haben und ihre Inhalte, die sie teilen? *Direkte Frage*
9. Lassen Sie sich von den Meinungen und Inhalten der veganen Influencer, die Sie abonniert haben, beeinflussen bzw. überzeugen? *Schlüsselfrage*
10. Wenn ja: Inwiefern fühlen Sie sich beeinflusst? Ansonsten weiter mit Frage 11. *Folgefrage*
11. Wie sehr fühlen Sie sich Laura Grosch verbunden?
12. Hat die Anzahl der Likes, Kommentare oder Follower einen Einfluss darauf, inwieweit Sie Laura Grosch vertrauen?
13. Haben Sie bereits über Laura Groschs Account Kontakt zu anderen Instagram-Nutzern aufgebaut, die sich vegan ernähren oder es gerne möchten?

14. Wie groß ist die Bedeutung, die Sie Ihrer eigenen körperlichen Gesundheit beimessen? *Direkte Frage*

15. Hat sich die Bedeutung im Laufe der Zeit verändert, d.h., ist Ihnen körperliche Gesundheit und eine ausgewogene Ernährung im Allgemeinen durch den Konsum von Online-Inhalten zu den Themen Veganismus und Ernährung wichtiger geworden? Wie groß war diese Bedeutung, bevor Sie damit begonnen haben, vegane Ernährungsblogger auf Instagram zu abonnieren? *Vergleichende Frage*

16. Wenn ja: Was hat sich im Laufe der Zeit konkret verändert? Welchen Anteil hat der Konsum von Inhalten auf Instagram an dieser Veränderung?

Ansonsten weiter mit Frage 17. *Vergleichende Frage*

17. Wie stark ist Ihre Ernährung bisher pflanzenbasiert? Ernähren Sie sich ab und zu auch vegetarisch oder vegan? Wenn ja, wie häufig? Ansonsten weiter mit Frage 18

18. Lässt sich ein Unterschied zu früher feststellen und wenn ja, inwiefern? Zeigen sie eine Entwicklung auf, falls vorhanden. *Direkte Frage*

19. Tendieren Sie dazu, Ihre eigene Gesundheit und Ernährungsweise mit der jener veganen Influencer, die Sie abonniert haben, zu vergleichen? *Direkte Frage*

20. Wenn ja: Beeinflusst dies Ihre eigene Ernährungsweise und wenn ja, inwiefern? Ansonsten weiter mit Frage 21. *Schlüsselfrage*

21. Haben Sie Ihre Ernährungsweise oder andere gesundheitsbezogene Aspekte verändert, seitdem Sie Inhalte zu den Themen Veganismus, Gesundheit und Ernährung auf Instagram konsumieren? *Vergleichende Frage*

22. Haben Sie das Gefühl, dass es für Ihre Gesundheit und Ihr Wohlbefinden förderlich wäre, sich genauso zu ernähren wie die veganen Influencer, denen Sie folgen? Bitte nennen Sie Gründe dafür oder dagegen. *Schlüsselfrage*

23. Wie zufrieden sind Sie mit Ihrer derzeitigen Ernährung? Sehen Sie Verbesserungsbedarf? Wenn ja, an welchen Stellen und worin konkret? Was würden Sie gerne verändern? *Direkte Frage*

24. Ändert sich diese Wahrnehmung, nachdem sie Zeit auf Instagram verbracht haben?

25. Beeinflussen Bilder von veganen Influencern oder deren gesundem, pflanzlichen Essen Sie in Ihrer Ernährungsweise? *Schlüsselfrage*

Wenn ja, inwiefern und wovon hängt dies ab? Ansonsten weiter mit Frage 26. *Folgefrage*

26. Nennen Sie bitte drei Faktoren, die Ihre Ernährungsweise beeinflussen. *Direkte Frage*

27. Haben Sie schon einmal Rezepte von veganen Influencern nachgekocht? Wenn ja, wie häufig und warum?

28. Haben Sie das Gefühl, dass eine pflanzliche Ernährungsweise für Sie seit dem Konsum der Inhalte von veganen Influencern attraktiver geworden ist? Haben Sie die Motivation, etwas an ihrer Ernährung kurz- oder langzeitig zu verändern?

29. Wenn ja, was genau? Wodurch kam die Motivation konkret zustande?

30. Könnten Sie sich vorstellen, sich irgendwann rein pflanzlich zu ernähren? Bitte nennen Sie Gründe dafür oder dagegen.

31. Inwieweit stimmen Sie der Aussage zu, dass eine vegane Ernährung die gesündeste und für den Menschen beste Ernährungsweise darstellt?

32. Haben Sie einen veganen Influencer schon einmal kontaktiert und um Rat gefragt oder sich über ein Thema auf deren Account informiert?

33. Wie hilfreich schätzen Sie Accounts von veganen Influencern für Menschen ein, die sich gerne pflanzenbasierter ernähren möchten?

Anhang 3: Interviewtranskriptionen

Experte für Nachhaltigkeitskommunikation

Zeile	Sprecher	Text
1	A	Dann legen wir mal los. Die erste Frage ist, was sind die Hauptgründe,
2		die Menschen dazu veranlassen, sich vegan zu ernähren?
3	B	(.) Also es gibt ja verschiedene Untersuchungen dazu und meistens
4		werden da mehrere Motive genannt, an erster Stelle die ethischen Moti-
5		ve, wo es um Tierschutz und Tierrechte geht und bei einer Studie von
6		2016, ich meine die Befragung dazu ist noch ein bisschen älter, da kam
7		auch heraus, dass 90 Prozent der Befragten Tierschutz und Tierrechte
8		angeben. Als weitere Motive werden Gesundheit und das eigene Wohl-
9		befinden genannt und dann auch noch Umwelt- und Nachhaltigkeits-
10		gründe.
11	A	Welche Studie war das und wer waren da die Befragten?
12	B	Also die Studie ist damals in der Zeitschrift „Appetite" erschienen und
13		da sind so knapp 400 Veganer und Veganerinnen in Deutschland be-
14		fragt worden. Die haben da in veganen Supermärkten Kunden befragt.
15	A	Okay, demnach ist die Altersspanne auch die der Kundinnen und Kun-
16		den des Supermarktes, aber genaue Angaben gibt es da nicht?
17	B	Das Durchschnittsalter weiß ich leider nicht, nein.
18	A	Okay. Nächste Frage. Das Thema Veganismus hat in den letzten Jahren
19		stark an Bedeutung gewonnen. Wie kam es zu dieser gesellschaftlichen
20		Entwicklung, was sind mögliche Hintergründe?
21	B	Also zum einen nehme ich an, die Berichterstattung, die ja zum Teil
22		schon in den 90-er Jahren losging, da war das Thema Tiertransporte
23		ganz groß als Skandalthema und es kamen verschiedene Fleischskanda-
24		le immer wieder hinzu. Deswegen wurde sich mit dem Verzehr von
25		Fleisch im Vergleich zu den Jahren zuvor viel kritischer auseinander
26		gesetzt. Ich denke, ein Teil der Bevölkerung hat ein gesteigertes Um-
27		weltbewusstsein entwickelt und auch ein gesteigertes Gesundheitsbe-
28		wusstsein. Das müssen nicht dieselben Gruppen sein, das können ver-
29		schiedene Arten von Menschen sein, die sich für bestimmte Themen
30		stärker interessieren oder sie bewusster wahrnehmen. Und das Essen
31		hat einen ganz anderen Stellenwert bekommen, es hat einen Identifika-
32		tionswert, und das kann ich mir auch vorstellen, dass Ernährungstrends

33		und verschiedene Ernährungsweisen ganz anders wahrgenommen wer-
34		den oder eben auch ausprobiert wird, was passt zu mir. Marketing spielt
35		auch eine sehr wichtige Rolle, das haben ja nicht nur die Kochbuchver-
36		lage, sondern eben auch Fleischkonzerne entdeckt, die inzwischen ve-
37		gane Produkte auf den Markt gebracht haben.
38	A	Okay. Können Sie den eben von Ihnen genannten Identifikationswert
39		noch genauer erklären?
40	B	Es gibt ja diesen Slogan „Du bist, was du isst", und das hat heute glau-
41		be ich noch einmal eine ganz andere Bedeutung als früher… alleine
42		schon die Tatsache, dass Menschen sich selbst danach bezeichnen, wie
43		sie sich ernähren, also ob ich mich als Vegetarier, Veganer oder Flexi-
44		tarier bezeichne, dass es dazu kommt, so eine klare Abgrenzung gegen-
45		über anderen Ernährungsweisen vorzunehmen, oder auch Rohköstler
46		beispielsweise, das ist meines Erachtens nach wirklich erst in den letz-
47		ten Jahren so populär geworden.
48	A	Okay. Was glauben Sie sind mögliche Gründe für die bis heute anstei-
49		gende Popularität dieses Trends? Was macht ihn so besonders?
50	B	Also ich glaube, dass die Gründe, die dazu geführt haben, dass dieser
51		Trend überhaupt erst aus dieser absoluten Nische herausgekommen ist -
52		durch Medienberichte und das geänderte Bewusstsein in Sachen Ge-
53		sundheit und Ernährung. Die fördern sich ja gegenseitig, wenn immer
54		mehr Menschen sich mit diesem Thema befassen und die Medien das
55		immer wieder aufrollen und verbreiten, und Unternehmen auch ent-
56		sprechendes Marketing machen, immer mehr Prominente sich zu dieser
57		Lebensweise bekennen, dann hält das den Trend auch aufrecht.
58	A	Und warum ist das Thema heute aktueller und wichtiger denn je, abge-
59		sehen von dem Thema Gesundheit oder Prominenten, die sich öffent-
60		lich dazu bekennen? Gibt es da bestimmte Gründe für, dass es gerade
61		heutzutage so präsent ist in den Köpfen der Menschen?
62	B	Wichtiger denn je ist es denke ich, weil es die Lösung für grundlegende
63		Probleme unserer heutigen Gesellschaft und auch der zukünftiger Ge-
64		nerationen darstellt. Gerade in Sachen Umwelt und Klimaschutz, aber
65		auch Krankheitsprävention, da ist Veganismus eben ein Teil der Lö-
66		sung. Und natürlich auch, weil wir uns der Themen Klimawandel,
67		wachsende Weltbevölkerung und Ressourcenschonung immer mehr
68		bewusstwerden. Wir müssen zukünftig über mehr Lösungen nachden-

69		ken, wie wir mit all diesen Herausforderungen umgehen können und
70		eine pflanzliche Ernährung ist ein wesentlicher Baustein davon.
71	A	Und was glauben Sie, woher dieses extrem gesteigerte Gesundheitsbe-
72		wusstsein von Menschen, insbesondere auch der jüngeren Generation,
73		kommt?
74	B	(--) Also ich meine, dass Jugendlichkeit hat einen weitaus höheren
75		Stellenwert bekommen hat und auch der Drang, jung und fit zu bleiben,
76		hat zugenommen und die Lebenserwartung nimmt ja auch ständig wei-
77		ter zu. Die Werbung hat da auch einen großen Einfluss drauf, wenn sie
78		da vermehrt bestimmte Ideale zeigt und das kann auch dazu beitragen,
79		dass mehr Menschen sagen, sie wollen mehr auf sich selbst achten. Der
80		Trend der Selbstoptimierung hat auch zugenommen in verschiedenen
81		Bereichen... Ich denke, das hat alles einen Einfluss.
82	A	Okay. Und aus welchen Gründen glauben Sie, ist die vegane Ernährung
83		insbesondere für junge Erwachsene so interessant?
84	B	Ich denke, Änderungen im Lebenswandel sind viel häufiger bei jungen
85		Menschen der Fall, die gerade von zuhause ausgezogen sind und ihre
86		bisherige Lebensführung infrage stellen, mit neuen Lebenssituationen
87		konfrontiert werden und eben auf der Suche danach sind, wie sie ihr
88		Leben gestalten wollen und allein schon deshalb ist da sicherlich eine
89		gewisse Tendenz vorhanden, dass jüngere Menschen das viel eher an-
90		nehmen. Dann spielt bei einigen vielleicht auch die Abgrenzung ge-
91		genüber anderen eine stärkere Rolle als das im späteren Leben der Fall
92		ist. Oder auch der Drang, sich Herausforderungen zu stellen... die Ent-
93		scheidung, sich vegan zu ernähren ist eine andere, als sich neue Klei-
94		dung zu kaufen oder neue Musik zu hören, das erfordert ein gewisses
95		Commitment, man muss sein Leben ein Stück weit umstellen und seine
96		Verhaltensweisen, das bringt erst einmal gewisse Hürden mit sich (-)
97		und das mag für einige auch einen gewissen Reiz bieten, diese Heraus-
98		forderung anzunehmen. Das andere ist, dass eben schon ein Teil der
99		jungen Menschen sich unserer dringenden Menschheitsprobleme be-
100		wusst ist, denke ich. Die sich dann fragen, wie gehe ich damit um, was
101		kann ich beitragen... einige suchen da vielleicht auch in ihrem indivi-
102		duellen Verhalten eine Lösung. Und was ich denke, was bei dieser Er-
103		nährungsfrage interessant ist, man zieht Vorteile für sich selbst daraus,
104		d.h. ich tue einerseits etwas für mich, weil es gesund ist und es mir mit

105		einer pflanzlichen Ernährung ggf. sogar besser geht, und gleichzeitig
106		kann ich auch meinen ethischen Ansprüchen gerecht werden, und ich
107		denke, das macht die vegane Ernährung zu mehr als einer Mode, dass
108		es bei vielen eben doch diesen ethischen Hintergrund hat. Dadurch fin-
109		det eine ganz andere Identifikation statt und der Wille, das in den All-
110		tag und das eigene Wertesystem zu integrieren, der ist dann deutlich
111		größer.
112	A	Und was glauben Sie, beeinflusst junge Erwachsene konkret in ihrer
113		Entscheidung, sich vegan zu ernähren? Was können ausschlaggebende
114		Faktoren und Beweggründe für diese Entscheidung sein?
115	B	Also ich denke, die sozialen Medien spielen da sicherlich eine sehr
116		große Rolle in der Beeinflussung. Möglicherweise auch prominente
117		Vorbilder oder Vorbilder im sozialen Umfeld, das war ja schon immer
118		so, aber gerade durch die sozialen Medien heutzutage ist das sicherlich
119		noch viel stärker geworden. In der langfristigen Umsetzung spielt dann
120		bestimmt für viele auch eine Rolle, wie umsetzbar es im Alltag tatsäch-
121		lich ist, d.h. wie leicht verfügbar sind die Lebensmittel, die ich konsu-
123		mieren möchte. Das ist ja auch noch einmal ein Unterschied, ob ich in
124		einer Großstadt lebe oder irgendwo auf dem Land. Auch, was die sozia-
125		le Akzeptanz angeht. Das ist in der Stadt einfacher als in einem Dorf,
126		wo man nicht alle veganen Ersatzprodukte bekommt.
127	A	Okay. Und wie sehen Sie derzeit die aktuelle Online-Berichterstattung
128		über das Thema? Wer berichtet, wie regelmäßig?
129	B	Also die Medienberichterstattung ist deutlich positiver geworden in den
130		letzten Jahren, das ist deutlich wahrnehmbar. Nur noch vereinzelt er-
131		scheinen dann mal Beiträge, die das Thema Veganismus sehr kritisch
132		sehen, gerade auf Seiten der Journalisten wird es schon sehr positiv dar-
133		gestellt und die stehen dem offener gegenüber, das war nicht immer so.
134		Inzwischen gibt es aber auch immer mehr Institutionen, die diese Er-
135		nährungsweise als positiv bewerten, wie das Bundesumweltamt oder
136		Tierschutzorganisationen, aber auch die Politik.
137	A	Und welche Medien berichten da besonders häufig, wo taucht es oft-
138		mals auf?
139	B	Im Produktmarketing wie in Lebensmittelzeitschriften, da kommt das
140		Thema vegan immer häufiger vor. In Zeitungen spielen dann ökologi-
141		sche Faktoren wie die Landwirtschaft oder der Umgang mit den Tieren

142		eine Rolle.
143	A	Und inwiefern glauben Sie, hat das Internet und insbesondere das
144		Social Web Einfluss auf die Verbreitung des Ernährungstrends genom-
145		men?
146	B	Ich denke, dass die Verbreitung sich dadurch wahnsinnig beschleunigt
147		hat, insbesondere durch Social Media, wo solche Trends Gesellschaften
148		viel schneller durchdringen können. Es gibt mehr Input für die Leute,
149		sodass die anfangen, sich mit anderen Gedanken zu befassen und zu-
150		sätzlich zum sozialen Umfeld neue Anstöße bekommen. Ich denke,
151		im realen Leben bekommt man von Freunden auch häufig neue Gedan-
152		kenanstöße, aber man ist nicht mehr so sehr darauf angewiesen, wenn
153		man auch online unterwegs ist, und die eigene Filter Bubble vergrößert
154		sich. Man kann Einzelgänger sein oder in seinem Leben mit ganz ande-
155		ren Leuten zu tun haben, aber online kann man sich mit Menschen aus-
156		tauschen, die ähnliche Ansichten oder Interessen haben und man kann
157		sich da vernetzen und ist nicht mehr so auf sein reales Umfeld ange-
158		wiesen in der Hinsicht, alle Informationen oder auch den sozialen
159		Rückhalt nur von seinem realen Freundeskreis zu bekommen.
160	A	Stimmt. Und welche Rolle schreiben sie bei der Verbreitung des Trends
161		den sozialen Medien zu, z.B. einer Plattform wie Instagram?
162	B	Ich denke, es spielt eine große Rolle, da ja wirklich alles fotografiert
163		wird, besonders das Essen und einzelne Gerichte, die da gehypt werden
164		und anderen gezeigt wird, was man so isst und das macht unter Um-
165		ständen auch anderen Lust darauf. Das ist natürlich immer reizvoll, da
166		leckeres Essen zu sehen und auch zu erkennen, okay, vegane Ernäh-
167		rung kann genussvoll sein und ist nicht nur eine Möhre und Salat.
168	A	Und welche Bedeutung würden Sie veganen Influencern auf Instagram,
169		aber auch anderen sozialen Plattformen zuschreiben bei dieser Verbrei-
170		tung des Trends? Was glauben Sie, was solche Plattformen dazu bei-
171		tragen können, dass mehr Menschen und vor allem auch mehr junge
172		Menschen auf diese Ernährungsform aufmerksam werden und Lust da-
173		rauf bekommen, sodass sich das dann auch auf ihr Verhalten auswirken
174		kann?
175	B	Ich denke, Influencer online haben einen sehr großen Einfluss, ins-
176		besondere auf sehr junge Menschen, weil sie sozusagen Vorbilder dar-
177		stellen und viele Menschen anregen, sich vegan zu ernähren.

178	A	Und was meinen Sie, wie groß die tatsächlichen Auswirkungen auf die
179		Nutzer der sozialen Medien sein können, insbesondere auf ihre Ernäh-
180		rungsweise, sodass Menschen das tatsächlich in ihren Alltag integrieren
181		und es auch umsetzen, sich nicht nur gedanklich damit beschäftigen?
182	B	So praktische Probleme wie was man noch essen kann, was man sich so
183		kochen kann, wie man seine Vitamine bekommt und so weiter, die las-
184		sen sich sehr leicht darüber lösen, weil ich die Informationen sehr
185		schnell zur Hand habe, die ich brauche. Das kann dann auch eine starke
186		Motivation sein, ins Handeln zu kommen, weil die eigenen Fragen u.a.
187		von Gleichaltrigen auf einfache Weise beantwortet werden und so we-
188		niger Hürden da sind… Dadurch, dass andere ihre Erfahrungen teilen
189		und Anregungen geben, erscheint es einem leichter, diese Umstellung
190		vorzunehmen. Auch die positiven Berichterstattungen anderer, die dann
191		teilen, wie gut es ihnen damit geht, dass sie abgenommen haben oder
192		sich gesünder fühlen, können da ausschlaggebend sein. Solche Vorteile
193		können überzeugen und motivieren zu sagen oh ja, das möchte ich auch
194		ausprobieren. Je mehr positive Erfahrungen da, auch im sozialen On-
195		line-Umfeld, gemacht werden, desto mehr sind andere dem gegenüber
196		offen und aufgeschlossen.
197	A	Und was glauben Sie, sind Faktoren, die Menschen davon abhalten, es
198		umzusetzen? Viele sehen dann ja die Inspirationen, finden das toll und
199		wollen es gerne ausprobieren und auch ins Handeln kommen, schaffen
200		es dann aber nicht. Woran kann die Umsetzung scheitern?
201	B	Zum einen tatsächlich die Verfügbarkeit der Produkte, dass das Ange-
202		bot da nicht so groß ist, wie in anderen Regionen… Dann auch vom
203		Lebensstil, wenn Menschen viel am Reisen sind und keine Zeit haben,
204		nach veganen Restaurants oder Cafés zu suchen, wo es vegane Optio-
205		nen gibt oder man mit Kollegen essen geht und es nichts gibt an Ange-
206		bot… Für viele ist noch die Hürde, sozial auffällig zu sein, wenn man
207		sich anders ernährt als das Umfeld, wenn das Umfeld tolerant ist oder
208		das sogar fördert, ist es einfacher, da dran zu bleiben. In einem skepti-
209		schen Umfeld gehört viel dazu zu sagen, okay, ich ziehe das jetzt trotz-
210		dem durch, gerade bei jungen Leuten ist da der Wunsch nach sozialer
211		Akzeptanz auch noch einmal deutlich größer.
212	A	Stimmt… Können Sie sich vorstellen, dass junge Erwachsene dadurch,
213		dass sie online Vorbilder sehen wie Instagrammer, YouTuber oder auch

214		Blogger, tatsächlich etwas ändern, entweder weil sie dem Vorbild nach-
215		eifern möchten, sich mit der Person identifizieren können oder aus an-
216		deren Gründen - oder glauben Sie, dass die meisten nur darüber nach-
217		denken, aber weniger ins Handeln kommen, was vegane Ernährung
218		betrifft?
219	B	Ich kann da jetzt das Beispiel von Attila Hildmann anführen, der mit
220		seiner Art, sich persönlich zu vermarkten und darzustellen, sehr viele
221		Fans bekommen hat, die sich jetzt nicht zwingend vegan ernähren, aber
222		viele sind über ihn sicherlich dazu gekommen, sich pflanzenbasierter zu
223		ernähren, als sie es vorher getan haben und er ist da bestimmt nicht der
224		Einzige mit so einem Einfluss.
225	A	Worin sehen sie da die Gründe, warum solche Personen, die online
226		ihre Lebensweise promoten, damit Erfolg haben und andere überzeugen
227		können, es ihnen gleich zu tun oder ihnen zumindest nachzuahmen?
228	B	Ich wundere mich da über diesen Einfluss manchmal selbst, das ist
229		schon sehr erstaunlich. (-) Ich kann es mir so erklären, dass es, weil
230		die jüngere Generation viel Zeit im Internet verbringt, eine wesentliche
231		soziale Komponente geworden ist und Personen, die wir online sehen,
232		persönlich aber gar nicht kennen, trotzdem eine ähnliche Bedeutung
233		haben wie jemand aus unserem sozialen Umfeld. Vorbilder müssen
234		nicht immer Freunde von uns sein, sondern können eben auch Men-
235		schen online sein, bei denen man toll findet, was sie machen. Wenn
236		jemand dann auch noch eine große Reichweite hat, kann da das Ver-
237		trauen in das, was jemand macht, auch nochmals größer sein.
238	A	Was meinen Sie, macht da den Reiz aus? Wenn man sich selbst nicht
239		vegan ernährt und sieht, dass sich jemand so ernährt und man sich dazu
240		entscheidet, diese Person zu abonnieren? Und dann irgendwann sogar
241		selbst zu sagen, ich koche mir jetzt auch etwas Veganes, weil ich das
242		bei XY auf Instagram gesehen habe? Was glauben Sie, muss so eine
243		Person ausmachen und wie muss sie kommunizieren, damit sich das
244		nicht nur auf die Denkweise von Rezipienten, sondern auch auf Hand-
245		lungen auswirkt?
246	B	Die Ansprache ist ja immer sehr direkt, das ist ja anders als z.B. im
247		Fernsehen, wo sich jemand auf bestimmte Weise verhält, aber nicht di-
248		rekt mit einem selbst kommuniziert. Wenn man jemanden toll findet,
249		aus welchen Gründen auch immer, und diese Person mich dann schein-

250		bar direkt anspricht und sagt ,hey, probier' das doch auch mal aus, wie
251		sind deine Erfahrungen, schreib mir einen Kommentar' und solche Din-
252		ge, dann kann das auch auf das reale Leben Auswirkungen haben.
253	A	Also glauben Sie, diese Interaktionen und die soziale Erreichbarkeit
254		dieser Person haben da Einfluss?
255	B	Ja, genau.
256	A	Möchten Sie abschließend noch etwas zu dem Thema sagen, das Ihnen
257		noch einfällt und mit keiner der Fragen abgedeckt wurde?
258	B	Ich denke, viele Menschen realisieren den Mehrwert für sich selbst und
259		für die Umwelt, aber auch dieser Gruppenaspekt, dass man sich aus
260		moralischen Gründen einer Gruppe zugehörig fühlt und weiß, dass man
261		nicht zu dem Elend beiträgt... das kann eine Belohnung sein. Auch das
262		Selbstbild, das man von sich erschafft durch ein neues Wertesystem.
263		Interessant ist auch, dass für viele die Bezeichnung „Vegetarier" oder
264		„Veganer" zur persönlichen Auszeichnung geworden ist, weil man sich
265		dadurch von der breiten Masse nicht nur abgrenzt, sondern oft auch
266		meint, sich positiv abzuheben.
267	A	Okay, vielen lieben Dank für Ihre Antworten und Ihre Zeit!
268	B	Sehr gerne, das Gespräch hat mir gut gefallen!

Influencerin

Zeile	Sprecher	Text
1	A	Okay, los geht's. Aus welchen Gründen wurden Sie vegan und wie
2		lange sind Sie es schon?
3	B	Ehm, vor etwa vier Jahren und zwar über Instagram, als ich bei ande-
4		ren über das Thema gelesen und dann auch angefangen habe, mich
5		darüber zu informieren. Das war für mich von Anfang an logisch, sich
6		so zu ernähren, nachdem ich mehr über diese Ernährungsweise gelernt
7		und es selbst für mich ausprobiert habe.
8	A	Okay. Inwiefern hat die Veränderung Ihrer Ernährungsweise Ihr Leben
9		verändert, beeinflusst und / oder bereichert?
10	B	Die vegane Ernährungsweise hat mein Leben nur bereichert ((lacht)).
11		Ich habe über die vegane Community auf Instagram unglaublich enge
12		Freundschaften mit Menschen geschlossen, die dasselbe Mindset
13		haben, meine körperliche Fitness auf ein Maximum bringen können
14		und lebe viel achtsamer und mehr im Einklang mit meinem Körper,
15		aber auch dem Planeten.
16	A	Welche gesundheitlichen Vorteile hat die pflanzliche Ernährung für Sie
17		bisher gehabt?
18	B	Mhhh, also ich war ja nie wirklich krank, aber ich merke auf jeden Fall,
19		dass ich fitter und weniger müde bin, weil ich meine Nährstoffe besser
20		decken kann. Ich lasse die immer regelmäßig überprüfen und habe da
21		dann den Beweis schwarz auf weiß. Ich habe mich zu Beginn sehr in-
22		tensiv über diese Ernährung informiert und mit dem Thema auseinan-
23		dergesetzt, ich lebe sehr achtsam und ernähre mich intuitiv. Dadurch
24		fehlt mir nie irgendetwas, deshalb würde ich sagen, dass ich mich
25		fitter und gesünder fühle.
26	A	Aus welchem Grund haben Sie damit angefangen, Ihre Lebens- und
27		Ernährungsweise auf Instagram zu teilen?
28	B	Mhhh (haha), also ich war schon immer technikaffin und hatte Freude
29		an Computer- und Handyanwendungen wie Apps gehabt und als ich
30		dann Instagram entdeckt habe, hat es mir sehr gefallen, dass ich da mit
31		fremden Menschen interagieren kann und habe deswegen, nachdem
32		ich es erst für mich ausgetestet habe, weiter regelmäßig gepostet, weil
33		ich Gefallen an dem Austausch mit verschiedenen Menschen gefunden

34		habe.
35	A	Warum haben Sie Instagram als Plattform ausgewählt? Warum nutzen
36		Sie diese zur Vermarktung Ihrer Ernährungs- und Lebensweise?
37	B	Also Instagram gefällt mir aufgrund des visuellen Aspekts. Ich foto-
38		grafiere unglaublich gerne und der visuelle Aspekt steht da stark im
39		Vordergrund, damit kann ich mich sehr gut identifizieren. Seit ich
40		vegan geworden bin, poste ich regelmäßig Bilder von meinem Essen
41		zum Austausch mit anderen. Also praktisch seit vier Jahren.
42	A	Okay. Wie positionieren Sie sich aktuell auf Instagram? Wie möchten
43		Sie gerne als Person wahrgenommen werden?
44	B	Mhh, ich möchte gerne eine positive und achtsame Lebensweise ver-
45		mitteln und Menschen dazu inspirieren, mehr Acht auf sich selber zu
46		geben und dankbarer und gesünder zu leben.
47	A	Was glauben Sie, was für ein Image von Ihnen in den Köpfen Ihrer
48		Followerschaft existiert?
49	B	Also auf Social Media allgemein versucht man ja, positiv zu inspirie-
50		ren. Das Bild, das von einem wahrgenommen wird, ist im besten Fall
51		heruntergebrochen auf die positiven Aspekte in meinem Leben. Es gibt
52		natürlich auch viele negative Aspekte und Herausforderungen, aber die
53		stelle ich nicht alle auf Instagram dar. Also es ist wirklich nur ein Por-
54		trät von mir, das ich so zeichne, wie ich möchte, dass ich wahrgenom-
55		men werde, sprich positiv, achtsam, gesund, lebensfroh. Und ich den-
56		ke, so werde ich von einem Großteil auch wahrgenommen, weil ich es
57		ja, zumindest ein Stück weit, selbst beeinflussen kann durch die be-
58		wusste Entscheidung, welche Inhalte ich online teile und welche nicht.
59	A	Was ist Ihr Ziel bei der Lifestyle-Vermarktung online?
60	B	(-) Ich möchte so viele Menschen wie möglich dazu inspirieren,
61		glücklicher, dankbarer, selbstbestimmter und gesünder zu leben.
62	A	Worauf legen Sie beim Kreieren von Inhalten besonderen Wert, damit
63		diese Ihre Zielgruppe inspirieren und im besten Fall positiv beeinflus-
64		sen?
65	B	Auf Instagram ist der visuelle Aspekt ein vorherrschender Faktor, um
66		erfolgreich zu sein. Darum versuche ich, meine Bilder ästhetisch und
67		ansprechend zu gestalten. Das erreiche ich, indem ich ein bestimmtes
68		Design verfolge und auf meinem Feed einhalte. Auch sonst gebe ich
69		mir viel Mühe mit der Bildbearbeitung, der Bearbeitung von Stories,

70		damit die so kurz, prägnant und informativ wie möglich sind.
71	A	Worauf legen Sie bei den Bildunterschriften besonderen Wert?
72	B	(--) Mhh, also bei den Stories und Bildunterschriften versuche ich
73		immer wenigstens einen Aspekt zu integrieren, der die Menschen zum
74		Nachdenken anregt und der ihnen auch Handlungsempfehlungen gibt.
75		Das verpacke ich dann in persönliche Geschichten und baue es so in
76		meine Inhalte ein.
77	A	Aus welchen Gründen ist die Verbindung von Bild und Bildunterschrift
78		so wichtig?
79	B	Das Bild ist da, um die Aufmerksamkeit des Nutzers zu erregen und
80		die Bildunterschrift hilft dabei, ihn an dich und deine Inhalte zu binden.
81	A	Welche Strategie bzw. kommunikative Zielsetzung wird mit Ihrer Ziel-
82		Gruppenansprache verfolgt? Wie kommunizieren Sie, um Ihre
83		Followerschaft anzusprechen, Ihre Aufmerksamkeit zu erregen und sie
84		im besten Fall positiv zu inspirieren und beeinflussen?
85	B	(-) Ich schreibe meine Bildunterschriften immer auf Englisch, damit
86		ich so viele Menschen wie möglich erreiche und versuche mich so
87		umgangssprachlich und gleichzeitig eloquent wie möglich auszudrü-
88		cken, damit es fundiert wirkt. Ich versuche auch, meine Followerschaft
89		zum Kommentieren anzuregen, indem ich Fragen stelle und den Ball
90		zurück werfe.
91	A	Ah, okay. Welche Werte möchten Sie dabei vermitteln?
92	B	Achtsamkeit, Positivität und Gesundheit. Ich möchte für ein selbstbe-
93		stimmtes Leben stehen, dass jeder Mensch sich erschaffen kann.
94	A	Wie versuchen Im Rahmen der Ansprache Ihrer Follower Authentizi-
95		tät und Glaubwürdigkeit zu vermitteln?
96	B	(--) Ich würde sagen, indem ich Themen anspreche, die meinem All-
97		tag entstammen und daraus Handlungsempfehlungen gebe. Meine
98		Follower sollen sich durch persönliche Geschichten, die ich teile, mit
99		mir und meinem Lebensstil identifizieren können.
100	A	Welche Zielgruppen werden vorrangig mit Ihren Inhalten angespro-
101		chen und warum?
102	B	Ganz allgemein gesagt sind es Menschen, die bereits Vorerfahrungen
103		mit Achtsamkeit, gesunder Ernährung und einem bewussten Leben
104		haben, sich aber weiter in diesem Feld bilden und entwickeln möchten.
105		Im Prinzip möchte ich jeden ansprechen, ich merke aber an meinen

106		Statistiken, dass mir in erster Linie Frauen folgen, die sich besonders
107		mit den von mir angesprochenen Themen identifizieren. Aber ich würde
108		gerne auch mehr Männer ansprechen.
109	A	Was glauben Sie, aus welchen Nutzungsmotiven heraus User auf Insta-
110		gram Ihr Profil besuchen?
111	B	Also einerseits zur Inspiration für mehr Achtsamkeit im Alltag, dann
112		aber auch für vegane Rezepte und Ernährungstipps und drittens für
113		Bildinspiration, weil viele, die mir folgen, selbst gerne fotografieren
114		oder sich anderweitig künstlerisch betätigen.
115	A	Was glauben Sie, was Ihre Follower von Ihnen in Bezug auf Inhalte
116		und Input erwarten?
117	B	Essensbilder, Lifestyle-Inspiration, Tipps und Empfehlungen rund um's
118		Thema vegane Ernährung und Gesundheit, und natürlich auch Rezepte.
119	A	Welchen Stellenwert nimmt der regelmäßige Kontakt und Austausch
120		mit der Followerschaft im Rahmen Ihres Social-Media-Auftritts bei
121		Ihnen ein? Was erhoffen Sie sich davon?
123	B	Auf jeden Fall geht die Hälfte der Zeit, die ich aktiv auf Instagram ver-
124		bringe, in den Austausch mit der Community. Die andere Hälfte ver-
125		bringe ich mit der Konsumierung der Inhalte anderer, wenn ich selbst
126		nach Inspiration suche, und dem Posten neuer Bilder.
127	A	Okay. Und was erhoffen Sie sich von dem Austausch konkret?
128	B	Das ist eine gute Frage ((lacht)). Also das Schönste, was mir durch
129		Instagram passiert ist, sind die Kontakte, die ich mit anderen Men-
130		schen geknüpft habe, die heute zu engen Freundschaften geworden
131		sind. Deshalb hat der Austausch mit der Community für mich einen
132		sehr hohen Stellenwert.
133	A	Wie schön. Und welche Ziele werden von Ihnen bei der Zielgruppenan-
134		sprache mit den geteilten Inhalten verfolgt?
135	B	Ich hoffe natürlich, dass die Menschen meine Tipps und Empfehlungen
136		umsetzen, und dass sie dadurch achtsamer und gesünder leben, sich
137		vielleicht sogar öfters vegan ernähren, falls sie es nicht schon tun…
138		Ich möchte für Menschen eine Inspiration sein, mehr vegane Lebens-
139		mittel zu konsumieren und pflanzliche Mahlzeiten in ihr Leben einzu-
140		bauen. Ich möchte auch zu mehr Positivität und Bewusstsein für Ge-
141		sundheit inspirieren. Vor allem auch das Bewusstsein dafür schärfen,
142		was Menschen ihrem eigenen Körper durch Lebensmittel zuführen.

143	A	Okay. Glauben Sie, dass Sie einen direkten und / oder einen indirekten
144		Einfluss auf Ihre Followerschaft ausüben?
145	B	Der direkte Einfluss ist auf jeden Fall, dass sie auf meine Vorschläge
146		und Anregungen reagieren, indem sie z.B. Rezepte nachkochen oder
147		bestimmte vegane Lebensmittel, die ich empfohlen habe, nachkaufen
148		und ausprobieren. Da bekomme ich immer wieder Nachrichten von
149		einigen, die sich für meine Kaufempfehlungen und Inspirationen be-
150		danken. Einige binden mich auch aktiv in ihre Postings mit ein, indem
151		sie mich auf einem Essensbild mit einem Rezept von mir taggen und
152		mich so erwähnen. Indirekt vielleicht einfach nur, dass sie positiver
153		und dankbarer sind und sich insgesamt auch einfach besser fühlen,
154		sowohl körperlich als auch mental. Sie sind im Alltag achtsamer und
155		machen sich mehr Gedanken über ihre Kaufentscheidungen, auch
156		sonstige Entscheidungen im Alltag und teils auch Essgewohnheiten, da
157		habe ich auch schon öfters Nachrichten und Feedback zu bekommen.
158		Sie werden sich viel bewusster darüber, welche Auswirkungen ihre
159		täglichen Entscheidungen auf ihr eigenes Leben, das von Tieren, ihrer
160		Mitmenschen und den Planeten haben. Das ist echt schön.
161	A	Was für Feedback erhalten Sie von Ihrer Zielgruppe, sowohl per Email
162		als auch per Direktnachricht auf Instagram?
163	B	Also ich erhalte vorwiegend positives Feedback, meistens von Perso-
164		nen, die dank meiner Empfehlungen ihre Lebensweise verändert ha-
165		ben und sich dadurch besser fühlen, z.B., dass sie sich neue Gewohn-
166		heiten angeeignet haben. Entweder in Bezug auf Essgewohnheiten,
167		Sport und körperliche Fitness, aber auch Achtsamkeit und Routinen.
168		Einige bedanken sich auch für Produktempfehlungen, weil sie Sachen,
169		die ich beworben habe und die sie toll finden, bestellt haben und sehr
170		zufrieden damit waren.
171	A	Wie toll. Woran machen Sie Ihren Erfolg fest und was glauben Sie, in-
172		wiefern Sie Ihre Followerschaft nachhaltig dazu beeinflussen, sich be-
173		wusster und pflanzenbasierter zur ernähren?
174	B	Meinen Erfolg mache ich zum einen an dem lieben Feedback per Email
175		oder Nachricht fest, aber auch ein Stück weit durch meine Reichweite.
176		Der größte Erfolg ist für mich, wenn mir jemand schreibt, dass er oder
177		sie durch mich seine Lebensweise von Grund auf verändert hat und
178		sich jetzt besser, positiver, ausgeglichener und gesünder fühlt. Indem

179		ich selbst das positive Beispiel meiner Message verkörpere, die ich
180		verbreite, beeinflusse ich zumindest einen Teil meiner Followerschaft
181		dazu, verstärkt zu pflanzlichen und gesunden Lebensmitteln zu greifen
182		und bessere Entscheidungen im Alltag zu treffen. Ich lebe vor, was ich
183		täglich in meinen Postings teile – und das inspiriert Menschen. Ich den-
184		ke, dass ich durch meine positive Art und Message Menschen auf er-
185		mutigende Weise dazu veranlasse, etwas zu verändern.
186	A	Und glauben Sie, dass es einen Zusammenhang zwischen der Er-
187		nährungsweise Ihrer Followerschaft und der Rezeption Ihrer geteilten
188		Inhalte geben kann? Falls ja, inwiefern und warum?
189	B	Fast die Hälfte meiner Followerschaft, die bereits an meinen Story-
190		Umfragen teilgenommen und abgestimmt hat, ernährt sich bereits
191		vegan und reagiert sicherlich eher auf Produktempfehlungen oder
192		auch positiver auf Botschaften, die den Veganismus vermitteln. Bei
193		dem Rest kann ich bisher nur vermuten, dass sie sich bereits einiger-
194		maßen gesund ernähren oder zumindest Interesse an dem Thema
195		haben. Allein dadurch, dass sie mir folgen, drücken sie ja schon Intere-
196		sse entweder an mir als Person, oder an meinen Empfehlungen und Re-
197		zepten aus.
198	A	Stimmt. Und sind für die Zukunft irgendwelche kommunikativen oder
199		inhaltlichen Veränderungen geplant?
200	B	Einerseits würde ich sehr gerne mehr deutsche Menschen erreichen,
201		weil ich das bisher laut meiner Statistiken noch nicht so wirklich viel
202		tue. Ich schreibe zwar bewusst auf Englisch, weil ich international agie-
203		ren möchte, aber bei mir kommt der Großteil der Followerschaft aus
204		den USA, und ich würde gerne mehr im deutschsprachigen Raum aktiv
205		sein und mich hier vernetzen, weil das auch mein Mutterland ist. Des-
206		wegen würde ich da vielleicht mehr in die Richtung gehen, dass ich
207		mehr mit deutschen Marken zusammenarbeite und hier ansässigen
208		Firmen kooperiere, damit ich mehr deutsche Inhalte habe. Da über-
209		lege ich auch, meine Bildunterschriften nochmal kurz und knackig auf
210		Deutsch unter die englische Version zu schreiben, damit diejenigen, die
211		aus Deutschland kommen und nicht so gut Englisch verstehen, wissen,
212		was in der Caption drinsteht. Außerdem möchte ich gerne die Balance
213		zwischen Food- und Lifestyle-Inhalten aufrechterhalten, weil ich es
214		sehr wichtig finde, persönliche Inhalte mit einzubinden… Weil man

215		eine vegane Lebensweise meiner Meinung nach nicht nur auf die Er-
216		nährung herunterbrechen kann, sondern es sich dabei um einen Le-
217		bensstil handelt, der noch viel mehr mit sich bringt, als das, was auf
218		dem Teller landet, wie z.B. Achtsamkeit, das Kaufverhalten, der Um-
219		gang mit Tieren, anderen Menschen und unserem Planeten. Die vega-
220		ne Ernährungsweise lehrt einen in allen Aspekten des Lebens mehr
221		Reflektion und Achtsamkeit, und das würde ich gerne auch inhaltlich
222		über Bilder und Postings verstärkt vermitteln, also die anderen As-
223		pekte, die mit diesem Lebensstil einher gehen.
224	A	Was glauben Sie, inwiefern Sie Ihre Zielgruppe noch gezielter anspre-
225		chen und die vegane Ernährungsweise noch stärker promoten können?
226		Sehen Sie an einigen Stellen noch Luft nach oben?
227	B	Ich denke, durch sehr persönliche und authentische Inhalte kann man
228		seine Follower noch enger an sich binden und Vertrauen schaffen als
229		z.B. über Rezepte und Food-Bilder, weil die nicht so sehr die Lebens-,
230		sondern eigentlich nur die Ernährungsweise vermitteln und keine Per-
231		son porträtieren. Essen allein als Inhalt vermittelt nur Ideen für eine
232		Mahlzeit, deswegen möchte ich über noch mehr persönliche Inhalte
233		gern die verschiedenen anderen Aspekte, die ich bereits genannt habe,
234		intensiver vermitteln. Potenzial nach oben sehe ich auf jeden Fall. Ich
235		möchte noch viel mehr Menschen mit meiner Message erreichen und
236		inspirieren.
237	A	Und wie häufig bekommen Sie in etwa Nachrichten von Followern,
238		die sich von Ihren Inhalten inspiriert fühlen und einige Ihrer Hand-
239		lungsempfehlungen umsetzen, Rezepte ausprobieren oder sich sogar
240		durch Ihre Inspiration anders ernähren?
241	B	Echt häufig! Ich bekomme regelmäßig, also sogar täglich Nachrich-
242		ten von Personen auf Instagram, die mir schreiben, dass ich sie auf
243		gewisse Weise dazu inspiriert habe, gesünder und vor allem pflanzen-
244		basierter zu essen und insgesamt aktiver zu leben. Viele schreiben
245		auch, dass sie jetzt durch mich mehr vegane Mahlzeiten in ihre Ernäh-
246		rung einbauen und einige sogar, dass sie jetzt komplett vegan leben.
247		Das ist dann natürlich eher die Minderheit, aber Nachrichten, dass ich
248		in irgendeiner Art und Weise einen positiven Einfluss auf das Leben
249		oder die Ernährung von jemandem habe, bekomme ich täglich. Total
250		schön immer! Ich bekomme auch wöchentlich Feedback von Leuten,

251		die sagen, dass sie meine Tipps gut fanden, ein Rezept nachgekocht
252		haben, das ihnen gut geschmeckt hat oder anderweitig von meiner
253		Ernährungsweise beeinflusst wurden. Insbesondere auch bei Gleichal-
254		trigen, die sagen, dass sie sich mit mir gut identifizieren können oder
255		aber auch, die ein völlig anderes Leben leben und sich trotzdem von
256		meinem Lifestyle inspiriert fühlen. Das geht meinen Freundinnen z.B.,
257		die auch auf Instagram als vegane Influencer aktiv sind, sehr ähnlich.
258		Da tauschen wir uns immer gegenseitig aus, was wir so für Feedback
259		bekommen.
260	A	Bekommen die auch solche Nachrichten? Wie häufig ist das immer so
261		und sind das auch junge Erwachsene? Also sprich Altersklasse 20-25?
262	B	Ja also bei den demographischen Angaben kann man bei den Insta-
263		gram-Statistiken ja immer schauen, da sind bei uns allen der Großteil
264		der Follower weiblich und in der Altersklasse von 18-24 Jahren, gefolgt
265		von 25-34 Jahren. Und bei denen ist das auch wöchentlich, teilweise
266		täglich, dass die solche Nachrichten erreichen, vor allem eben von jun-
267		gen Frauen. Julia, eine Freundin von mir, meinte zum Beispiel letztens,
268		dass sie durchschnittlich so drei bis sechs Mal im Monat Nachrichten
269		erreichen, dass jemand durch sie vegan geworden ist. Sie hat auch eine
270		recht große Reichweite. Und dass Leute sich inspiriert fühlen, mehr
271		vegane Gerichte zu essen, nahezu täglich. Also wie bei mir so auch
272		zwei bis dreimal am Tag, teilweise öfter. Wenn man das so auf den
273		Monat hochrechnet, summiert sich das ganz schön, wenn ich da mal
274		so drüber nachdenke ((lacht)). Alexa meinte das auch, dass das bei
275		ihr echt viel ist, vor allem bei Jüngeren, die gerade von zuhause ausge-
276		zogen sind und total unsicher sind, wie sie das alles machen und
277		schaffen sollen.
278	A	Ach krass, wie viele Follower muss man da haben, um so viele Nach-
279		richten zu bekommen?
280	B	(-) Es hängt total vom Influencer und auch vom Content ab würde ich
281		sagen, also man kann das gar nicht so pauschalisieren. Je nachdem,
282		wie häufig jemand wirklich das Thema Essen anspricht, Rezepte pos-
283		tet und all so etwas, würde ich sagen. Eine Freundin von mir, Eva, teilt
284		auch recht häufig Frühstücksrezepte und meinte, sie bekommt sehr
285		sehr oft Fragen bzgl. der veganen Ernährung. Sie hat etwas mehr als
286		30.000 Follower... Einige von denen, die da schon vegan sind, schrei-

287		ben ihr auch, dass sie sich durch sie noch bewusster und gesünder er-
288		nähren… wir tauschen uns da immer aus, und das fanden wir ganz in-
289		teressant. Bei ihr ist dann auch häufig der Fall, dass Leute unter ihren
290		Gerichten fragen, ob etwas wirklich vegan ist, weil es gar nicht vegan
291		aussieht… da mussten wir auch echt schmunzeln, als sie das erzählt
292		hat ((lacht)). Ist natürlich eine tolle Bestätigung, wenn man da durch
293		Bilder mit Vorurteilen wie, dass eine vegane Ernährung langweilig ist
294		und man nur noch Salat essen kann, aufräumt. Viele denken scheinbar
295		noch, man kann kaum noch was essen, auch die jungen Leute in unse-
296		rem Alter… Häufig werden wir dann auch nach Ernährungstipps ge-
297		fragt, oder nach pflanzlichen Proteinquellen. Einige sagen dann auch,
298		dass sie sich durch uns die Doku „What the Health" angeschaut haben
299		und geschockt waren oder auch „Earthlings"…
300	A	Was sind noch häufige Fragen, gerade von Leuten im Alter von 20-25?
301	B	Zum einen, wie lange wir schon vegan leben, und wenn wir dann sa-
302		gen, schon mehrere Jahre, finden alle das immer so krass ((lacht)).
303		Oder auch zu Vitamin B12 und was man noch alles supplementieren
304		bzw. worauf man achten sollte, wenn man vegan wird… Dann halt
305		irgendwelche Nachfragen zu Rezepten, oder was wir den ganzen Tag
306		über so essen, also so „What I eat in a day"-mäßig, deshalb zeigen wir
307		das meistens auch in unseren Stories, um da Anregungen zu geben…
308		Viele Fragen auch nach Ersatzprodukten, bestimmten Zutaten, ob man
309		die zwingend in einem Rezept verwenden muss, da sagen wir natürlich
310		immer ‚Alles kann, nichts muss' ((lacht)).
311	A	Und dass Leute durch euch häufiger vegetarisch oder vegan essen, die
312		Rückmeldung bekommt ihr also alle recht häufig, selbst mit keinen
313		100.000 Followern?
314	B	Ja absolut, also meine Freundinnen haben alle so zwischen 10.000 und
315		80.000 Followern, und die sagen das alle. Klar, einige mehr und andere
316		weniger, aber trotzdem. Die Tendenz ist da ganz klar. Das ist schon
317		echt viel, vor allem Leute, die sich dann beim Restaurantbesuch für
318		die vegetarische oder vegane Alternative entscheiden, da bekomme
319		ich immer mal wieder Bilder geschickt – total süß!
320	A	Okay. Und wie versuchst du deiner Followerschaft über deine Bilder
321		hinaus noch Anregungen zu geben? Du machst ja z.B. immer viele Sto-
322		ries, hast du da eine Strategie?

323	B	Ja genau, ich mache jeden Tag Stories und eigentlich zeige ich auch
324		immer, was ich so esse. Klar, nicht jede Mahlzeit oder jeden Snack, das
325		kommt immer darauf an, wieviel Zeit und Lust ich habe, aber grund-
326		sätzlich schon recht viel, damit man da einen ganz guten Eindruck be-
327		kommt. Ab und zu mache ich auch Livestreams, wo Leute mir dann
328		ihre Fragen schicken können, oder ich kündige das unter einem Bild an
329		und sage, die sollen mir ihre Fragen zur veganen Ernährung oder allge-
330		mein einem gesunden Lifestyle in den Kommentaren dalassen, und da-
331		rauf gehe ich dann im Livestream ein, um noch mehr Wissen zu teilen
332		und auch auf häufig auftauchende Fragen detaillierter einzugehen als
333		jetzt zum Beispiel in meinen Posts oder Stories… Ich sage aber auch
334		immer dazu, dass ich keine zertifizierte oder ausgebildete Ernährungs-
335		beraterin bin oder so, aber dass mein Wissen auf langjähriger Erfah-
336		rung beruht und ich mich da nach mehr als vier Jahren jetzt echt ganz
337		gut auskenne… Mehr aber auch nicht, aber ich habe auch viele Bücher
338		über vegane Ernährung gelesen und da häuft sich ja schon echt viel
339		Wissen an… Aber das sage ich dann immer hinzu (.), weil klar, einige
340		sagen dann immer, woher weißt du das so genau, da sage ich dann halt,
341		keine Garantie, aber das war meine eigene Erfahrung und so oder so
342		habe ich das in dem und dem Buch gelesen und das ergibt Sinn…
343	A	Klingt gut! Alles klar, das war es von meiner Seite, vielen lieben Dank
344		für das Interview und deine Zeit!
345	B	Ich danke auch, es hat Spaß gemacht!

Rezipientin 1

Zeile	Sprecher	Text
1	A	Die erste Frage lautet ‚Wie lange sind Sie bereits auf Instagram
2		angemeldet?'
3	B	Ehm, seit Mai 2015.
4	A	Okay. Wie viel Zeit verbringen Sie durchschnittlich am Tag mit dem
5		Konsum von Influencer-Inhalten auf Instagram?
6	B	(--) Puuuhhh... [Seufzen] (---) Also meistens abends, wenn ich
7		heimkomm', vielleicht so, ja mehr wie zwei Stunden auf jeden Fall,
8		also, nicht immer so am Stück, aber halt immer zwischendurch, und
9		wenn man das dann zusammenzählt, dann bestimmt so zwei bis drei
10		Stunden.
11	A	Also durchschnittlich so zwei bis drei Stunden täglich?
12	B	Ja genau, mindestens...
13	A	Also kann es teilweise auch mehr sein?
14	B	Ja auf jeden Fall, am Wochenende zum Beispiel schätze ich mal, dass
15		es auf jeden Fall mehr ist. Unter der Woche, wenn ich halt arbeite,
16		habe ich meistens auch keine Lust, Stories zu gucken.
17	A	Und am Wochenende, wie viel Zeit ist es da so durchschnittlich?
18	B	Ehhh (-) .... Also meistens ist es (--) direkt nach dem Aufstehen, was
19		ich jetzt selbst jetzt nicht ganz so cool find' ((lacht)), man tut da ja
20		immer erst einmal so auf's Handy gucken ne, und vertüddelt da dann
21		so ein bisschen die Zeit. (-) Ehm, ja ich weiß nicht, so vielleicht das
22		Doppelte von der Zeit. Also unter der Woche so zwei bis drei Stunden
23		und am Wochenende vielleicht sechs Stunden, würde ich jetzt mal
24		ganz krass sagen... Das hört sich irgendwie voll viel an ((lacht)), aber
25		ich denke schon, dass das gut zusammenkommt.
26	A	Okay, nächste Frage. Wie viel Prozent der Personen, die Sie dort
27		abonniert haben, teilen Inhalte über die Themen Veganismus und /
28		oder Ernährung?
29	B	(--) Eeeehm. (---) Ich würd' sagen, schon so 80 Prozent...? Also (.)
30		hauptsächlich folge ich so Reisemenschen, Essen und (-) ja eigentlich
31		diesen Lifestyle-Leuten. Die machen eigentlich so alles. Also bei je-
32		dem, dem ich folg', ist so ein bisschen Essen dabei. Deswegen würde
33		ich schon sagen so 80 bis 90 Prozent...
34	A	Ernähren die sich vegan oder zählen darunter auch die, die generell

35		über Ernährung posten?
36	B	Insgesamt Ernährung, aber hauptsächlich auch vegan. Also ich glaube,
37		das sind nur wenige von denen, die sich nicht vegan ernähren. Also
38		wenn dann vegetarisch-vegan so.
39	A	Okay. Aus welchen Gründen haben Sie diese Influencer abonniert?
40	B	(-) Ehm, ja weil mir die Bilder gefallen und ich einige von denen auch
41		persönlich kenne… In erster Linie die guten Inhalte, also nicht nur das
42		Essen, sondern auch Gedankenanstöße, die sie geben oder das
43		reale Leben, das sie zeigen und nicht so gestellt sind wie die meisten
44		auf Instagram. Also ich sag mal, es gibt ja einige, die nur so perfekte
45		Fotos posten und klar, da folge ich auch einigen, aber in erster Linie
46		sag ich mal so sympathische, nicht so perfekte Fotos, wo ich mich dann
47		nicht so schlecht fühle, wenn ich die anguck'.
48	A	Okay, meine nächste Frage wäre nämlich auch gewesen ‚Wie fühlen
49		Sie sich während und nach der Konsumierung der Inhalte? Welche
50		Gedanken kommen Ihnen während oder nach dem Konsum der Inhalte
51		von veganen Influencern in den Sinn?
52	B	Also ich fühle mich schon motiviert und inspiriert, gerade bei dem
53		veganen Essen. Ehm (-) und ich muss das gar nicht so bewusst dann
54		merken, aber wenn ich dann was zu essen mache, dann denke ich mir
55		immer wieder mal so ‚oh, okay, das ist jetzt ohne Käse und tierische
56		Produkte. Und dann glaub ich, ist es so unterbewusst eher, dass mich
57		das so beeinflusst. Also ja, schon inspiriert. Ich bin aber generell auch
58		vielen Accounts entfolgt, weil ich gelesen habe, dass man sich durch
59		diese perfekten Bilder schon echt häufig selbst fertig macht. Jetzt folge
60		ich nur noch Leuten, die ich inspirierend find' und deren Inhalte ich zur
61		Motivation nehme. Bei mir war es aber eigentlich nie so, dass ich mir
62		gedacht habe ‚Ahh die sieht so gut aus und ich bin so hässlich'.
63	A	Okay. Aus welchen Gründen beschäftigen Sie sich mit den Themen
64		Veganismus und Ernährung?
65	B	(-) Weil es mich interessiert, weil ich es für die Umwelt wichtig finde,
66		ehm… Weil ich gerne esse…? (Lacht) Und weil ich seit 2013 war das
67		glaub' ich… Genau, da war ich in Thailand und hab halt auch mit Tie-
68		ren Erfahrungen gehabt und da hab' ich angefangen, mir Gedanken zu
69		machen, ob das eigentlich noch cool ist, Fleisch zu essen, und dann
70		hab' ich das Internet da auch zurate gezogen und mich halt auch in-

71		formiert. Deswegen...
72	A	Beschäftigen Sie sich, seitdem Sie vegane Influencer abonniert haben,
73		verstärkt mit den Themen Veganismus, Ernährung und Gesundheit?
74	B	Ja schon, also zum Beispiel hätt' ich glaub' ich nie die Doku
75		‚Cowspiracy' auf Netflix geschaut. Das ist ja eine vegane Doku sozu-
76		sagen und die hätt' ich glaub' ich nie geguckt, wenn ich keinen
77		Veganern auf Instagram gefolgt wäre. Da kriegt man ja schon viel mit
78		also so Empfehlungen an Dokus oder so, deswegen...
79	A	Also haben diese Doku mehrere Influencer empfohlen und nicht nur
80		eine Person?
81	B	Ja genau, also ich glaub' sogar, fast alle von den Veganern, denen ich
82		folge...
83	A	Und deshalb hast du die dann geschaut?
84	B	Genau, also ich dachte mir halt, da muss irgendwas dran sein, wenn
85		die von so vielen empfohlen wird... ((lacht)) Deswegen...
86	A	Wie groß ist Ihr Vertrauen in die veganen Influencer, die Sie abonniert
87		haben und die Inhalte, die sie teilen?
88	B	Also ich denke schon, dass die meisten aus Überzeugung Veganer sind
89		und das nicht irgendwie machen, um ‚fame' zu sein oder irgendwie
90		viele Likes auf Instagram zu bekommen oder so... Also da ist das
91		Vertrauen schon groß aber ich finde, die strahlen das auch so aus. Klar
92		kann man sich leicht blenden lassen, aber ich vertraue denen schon
93		ziemlich viel.
94	A	Lassen Sie sich von den Meinungen und Inhalten der veganen Influ-
95		encer, die sie abonniert haben, beeinflussen bzw. überzeugen?
96	B	(.) Also ich hinterfrag' das schon, was ich konsumiere... Also ein
97		Produkt nachgekauft habe ich zum Beispiel noch nie, nur weil es ein
98		Veganer empfohlen hat... Also so etwas Kostenloses wie Filme, das
99		schau ich mir schon an, und einmal habe ich eine Schokolade nach-
100		gekauft, aber sonst was das Nachkaufen angeht eher weniger...
101	A	Und inwiefern fühlen Sie sich grundsätzlich von denen beeinflusst?
102	B	Also ich denke eher, dass das so unterbewusst bei mir ist, also ich
103		nehme das gar nicht so krass wahr, dass die mich beeinflussen. Aber
104		wenn ich dann z.B. mit meinem Freund zusammen koche und er fragt,
105		warum ich etwas Veganes machen möchte, dann sag' ich ihm immer
106		‚Jaaa ich hab' neulich wieder was Cooles auf Instagram gesehen' und

107		wenn ich mit anderen drüber rede, denke ich mir immer wieder so
108		‚ahh guck', da isser so, dieser Samen, der gepflanzt wurde.
109	A	Ah, okay. Wie sehr fühlen Sie sich Laura Grosch verbunden, der Sie
110		ja auch folgen?
111	B	(.) Ehm, joa, also ich finde die ziemlich sympathisch (.) und letztens
112		war da ja auch so ein Treffen in Frankfurt von Veganern, und hätte ich
113		da nicht grad meine Abschlussprüfungen geschrieben, dann wäre ich
114		da echt gerne hingegangen. Also ich würde so weit gehen, dass ich
115		mich mit ihr treffen würde.
116	A	Und hat die Anzahl der Likes, Kommentare oder Follower einen Ein-
117		fluss darauf, inwieweit Sie Laura Grosch vertrauen?
118	B	(---) Mhhh... (--). Ja also ich denk, schon ein bisschen... Also, wenn
119		jemand viele Follower, Likes oder auch Kommentare hat... Also, vor
120		allem Kommentare sind für mich ich sag' mal eher überzeugend als
121		zig Tausende Follower oder Likes... Also, wenn ich die Kommentare
123		durchles' und da dann so steht, dass Leute cool finden, was sie macht,
124		die es selbst schon ausprobiert haben, dann beeinflusst das mein Ver-
125		trauen in Laura mehr als ich sag mal eine Zahl... man kann ja schlecht
126		so viele Follower kaufen, die so viel kommentieren, das denk' ich mir
127		dann immer so dabei.
128	A	Haben Sie bereits über Laura Groschs Account Kontakt zu anderen
129		Instagram-Nutzern aufgebaut, die sich vegan ernähren oder es beab-
130		sichtigen?
131	B	(-) Eher anders herum, also ich hab sie durch eine andere Veganerin
132		gefunden, der ich schon länger folge und die Lauras Account damals in
133		ihren Stories empfohlen hat. Und dann hab' ich gesehen, dass Laura
134		aus Stuttgart kommt und mir ihr Feed gefällt und ja...
135	A	Sie kommen auch aus Stuttgart wie Laura?
136	B	Ich nicht, ne, ich komme aus Karlsruhe, aber Stuttgart in der Nähe, das
137		fand ich irgendwie sympathisch. ((lacht))
138	A	Okay. Wie groß ist die Bedeutung, die Sie ihrer eigenen körperlichen
139		Gesundheit beimessen?
140	B	Wichtig! Also, mir ist meine Gesundheit sehr wichtig... Also, viele
141		meiner Freunde und Verwandten waren schon schlimm krank und da
142		denke ich mir, schon gut, ich war bisher immer sehr gesund, nie etwas
143		Ernsthaftes... Ich lege da sehr viel Wert drauf.

144	A	Hat sich die Bedeutung im Laufe der Zeit verändert, d.h., ist Ihnen
145		Ihre körperliche Gesundheit und eine ausgewogene Ernährung im
146		Allgemeinen durch den Konsum der Inhalte zu den Themen Veganis-
147		mus und Ernährung im Laufe der Zeit wichtiger geworden?
148	B	(--) Mhhh... Ja doch. Teilweise schon, also ich hab' schon vor Insta-
149		gram angefangen, mich mehr damit zu beschäftigen, weil ich mich
150		früher sehr ungesund ernährt habe, mit Fast Food und so häufig, aber
151		ich glaub', auf meinem Weg kam Instagram da dann so hinzu und ja,
152		hat mich sozusagen dabei unterstützt, auf meinem Weg, wo ich dann
153		von der Ernährung her gesünder geworden bin.
154	A	Also wie groß war diese Bedeutung, bevor Sie begonnen haben, vega-
155		ne Ernährungsblogger auf Instagram zu abonnieren?
156	B	Vegan war anfangs gar nicht so ein großes Thema bei mir, es war halt
157		eher so in Richtung vegetarisch, weil meine Kindheit auch echt fleisch-
158		lastig war... und auch die Jugend, so von der Familie halt her... und
159		Instagram hat da gerade bei dem veganen schon echt mehr reinge-
160		spielt... Das wird mir jetzt grad auch erst so richtig bewusst durch
161		unser Gespräch. ((lacht) Das hat auf jeden Fall einiges verändert.
162	A	Welchen Anteil messen Sie dem Konsum von den Inhalten auf Insta-
163		gram an dieser Entwicklung und Veränderung bei?
164	B	Ja also, ich würd' schon sagen, einen großen Teil.
165	A	Wie stark ist Ihre Ernährung derzeit pflanzenbasiert? Also wie häufig
166		ernähren Sie sich vegetarisch oder vegan?
167	B	Täglich eigentlich, also echt selten tierische Produkte... Seit Februar
168		bin ich jetzt komplett vegetarisch und ab und zu auch vegan...
169	A	Und vor Februar haben Sie viel Fleisch gegessen?
170	B	Ja also sehr, sehr wenig eigentlich... Seit 2012 habe ich angefangen,
171		immer weniger Fleisch zu essen und dieses Jahr habe ich mich dazu
172		entschlossen, vegetarisch zu essen.
173	A	Und tendieren Sie manchmal dazu, Ihre eigene Gesundheit und Ernäh-
174		rungsweise mit der jener Influencer, denen Sie folgen, zu vergleichen?
175	B	(--) Mhhhhh, also ja, manchmal schon... Wenn ich mir manchmal an-
176		gucke, was zum Beispiel die Laura da manchmal an großen Mengen
177		isst, so viel könnte ich gar nicht essen. ((lacht)) Ich esse viel weniger,
178		insofern vergleicht man sich schon, ja...
179	A	Beeinflusst das in irgendeiner Weise Ihre eigene Ernährung und wenn

180		ja, inwiefern? Nicht nur auf die Portionsgröße bezogen, sondern grund-
181		sätzlich auch, was sie da postet?
182	B	(---) Eher weniger, würde ich sagen.
183	A	Haben Sie Ihre Ernährungsweise oder andere gesundheitsbezogene
184		Aspekte verändert, seitdem Sie die Inhalte zu den Themen Veganis-
185		mus, Gesundheit und Ernährung auf Instagram konsumieren?
186	B	(-) Ich esse auf jeden Fall häufiger vegan, also früher halt gar nicht so,
187		oder wenn dann unbewusst, weil ich gar nicht so genau wusste, was
188		das eigentlich ist und wo man da so drauf achtet bei der Ernährung,
189		aber ich hab' mir da auch immer Screenshots gemacht von pflanzlichen
190		Proteinquellen oder wie man so eine vollwertige Mahlzeit zusammen-
191		stellt in vegan.
192	A	Haben Sie das Gefühl, dass es für Ihre Gesundheit und Ihr Wohlbefin-
193		den förderlich wäre, sich genauso zu ernähren wie die veganen Influ-
194		encer, denen Sie folgen? Bitte nennen Sie Gründe dafür oder dagegen.
195	B	(--) Mhhh, also ich denke, wenn man es richtig macht, und wirklich
196		auf eine ausgewogene und gesunde Ernährung achtet, dann ist eine
197		vegane Ernährung bestimmt gesund, aber ich könnte es mir bei mir
198		selbst jetzt nicht so ganz vorstellen... Ich hab' das mal versucht für vier
199		Wochen und mich während der Fastenzeit vegan ernährt, und mein
200		Körper musste sich da schon dran gewöhnen und alles... Aber ich weiß
201		nicht, ob es mir besser ging... Dazu habe ich es aber vielleicht auch nur
202		zu kurz gemacht, um das so richtig beurteilen zu können.
203	A	Wie zufrieden sind Sie insgesamt mit Ihrer derzeitigen Ernährung?
204		Sehen Sie Verbesserungsbedarf, und falls ja, an welchen Stellen?
205	B	Also momentan bin ich an einem Punkt, wo ich eigentlich recht zufrie-
206		den bin. Dadurch, dass ich mich vor kurzem erst dazu entschieden
207		habe, komplett vegetarisch zu leben... bin ich schon echt zufrieden.
208	A	Und verändert diese Wahrnehmung sich, nachdem Sie Zeit auf Insta-
209		gram verbracht haben?
210	B	Ne, ich denke dann eher, dass ich auf einem guten Weg bin, weil ich
211		dann Inspirationen finde für das ein oder andere Rezept oder generell.
212	A	Beeinflussen die Bilder von veganen Influencern und deren gesundem
213		veganen Essen Sie demnach in Ihrer Ernährungsweise? Ist das richtig?
214		Falls ja, wovon hängt diese Beeinflussung ab?
215	B	Ehm... (--) Ehhh... Also schon von der Präsentation her, also wie das

216		Gericht dargestellt wird und auch was so dazu geschrieben wird. Ob
217		jetzt nur ein Bild hingeklatscht wird, wo nichts zu geschrieben wird,
218		oder halt wertvolle Informationen, also, warum das gesund ist... wobei
219		ich mich da dann auch manchmal frage, ob das alles zu hundert Pro-
220		zent so stimmt ((lacht)), ich weiß ja nicht, sie ist ja keine Ernährugsex-
221		pertin in dem Sinn...
222	A	Also hinterfragen Sie auch, wenn Laura da etwas zuschreibt und sagt,
223		dass etwas gesund oder gut ist?
224	B	Ja genau, meistens schreibt sie ja Englisch, und da verstehe ich dann
225		auch nicht jedes Wort, also z.B. alle Zutaten bei einem Rezept. Und
226		dann denk ich mir halt so ‚ja gut, sieht zwar gut aus, aber unbedingt
227		essen muss ich es selbst jetzt nicht...'
228	A	Okay. Nennen Sie bitte drei Faktoren, die Sie grundsätzlich in Ihrer
229		Ernährungsweise beeinflussen.
230	B	(--) Mhhhh.... (---). Also komplett allgemein, was es halt so grad im
231		Supermarkt gibt, also Saisonware auch teilweise, dann ehm... Dann
232		Familie und Freunde auch halt so... Man unterhält sich ja irgendwie
233		immer über Essen ((lacht)), so als eins der Lieblingsthemen... Und ja,
234		teilweise auch Geld, also was ich mir gerade leisten kann. Zum Beispiel
235		hab' ich grad auch einen Fünfhundert-Euro-Gutschein gewonnen für
236		Edeka, und da gönne ich mir schon ab und zu etwas Teureres, was ich
237		mir normalerweise nicht unbedingt kaufen würde...
238	A	Okay. Haben Sie schon einmal Rezepte von veganen Influencern nach-
239		gekocht? Wenn ja, wie häufig und warum?
240	B	Mhhhh... (.) Gar nicht so oft, glaube ich. (-) Ne also bei der Laura bin
241		ich sicher, dass ich von ihr noch nichts nachgekocht hab'. Aber... ich
242		hab' bestimmt schon einmal etwas nachgekocht, aber kann mich da
243		grad nicht dran erinnern... Auf jeden Fall nicht so häufig.
244	A	Und warum die Rezepte von Laura eher nicht, gibt es dafür bestimmte
245		Gründe?
246	B	Ja, also die macht hauptsächlich so Frühstücksbilder und ich bin ein-
247		fach nicht so der Frühstücksmensch. Also ich ess' halt auch wenn ich
248	B	aufsteh' oder auch erst gegen mittags rum echt gerne warm. Und dann
249		auch eher etwas Herzhaftes und nichts Süßes...
250	A	Okay. Haben Sie das Gefühl, dass eine pflanzliche Ernährungsweise für
251		Sie, seitdem sie begonnen haben, Inhalte von veganen Influencern zu

252		konsumieren, attraktiver geworden ist? Oder haben Sie das Gefühl, Sie
253		würden gerne noch etwas an Ihrer derzeitigen Ernährungsweise än-
254		dern? Auch langfristig gesehen?
255	B	Mhhh… das ist eigentlich gleichgeblieben. Es schwankt zwar immer
256		wieder so je nach Lust und Laune, also manchmal esse ich auch eine
257		Woche lang vegan, wenn ich da Lust zu hab', teils sogar total unbe-
258		wusst… Und dann halt mal wieder nur vegetarisch, weil ich Käse echt
259		gerne mag. Der ist so meine große Schwachstelle… ((lacht))
260	A	Alles klar. Könnten Sie sich vorstellen, sich irgendwann rein pflanzlich
261		zu ernähren? Bitte nennen Sie Gründe dafür oder dagegen.
262	B	Mhhh… Ja also Käse ist echt so mein größter Schwachpunkt, auch
263		wenn es veganen Käse gibt, klar… Aber der schmeckt halt nicht so wie
264		der richtige Käse, deswegen. Aber ich merk's ja auch bei meinem
265		Freund, wenn wir dann zusammen kochen, hat er zum Beispiel für
266		sich halt Gulasch gekocht mit Rindfleisch und ich hab' mir halt meine
267		Linsenbolognese gemacht und das ist dann auch manchmal ein Kon-
268		fliktpunkt manchmal schon. Dann sagt er so Sachen wie ‚Hää, warum
269		musst du jetzt vegan essen?' oder halt auch vegetarisch und wenn ich
270		ihm dann erkläre, dass ich das halt so möchte, weil es mir besser
271		schmeckt, da merke ich schon, dass so dieser soziale Aspekt beim
272		Essen eine große Rolle spielt…
273	A	Ja, verständlich. Inwieweit stimmen Sie der Aussage zu, dass eine ve-
274		gane Ernährung eine der gesündesten und für den Menschen mit die
275		beste Ernährungsweise darstellt?
276	B	Also ich denk' mir immer so, wenn man es richtig macht und auch voll
277		dahinter steht, dann ist das schon eine sehr gesunde Ernährungsweise.
278		Ob es jetzt die Gesündeste ist, weiß ich nicht so recht, ich glaub', das
279		kann man nicht so pauschalisieren, weil jeder Mensch ja einen anderen
280		Körper hat und gucken muss, was er verträgt… Deshalb würde ich das
281		nicht verallgemeinern, aber es ist sicherlich eine der gesündesten Le-
282		bens- und Ernährungsweisen… Es gibt ja auch noch Ayurveda und die-
283		se Steinzeiternährung, die so gesund sein soll, und so viele Essens-
284		trends…
285	A	Haben Sie einen veganen Influencer schon einmal kontaktiert, um
286		Rat gefragt oder sich über ein Thema speziell auf dessen Account
287		näher informiert?

288	B	Ehm ja, hab' ich schon mal, bei Pancakes hab' ich bei einer mal nach-
289		gefragt, wie sie die gemacht hat... Aber ich hab's dann am Ende trotz-
290		dem nicht genau nach Rezept gemacht ((lacht)).
291	A	Okay, und wie hilfreich schätzen Sie Accounts von veganen Influecern
292		für Menschen ein, die sich gerne pflanzenbasierter ernähren möchten?
293	B	Mhhh, ich denk', das kann eine große Hilfe sein, wenn man z.B. gar
294		nicht weiß, wie und wo man halt anfangen soll... Ich hatte mir ganz am
295		Anfang auch mal so ein E-Book von einer Influencerin, das sie ge-
296		schrieben hatte runtergeladen mit Rezepten für vegane Anfänger. Da
297		standen halt echt so die einfachsten Gerichte drin und ich denke, dass
298		so etwas oder auch die Inhalte auf Instagram für Leute, die da noch
299		ganz neu sind und keinen Plan haben, sehr hilfreich sind. Weil viele,
300		die damit noch nicht so vertraut sind ja auch immer fragen, was man
301		da überhaupt noch so essen kann ((lacht)), und da zeigt sich dann,
302		man muss einfach nur ein bisschen kreativ und offen sein und sich
303		inspirieren lassen.
304	A	Und da spielen Influencer schon eine wichtige Rolle, dass man sagen
305		kann, ja, die sind eine gute Quelle für Inspiration und vielleicht auch
306		ein bisschen Wissen?
307	B	Ja absolut. Auch gerade, weil sie so dieses Persönliche haben, wie so
308		ein Freund oder eine Freundin, die einem mit Rat zur Seite stehen
309		denke ich, dass das besser ist als irgendein Arzt, der einem sagt, was
310		man noch essen kann.
311	A	Okay super, das war es auch schon. Vielen Dank für das Interview und
312		Ihre Zeit!
313	B	Ich danke auch, es hat Spaß gemacht, mal so ein bisschen zu reflektie-
314		ren und über einige Dinge so richtig mal nachzudenken.

Rezipientin 2

Zeile	Sprecher	Text
1	A	Dann legen wir mal los, die erste Frage lautet ‚Wie lange sind Sie be-
2		reits auf Instagram angemeldet?
3	B	Ehm, ich glaube mittlerweile seit sieben Jahren. Ich habe mich 2012
4		angemeldet, da war ich in der zehnten Klasse.
5	A	Wie viel Zeit verbringen Sie durchschnittlich am Tag mit dem Konsum
6		der Inhalte von Influencer-Inhalten auf Instagram?
7	B	Ehm, das ist unterschiedlich, also meistens ist es eigentlich so, dass ich
8		morgens schaue, was es so Neues gibt. Also nur ganz kurz, so fünf
9		Minuten. Und dann tagsüber nochmal so zehn bis fünfzehn Minuten
10		und abends nochmal etwas intensiver, manchmal zehn Minuten,
11		manchmal länger, je nachdem, wie viele neue Beiträge es gibt.
12	A	Gibt es einen Unterschied zwischen Wochentagen und Wochenende?
13	B	Also ich glaube, der größte Unterschied bei mir ist zwischen Stress-
14		und Ruhephasen. Also wenn ich wirklich Stress habe, wie. z.B. bedingt
15		durch meine Bachelorarbeit, Stress auf der Arbeit oder in der Uni, dann
16		natürlich weniger. Wenn es ruhiger ist, mache ich das ganz gerne zum
17		Entspannen und um zu schauen, was es so Neues bei anderen Leuten
18		gibt und um mich inspirieren zu lassen, weil ich das Gefühl habe, dass
19		man selbst auch mehr Zeit hat, kreativ zu sein. Und ansonsten versu-
20		che ich gerade, meine Wochenenden so handyfrei wie möglich zu ver-
21		bringen. Das funktioniert tagsüber ganz gut, wenn ich selbst was unter-
22		nehme, abends schaue ich dann aber doch wieder durch, also vielleicht
23		da dann nur so zehn Minuten. Unter der Woche auf der Arbeit, wenn
24		mir langweilig ist oder ich das Gefühl habe, man muss was anderes
25		zwischendurch machen und man einfach mal nur passiv sein möchte…
26	A	Ah okay, und wie lange ist das so in etwa pro Tag?
27	B	Ich denke (-) ein bisschen weniger als eine Stunde, so eine halbe bis
28		dreiviertel Stunde am Tag vielleicht…
29	A	Okay, und wieviel Prozent der Personen, die Sie abonniert haben, tei-
30		len Inhalte über die Themen Veganismus oder Ernährung?
31	B	(--) Eeeehm, also, abgesehen von meinen Freunden so 70% der Leute,
32		die ich abonniert habe. Ich finde das Thema selbst sehr spannend und
33		deshalb versuche ich gerade, mich da mehr mit auseinander zu setzen.
34		Deshalb denke ich, das hat in letzter Zeit schon sehr zugenommen, al-

35		so die Zeit, die ich auf Instagram verbringe.
36	A	Teilen die Leute dann Inhalte über Veganismus oder auch Ernährung
37		generell?
38	B	(--) Ehm, ich glaube eher generell Ernährung, in Teilen auch Veganis-
39		mus, aber auch Ayurveda oder auch allgemein das Thema bewusste
40		Ernährung.
41	A	Wie viele von diesen 70%, die über Ernährung bloggen, teilen veganes
42		Essen?
43	B	Vielleicht ein bisschen mehr als die Hälfte...
44	A	Okay. Aus welchen Gründen haben Sie diese veganen Influencer
45		abonniert?
46	B	Ehm, weil ich einfach das Thema Veganismus sehr interessant finde
47		und vor allem spannend finde, wie man sich auf kreative Weise vegan
48		ernähren kann und ich glaube, so bis vor zwei bis drei Jahren, da
49		waren das nur so die Pflanzenesser, das kriege ich auch jetzt manch-
50		mal von meinem Freund zu hören, wenn ich mir etwas Veganes zu
51		essen mache oder ihm sage, dass ich mich eigentlich echt gerne durch-
52		gängig vegan ernähren würde... Ich finde das richtig interessant, was
53		es da alles für Möglichkeiten heutzutage gibt und dadurch werde ich
54		auch irgendwie selber dazu inspiriert, neue Gerichte zusammenzu -
55		stellen oder einfach mal etwas Neues auszuprobieren. Und wenn man
56		selber gerade unkreativ ist, dann kann man auf Instagram immer
57		schauen, was andere so machen und sich da dann inspirieren lassen.
58	A	Und Sie selber würden sich gerne vegan ernähren, aber können es
59		noch nicht so richtig wegen Ihres Freundes oder...?
60	B	Ehm, also, ich habe mir jetzt eigentlich vorgenommen, sobald ich mit
61		meiner Bachelorarbeit fertig bin, einfach wirklich mal zu versuchen,
62		für eine Weile konsequent vegan zu leben. Ich habe schon eine Zeit
63		lang vegetarisch gelebt und mache inzwischen so ein Teilzeit-Vegeta-
64		rier-Ding, also ich esse ab und zu noch Fisch, an Fleisch schmeckt mir
65		das meiste einfach nicht, deshalb esse ich das sowieso von Natur aus
66		eher wenig und von daher bin ich jetzt so an dem Punkt, dass ich ge-
67		merkt habe, dass ich das wirklich mehr ausprobieren möchte und he-
68		rausfinden möchte, ob es in meinem Leben einen Unterschied macht,
69		ob ich mich dadurch besser fühle, weil ich überall auf Instagram lese,
70		dass viele diese Erfahrung gemacht haben, dass sie plötzlich mehr

71		Energie hatten und angefangen haben, sich ausgeglichener zu fühlen
72		und ich denke, das ist einfach ein sehr positives Lebensgefühl und
73		deshalb möchte ich das auch gerne für mich ausprobieren.
74	A	Okay. Wie fühlen Sie sich während und nach der Konsumierung der
75		Inhalte, und welche Gedanken kommen Ihnen währenddessen und
76		danach?
77	B	Ehm, also ich finde es immer sehr kreativ und fühle mich dadurch an-
78		gespornt, mir selbst so ein kreatives, gesundes Essen zu machen, weil
79		das für mich einfach so einen positiven, erfrischenden Einfluss hat,
80		wenn ich so eine schöne Smoothiebowl oder so sehe, dann habe ich
81		direkt Lust auf etwas Frisches und Gesundes und freue mich dann auch
82		irgendwie total, mir etwas Schönes zu Essen zu machen. So im norma-
83		len Alltag, wenn es etwas stressiger wird, nimmt man sich eigentlich
84		kaum die Zeit, darüber nachzudenken, was man so isst, zumindest bei
85		mir ist das oft so, und wenn ich dann so aktiv diese Gerichte sehe,
86		dann denke ich mir so, dass es ja eigentlich ganz leicht ist und man gar
87		nicht so unfassbar viel Zeit dafür aufwenden muss, um sich etwas
88		Gesundes und Leckeres zu essen zu machen, und fühle mich dann
89		einfach viel mehr inspiriert und motiviert, so etwas in meinen Alltag
90		einzubauen und mich da viel bewusster mit auseinander zu setzen und
91		gesund und gut zu essen.
92	A	Welche Gedanken kommen Ihnen während des Konsums oder nach
93		dem Konsum der Inhalte?
94	B	Dass ich eigentlich meistens irgendwie viel zu faul bin, mich wirklich
95		aktiv um mein Essen zu kümmern. Da vergleicht man ja schon und an-
96		dere nehmen sich da auch die Zeit für. Das ist dann einfach eine Sache
97		der Prioritäten und der Ausführung. Motivation habe ich auf jeden
98		Fall. Man kann aus einfachen Lebensmitteln so viele leckere Sachen
99		zaubern und so viel Zeit braucht es ja auch nicht, gesund und gut zu
100		essen. Das denkt man immer, aber so viel Vorbereitung ist es ja doch
101		nicht, so schwer ist es nicht und das Meiste hat man ja eh zuhause
102		schon da. Da stoppt man sich glaube ich selbst, wenn man sich einre-
103		det, dass der Aufwand so groß ist. Da fehlt mir selbst auch glaube ich
104		einfach das Bewusstsein und diese Erinnerung, hey, es ist doch eigent-
105		lich gar nicht so schwierig und aufwendig.
106	A	Okay. Und aus welchen Gründen beschäftigen Sie sich mit den Themen

107		Veganismus und Ernährung?
108	B	Weil ich denke, dass die Ernährung einen großen Einfluss auf uns als
109		Menschen und auf unser Wohlbefinden hat. Es gibt ja auch so diesen
110		Spruch ‚Man ist, was man isst' und ich denke, es ist wichtig, sich be-
111		wusst und gesund zu ernähren, weil ich auch einfach das Gefühl habe,
112		dass ich mich, wenn ich mich besser ernähre, auch besser fühle. Ir-
113		gendwie viel positiver und energetischer, als wenn ich Fast Food esse
114		oder so. Man fühlt sich wohler und hat auch einfach ein ganz anderes
115		Lebensgefühl.
116	A	Okay. Beschäftigen Sie sich, seitdem Sie vegane Influencer abonniert
117		haben, verstärkt mit den Themen Veganismus, Ernährung und Gesund-
118		heit?
119	B	(--) Ja, definitiv, also, es hat eigentlich damit angefangen, dass ich an
120		einem Punkt war, wo ich mir gesagt habe, okay, ich muss irgendwie
121		aus diesem normalen Alltagstrott rauskommen. Mich hat das irgend-
123		wie gestört, dass ich einfach nur noch für Uni und Arbeit gelebt habe.
124		Ich meine, ich bin so jung und habe noch mein ganzes Leben vor mir,
125		und da habe ich mir gedacht, das kann doch nicht alles sein... Ich gehe
126		zur Uni und Arbeit, falle abends müde ins Bett und das ist dann mein
127		Tag, jeden Tag. Und da wollte ich mir einfach etwas im Alltag schaffen,
128		was mir irgendwie Abwechslung gibt und einen Ausgleich schafft.
129		Früher war das die Musik, aber dann bin ich viel umgezogen und hatte
130		meine Instrumente nicht bei mir, da brauchte ich dann etwas Anderes.
131		Da habe ich dann eine Zeit lang viel Sport gemacht und habe dann ge-
132		merkt, wenn ich da Erfolge sehen möchte, muss ich auch an meiner
133		Ernährung etwas ändern und das dementsprechend anpassen. Da habe
134		ich dann angefangen, mich mit dem Thema Ernährung zu beschäftigen
135		und habe mich auf Instagram mit Influencern, die sich mit Essen und
136		eben auch veganem Essen beschäftigen, intensiv auseinander gesetzt
137		und geschaut, was die so machen, wie die mit dem Thema umgehen
138		und ob es irgendwelche Punkte gibt, die ich gerne in meinen eigenen
139		Alltag integrieren möchte. Und das hat sich definitiv auf mein Leben
140		ausgewirkt. Ich habe auch dadurch erst angefangen, aktiv darüber
141		nachzudenken, mich selbst vegan zu ernähren und zu schauen, wie
142		sich das auf mein Leben auswirkt. Deswegen denke ich schon, ja, der
143		Konsum hat da einen großen Einfluss.

144	A	Okay, und wie groß ist Ihr Vertrauen in die veganen Influencer, die Sie
145		abonniert haben und die Inhalte, die sie teilen?
146	B	Ehm, ich folge grundsätzlich eigentlich nur Leuten, die ich persönlich
147		für sehr vertrauenswürdig halte, also die auch einfach versuchen, im
148		Internet genau die Person zu sein, die sie auch in Wirklichkeit sind, die
149		sich nicht verfälschen und natürlich sind und von daher habe ich da
150		eigentlich schon ein relativ großes Vertrauen.
151	A	Lassen Sie sich manchmal von deren Meinungen und Inhalten beein-
152		flussen bzw. überzeugen?
153	B	Beeinflussen insofern auf jeden Fall, als dass ich verstärkt über das
154		Thema nachdenke und mir viel mehr Gedanken darüber mache, was
155		ich in meinen Einkaufskorb lege, wenn ich einkaufen gehe. Was be-
156		stimmte Marken oder so betrifft, bin ich manchmal noch etwas skep-
157		tisch, weil ich Dinge immer selbst ausprobieren und mich selbst davon
158		überzeugen möchte, dass sie gut sind. Also da lasse ich mich weniger
159		überzeugen.
160	A	Was für Marken genau?
161	B	Essensmarken aber auch vegane Kosmetikprodukte, Accessoires oder
162		so. Klar finde ich es cool, wenn Sachen vorgestellt werden, aber ich
163		würde nicht direkt losrennen und das Produkt kaufen. Ich möchte
164		immer selbst ausprobieren, was zu mir passt. Ich schaue dann immer
165		rum und informiere mich selber, was es noch so für Produkte gibt,
166		aber was Rezepte betrifft, auf jeden Fall. Und auch so in den Bereichen
167		achtsam und bewusst leben, vegan ernähren und all das, definitiv. Das
168		beschäftigt mich in letzter Zeit sehr stark. Ich habe schon das Gefühl,
169		da wird ein großer Einfluss auf mich ausgeübt.
170	A	Okay, und inwiefern fühlen Sie sich beeinflusst?
171	B	Einfach insofern, als dass ich viel inspirierter und motivierter bin, ge-
172		sünder und bewusster zu essen. Ich habe dann viel mehr Lust, Rezepte
173		auszuprobieren oder etwas Eigenes zu kreieren, etwas Schönes einkau-
174		fen zu gehen und zu überlegen, was ich daraus zaubern kann. Ich be-
175		schäftige mich viel mehr damit, was mich ausmacht und wie ich mein
176		Leben oder meinen Alltag verbessern kann, um mich besser zu fühlen.
177		Da spielen Ernährung und Achtsamkeit natürlich mit rein.
178	A	Wie sehr fühlen Sie sich Laura Grosch verbunden?
179	B	(-) Das ist eine gute Frage. Also ich finde, es gibt viele Influencer, die

180		einen positiv im Alltag beeinflussen, aber ich weiß nicht, inwiefern man
181		sagen kann, dass da eine Verbundenheit besteht... Verbunden fühle
182		ich mich mit Laura persönlich nicht, weil ich sie als Menschen zu wenig
183		kenne. Ich finde, wenn man jetzt in einen regelmäßigen Austausch mit
184		einem Influencer gerät, dann entsteht sicherlich ein positives Gefühl
185		oder ein enges Vertrauensverhältnis, vielleicht sogar eine Art Freund-
186		schaft... Laura folge ich gerne und ich mag auch ihre Beiträge sehr,
187		aber habe mit ihr noch nie geschrieben. Ich finde sie als Person aber
188		sehr inspirierend, weil sie einfach einen Lebensstil führt, den ich sehr
189		bewundere und den ich selbst anstrebe, zu führen... Das beneide ich
190		schon, aber in einem positiven Sinne... Ich bewundere halt, dass sie das
191		Leben führt, dass sie gerne leben möchte und ich finde es auch super
192		inspirierend, wenn sie wieder irgendwo auf Reisen geht und über das
193		Essen da berichtet, wie jetzt zuletzt, als sie auf Bali war... Da denke ich
194		mir dann immer so, das würde ich jetzt auch gerne probieren, das
195		sieht richtig gut aus... Ihre Erfahrungen und Gerichte inspirieren mich
196		schon sehr, inwieweit ich mich ihr verbunden fühle, kann ich nicht so
197			sagen.
198	A	Okay. Hat die Anzahl der Likes, Kommentare oder Follower einen Ein-
199		fluss darauf, inwieweit Sie Laura vertrauen?
200	B	Nein, ich glaube nicht, ich folge nur Personen auf Instagram, die ich
201		interessant und authentisch finde, die mich mit ihrer Persönlichkeit
202		überzeugen und bei denen ich das Gefühl habe, dass das Menschen
203		sind, die mich und meinen Alltag positiv beeinflussen können und die
204		mich dazu inspirieren und motivieren, meinen Alltag anders, hoffent-
205		lich besser zu gestalten.
206	A	Haben Sie über Laura Groschs Account schon einmal Kontakt zu ande-
207		ren Instagram-Nutzern aufgebaut, die sich schon vegan ernähren oder
208		es gerne möchten?
209	B	Nein, bisher nicht...
210	A	Okay. Wie groß ist die Bedeutung, die Sie Ihrer eigenen körperlichen
211		Gesundheit beimessen?
212	B	Mittlerweile immer größer, weil ich denke, dass Menschen ihrem Kör-
213		per viel zu wenig Beachtung schenken und jetzt so ein Punkt gekom-
214		men ist, wo all unsere Bedürfnisse gedeckt sind und es geht eigentlich
215		nur noch darum, den obersten Punkt der Bedürfnispyramide, die

216		Selbstverwirklichung, zu erfüllen. Und dabei spielt Ernährung meiner
217		Meinung nach eine wichtige Rolle, weil wir uns durchaus bewusst er-
218		nähren können und alle Möglichkeiten haben. Wir können entschei-
219		den, wann wir was wie essen und ich denke, darum ist es ein wichtiges
220		Thema.
221	A	Okay, und hat sich diese Bedeutung im Laufe der Zeit verändert, d.h.,
222		ist Ihnen Ihre körperliche Gesundheit und eine ausgewogene Ernäh-
223		rung im Allgemeinen durch den Konsum der Inhalte von veganen In-
224		fluencern wichtiger geworden?
225	B	Ich kann nicht hundertprozentig sagen, dass das nur durch die Influen-
226		cer so gekommen ist, dass ich dem heute eine größere Bedeutung bei-
227		messe, sondern auch dadurch, dass man, wenn man älter wird, mehr
228		über verschiedene Dinge nachdenkt und sich tiefgehender mit Themen
229		beschäftigt… von daher denke ich, die Inhalte waren eher so der letzte
230		Auslöser, der mich dazu gebracht hat zu sagen, okay, ich möchte etwas
231		in meinem Leben verändern und verbessern, um mich wohler zu füh-
232		len und besser zu fühlen und dann fängt man natürlich auch an, da-
233		nach zu schauen, wer einem bei dem Thema weiterhelfen kann und da
234		vielleicht schon Erfahrungen mit gemacht hat. Da spielen Influencer
235		natürlich eine große Rolle. Der Auslöser, dass ich gesagt habe, ich
236		möchte das jetzt versuchen und eine Zeit lang vegan leben, um zu
237		schauen, wie sich das auf mich und mein Wohlbefinden auswirkt, ich
238		denke, dass ist zum größten Teil Influencern auch geschuldet, weil ich
239		mich dadurch wirklich aktiv damit auseinandergesetzt habe und ge-
240		merkt habe, was für positive Erfahrungen andere mit diesem Lebens-
241		stil gemacht haben und ich mir dann denke, warum sollte ich das nicht
242		auch probieren und in mein eigenes Leben integrieren.
243	A	Wie groß war die Bedeutung, die Sie Ihrer eigenen Gesundheit beige-
244		messen haben, bevor sie angefangen haben, veganen Influencern auf
245		Instagram zu folgen, die Ihr Essen teilen?
246	B	Ehm, also, bevor ich mich so richtig mit dem Thema befasst habe, rela-
247		tiv gering. Als ich noch zur Schule gegangen bin, war ich ja noch davon
248		abhängig, was es zuhause so zu Essen gab und habe mich auch weniger
249		mit dem Thema beschäftigt. Dann fing es irgendwann damit an, dass
250		in meinem Freundeskreis einige damit begonnen haben, sich vegan zu
251		ernähren und ich mich dann auch mehr mit dem Thema beschäftigt

252		habe, mir aber noch so dachte, sollen sie machen, betrifft mich jetzt
253		aber eher weniger, und im Laufe der Zeit habe ich mehr darüber nach-
254		gedacht, was ich eigentlich so jeden Tag esse. Als ich dann angefangen
255		habe, in WG's zu wohnen während meines Studiums und dann auch
256		mich allein gekocht habe und mehr darüber nachgedacht habe, was
257		ich einkaufe und warum ich es kaufe. Also ob es wegen des Preises ist,
258		weil etwas grad günstig im Angebot ist, oder weil es gut für mich ist
259		und ich das wirklich essen möchte. Als ich mein Kaufverhalten dann
260		hinterfragt und mich mehr für das Thema interessiert habe, da hat
261		sich das dann gesteigert und so ganz intensiv ist es seit fast anderthalb
262		Jahren. Da war ich in Brasilien und habe da echt viele Früchte ge-
263		gessen, das war so mein Paradies, das war so lecker und gesund und
264		ich habe mich so gut gefühlt. Als ich dann nach Deutschland zurück
265		kam, wollte ich meine guten Gewohnheiten nicht wieder fallen lassen,
266		aber hier gibt es ja nicht diese große Auswahl an Früchten, das meiste
267		ist importiert und muss nachreifen, hat nicht so eine gute Qualität und
268		deshalb habe ich dann darüber nachgedacht, wie ich hier gesundes
269		Essen in meinen Alltag einbauen kann. Ich wollte mich hier so ernähren
270		wie da, und das irgendwie anpassen. Dadurch hat sich schlagartig ganz
271		viel bei mir verändert, sodass ich mich dann wirklich intensiv mit dem
272		Thema befasst habe.
273	A	Was hat sich im Laufe der Zeit konkret verändert und welchen Anteil
274		messen Sie dem Konsum der Inhalte von veganen Influencern an die-
275		ser Veränderung bei?
276	B	Es hat sich verändert, dass ich meinen Konsum nicht mehr nur infrage
277		gestellt habe, sondern auch die Motivation hinzukam, aktiv etwas zu
278		ändern und tätig zu werden. Ich habe versucht, bewusster einzukaufen
279		und da kam dann die Entscheidung hinzu, den Schritt zum Veganismus
280		wagen zu wollen. Das ist definitiv Influencern geschuldet, ich glaube
281		nicht, dass das sonst zustande gekommen wäre. Es kommen halt
282		mehrere Einflussfaktoren zusammen... man beschäftigt sich selbst
283		schon vorher intensiv mit dem Thema, dann sieht man, wie andere es
284		machen und deshalb würde ich sagen Eigenmotivation und Interesse
285		gepaart mit der Inspiration auf Instagram. Ich denke, am Anfang lag
286		die Eigeninitiative so bei 40 Prozent und dann kam der Einfluss von
287		außen hinzu, der mich noch mehr zum Nachdenken angeregt hat und

288		jetzt bin ich an dem Punkt, dass ich sagen kann, ich möchte aktiv wer-
289		den und es sind 70 Prozent Eigeninitiative und der Rest ist Inspiration,
290		um eine Art Anleitung zu haben. Aber ohne Eigenmotivation funktio-
291		niert es nicht.
292	A	Okay. Wie pflanzenbasiert ist Ihre Ernährung bisher? Ernähren Sie sich
293		ab und zu schon jetzt vegan, und wenn ja, wie häufig?
294	B	Mittlerweile fast grundlegend vegetarisch und vegan eher unbewusst.
295		Es gibt viele Tage, an denen ich grundsätzlich viel Obst und Gemüse
296		esse, besonders im Sommer immer eine Zeit lang... Ich würde sagen,
297		50 Prozent der Zeit ernähre ich mich bereits vegan und ansonsten
298		größtenteils vegetarisch, durch den Einfluss von meinem Freund dann
299		auch mal ein Stück Fisch, wobei ich mittlerweile versuche zu sagen, er
300		soll das essen und ich esse alles andere. Es hat sich schon extrem ver-
301		ändert in den letzten Jahren. Ich habe einfach gemerkt, ich brauche
302		kein Fleisch oder keinen Fisch, und dann brauche ich das auch nicht
303		wegen anderen essen.
304	A	Tendieren Sie dazu, Ihre eigene Gesundheit und Ernährungsweise mit
305		der von den veganen Influencern, die Sie abonniert haben, zu verglei-
306		chen?
307	B	Ja definitiv, ich beschäftige mich mittlerweile fast so viel mit dem
308		Thema wie die Leute, die ich abonniert habe, aber frage mich dann,
309		wie ich das Ganze selbst bei mir integrieren und so abwandeln kann,
310		dass es für mich in meinem Alltag umsetzbar ist und passt. Ich frage
311		mich bei allem aber auch, ob das wirklich etwas ist, was ich möchte
312		und brauche. Ich schaue auch immer, was ich gerne machen würde
313		und inwieweit ich bereit bin, so weit zu gehen. Das Schlimmste, was
314		passieren kann, ist ja eigentlich, dass ich es nicht ganz so hinbekomme,
315		wie ich es möchte. Laura hat zum Beispiel auch letztens so verschiede-
316		ne vegane Nudelarten gezeigt und da dachte ich mir auch, wow, was
317		für eine große Vielfalt, so etwas gab es vor ein paar Jahren noch gar
318		nicht. Das würde ich super gerne mal ausprobieren, das klingt echt gut.
319	A	Haben Sie das Gefühl, dass es für Ihre Gesundheit und Ihr Wohlbefin-
320		den förderlich wäre, sich genauso zu ernähren, wie die veganen Influ-
321		encer? Bitte nennen Sie Gründe dafür oder dagegen.
322	B	Ja, ich denke, dass es gut für mich wäre, weil eine pflanzenbasierte
323		Ernährung für Körper und Geist gut ist. Wir ziehen die meiste Energie

324		aus Pflanzen, und den Rest essen wir eigentlich nur aus Gewohnheit,
325		weil unsere Eltern das machen und Menschen das schon immer so ge-
326		macht haben. Das ist Gewohnheit und die sollte man hinterfragen. Ich
327		möchte auf diesen ganzen künstlichen Sachen verzichten und nur
328		essen, was mein Körper braucht, anstatt mich diesem Überfluss hinzu-
329		geben.
330	A	Wie zufrieden sind Sie mit Ihrer derzeitigen Ernährung? Wo sehen Sie
331		Verbesserungsbedarf?
332	B	Verbesserungsbedarf sehe ich definitiv noch in Stressphasen, weil ich
333		da häufig nicht darüber nachdenke, was ich esse, weil es schnell gehen
334		muss, was echt schade ist. Eigentlich ist es ja nicht so schwer, gesund
335		zu essen und das kann auch schnell gehen, das ist aber wie so eine
336		Blockade im Kopf, die sich noch nicht umgestellt hat, sodass man
337		denkt, es dauert zu lange. Da ärgere ich mich immer drüber. Aber ich
338		frage mich dann im Nachhinein auch immer, ob es jetzt so notwendig
339		war, während der Arbeitens am Computer noch zu naschen... Das
340		würde ich definitiv gerne noch ändern. Im normalen Alltag bin ich so
341		zu 50 bis 60 Prozent zufrieden, ich setze noch nicht alles um, was ich
342		gerne würde. Ich möchte mehr planen, was ich esse und nicht nur auf
343		die Schnelle was machen. Abends habe ich manchmal keine Lust, mich
344		hinzustellen und was zu kochen, wenn ich spät von der Uni oder Arbeit
345		komme. Vorkochen wäre eine gute Idee, aber für mich alleine habe
346		ich da nie so die Motivation für. Ich denke, es wäre für mich gut, ge-
347		meinsam mit anderen zu kochen, anstatt sich mit Freunden nur eine
348		Pizza zu bestellen, weil es grad schnell gehen soll und man zu faul ist.
349		Ich möchte da eigentlich viel mehr die Initiative ergreifen und meine
350		Freunde fragen, ob die da Lust darauf hätten, frisch und gesund zusam-
351		men zu kochen, man hat viel mehr Spaß und im besten Fall bleibt so-
352		gar noch etwas für den nächsten Tag übrig, was man mit auf die Arbeit
353		nehmen kann oder dann abends schnell warm macht. Das wäre echt
354		toll, das so mit anderen zu teilen.
355	A	Ja, stimmt. Und ändert sich Ihre Wahrnehmung, was Ihre eigene Er-
356		nährung angeht, nachdem Sie Zeit auf Instagram verbracht haben?
357	B	Ganz oft denke ich mir, dass mein Essen total uninspirierend und lang-
358		weilig ist, auch wenn ich ja nur so esse, weil ich möchte, dass es schnell
359		geht, aber es wird besser momentan und ich habe mehr Motivation,

360		mein eigenes Essen ansprechender zu gestalten, auch ästhetisch ge-
361		sehen. Essen soll ja schön sein und wenn man bewusst isst, dann kocht
362		man nicht nur gesund, weil es gut für einen ist, sondern weil man z.B.
363		Gemüse auch wirklich gerne mag und weiß, wie man es lecker zuberei-
364		ten kann. Ich achte jetzt aber auch viel mehr auf Zuckwerte, weil in so
365		vielen Lebensmitteln, die abgepackt sind, versteckter Zucker enthalten
366		ist und den Faktor habe ich jahrelang gar nicht bedacht. Jetzt lese ich
367		im Supermarkt viel häufiger Zutatenlisten und frage mich, ob das, was
368		ein Produkt enthält, wirklich gut für mich ist. Ich möchte keine Chemi-
369		kalien und Zusatzstoffe zu mir nehmen. Ich achte jetzt viel stärker da-
370		rauf, was ich meinem Körper zuführe und nehme Dinge, die ich früher
371		gerne und regelmäßig gegessen habe, jetzt als ungesund und unnötig
372		wahr. Ich möchte mich energetischer fühlen, und die veganen Influen-
373		cer teilen ja häufig, dass sie sich so fühlen, das strebe ich auch an.
374		Weil ich da reflektiert habe, wie ich mich mit meiner eigenen Ernäh-
375		rung so fühle, ernähre ich mich jetzt viel pflanzenbasierter und achte
376		mehr darauf, was ich esse.
377	A	Wovon hängt diese Beeinflussung ab? Gibt es da bestimmte Faktoren?
378	B	Ja, zum einen, dass ich mich von mir aus sehr stark mit dem Thema be-
379		schäftige, aber auch, wenn man dann sieht, was andere so machen
380		und welche Resultate sie damit erzielen, dass sie sich wohl damit füh-
381		len und zwar so sehr, dass sie das mit anderen Menschen teilen, das
382		gibt einem noch mehr Ansporn.
383	A	Okay. Bitte nennen Sie drei Faktoren, die Sie in Ihrer Ernährungsweise
384		grundsätzlich beeinflussen.
385	B	Zum einen meine Eigenmotivation, dann der Zeitfaktor und der soziale
386		Faktor, weil ich viel schaue, was Menschen in meinem Umfeld wie Fa-
387		milie und Freunde machen und ob das zusammenpasst. Hinzu kommt
388		dann noch zusätzlich der Einfluss von Influencern, aber auch erst an
389		vierter Stelle. Auch Blogs und Facebook-Gruppen sind ein Faktor.
390	A	Und haben Sie schon einmal Rezepte von veganen Influencern nachge-
391		kocht? Wenn ja, wie häufig und warum?
392	B	Eher unregelmäßig, aber wenn, dann, weil ich mich dazu inspiriert ge-
393		fühlt habe, es nachzukochen, meist in einer abgewandelten Form.
394		Laura macht ja zum Beispiel immer diese schön dekorierten Smoothie-
395		bowls mit irgendwelchen Blüten oben drauf. Dafür nehme ich mir dann

396		keine Zeit, aber ich mache mir dann trotzdem eine Smoothiebowl, nur
397		vielleicht nicht ganz so schön angerichtet. Eine Zeit lang habe ich so ein
398		bis zweimal wöchentlich Rezepte nachgemacht, aber das kommt immer
399		mer auf den Zeitfaktor an. Momentan eher weniger... aber dann trotz-
400		dem etwas Gesundes. Ich würde mir halt wünschen, dass mein Freund
401		und ich so etwas auch einmal zusammen machen könnten, weil ich
402		mich dann viel mehr bestärkt und darin unterstützt fühlen würde...
403		Ich würde mich gerne zu hundert Prozent pflanzenbasiert ernähren,
404		inwieweit sich das dann umsetzen lässt, wird sich noch zeigen.
405	A	Inwieweit stimmen Sie der Aussage zu, dass die vegane Ernährung die
406		für den Menschen gesündeste Lebensweise darstellt?
407	B	Mhhh, so etwa zu 80 Prozent. Ich denke, dass man viel pflanzenbasiert
408		essen sollte, bei den Milchprodukten bin ich mir nicht zu hundert Pro-
409		zent sicher, weil in Milch ja viel Kalzium für den Knochenaufbau ent-
410		halten sein soll, aber selbst das kann man ja bestimmt ersetzen... Es
411		gibt bei mir noch einige offene Fragen und manchmal glaube ich, man
412		braucht noch einen pflanzlichen Ersatz, um es auch wirklich vernünftig
413		umsetzen zu können. Zumindest ist das bei mir so.
414	A	Und haben Sie einen veganen Influencer schon einmal kontaktiert oder
415		um Rat gefragt? Haben Sie sich über ein bestimmtes Thema, das Sie
416		interessiert hat, schon einmal näher informiert?
417	B	Also über Ernährung ja, definitiv. Als z.B. Ernährungskapseln eine Zeit
418		lang im Gespräch waren, die alle möglichen Nährstoffe liefern und be-
419		stimmte Lebensmittel ersetzen sollen, als gebündelte Energiebombe,
420		da habe ich das schon hinterfragt und recherchiert, weil ich nicht ver-
421		standen habe, warum einige Menschen in meinem Umfeld plötzlich
422		eine Kapsel nehmen, die Obst ersetzen sollen, anstatt einfach einen
423		Apfel zu essen... Im Freundeskreis habe ich dann aber auch im Bezug
424		auf vegane Rezepte oder Produkte nachgefragt, das online oder bei
425		Influencern jetzt eher weniger... Laura habe ich einmal gefragt, wo sie
426		ihr Acai-Pulver bestellt hat, weil ich das interessant fand und auch ger-
427		ne einmal ausprobieren wollte, aber jetzt nicht im Hinblick auf ein be-
428		stimmtes Thema. Wenn ich mich selbst für ein Produkt interessiere,
429		dann frage ich nach, aber ansonsten eher extern, dass ich auch im In-
430		ternet recherchiere, Freunde frage und so Informationen sammle und
431		vergleiche...

432	A	Und wie hilfreich schätzen Sie die Instagram-Accounts von Influencern
433		für Menschen ein, die sich gerne pflanzenbasierter ernähren möch-
434		ten?
435	B	Ich denke, sehr sehr wichtig. Für mich sind solche Accounts sehr inspi-
436		rierend und motivierend. Ich denke, es gibt ganz viele Menschen, die
437		gerne etwas in ihrem Leben verändern und sich gerne pflanzenbasier-
438		ter ernähren möchten aber keine Ahnung haben, wo sie ansetzen
439		sollen oder die den letzten Schub an Zuspruch brauchen. Aber auch
440		für Menschen wie mich, die erst Vorurteile gegenüber der veganen
441		Ernährung hatten wie z.B., dass das alles so teuer und aufwendig ist.
442		Da haben mir Influencer ganz klar gezeigt, dass das nicht so sein muss.
443		Man kann sich viel Mühe geben, sein Essen aufwendig dekorieren oder
444		teure Ersatzprodukte kaufen, aber das muss man nicht. Es geht auch
445		ohne. Sie beantworten die Frage, was man als Veganer noch essen
446		kann und Rezeptinspiration brauchen. Das macht total Lust auf diesen
447		Lifestyle, wenn man solche tollen Bilder sieht. Und ich denke, die sind
448		für viele auch der letzte ausschlaggebende Grund, die erst nur darü-
449		ber nachgedacht haben, sich so zu ernähren, bei denen es aber an der
450		Motivation oder Umsetzung gescheitert ist. Aber vielleicht auch für
451		Menschen, die davon noch nie so wirklich gehört oder sich näher mit
452		dem Thema auseinandergesetzt haben und da neugierig gemacht wer-
453		den.
454	A	Alles klar, dann ganz, ganz herzlichen Dank für das Interview, die aus-
455		führlichen Antworten und Ihre Zeit.
456	B	Sehr gerne, es hat Spaß gemacht, über das Thema zu reden und für
457		sich selbst auch nochmal zu reflektieren. Da wird man sich über echt
458		vieles klar, wenn man so intensiv darüber redet.

Rezipientin 3

Zeile	Sprecher	Text
1	A	Dann legen wir mal los, die erste Frage lautet ‚Wie lange sind Sie be-
2		reits auf Instagram angemeldet?
3	B	Gute Frage ((lacht)). Anderthalb bis zwei Jahre, schätze ich.
4	A	Okay. Wie viel Zeit verbringen Sie durchschnittlich am Tag mit dem
5		Konsum von Influencer-Inhalten auf Instagram?
6	B	Eeehm (-). So zwei bis drei Stunden schon. Mal mehr, mal weniger, je
7		nachdem.
8	A	Wovon hängt das ab?
9	B	Wie der Tag so verplant ist. Wenn ich den ganzen Tag arbeite, dann
10		weniger, wenn ich frei habe, bin ich ständig online. Wenn ich mit
11		Freunden unterwegs bin, auch eher weniger. Wenn ich nichts zu tun
12		habe, dann viel.
13	A	Okay. Wie viel Prozent der Personen, die Sie dort abonniert haben,
14		teilen Inhalte über die Themen Veganismus und Ernährung?
15	B	Mehr als die Hälfte, ich könnt's jetzt nicht hundertprozentig sagen,
16		aber definitiv mehr als die Hälfte. Ich würde sagen, dass ungefähr 75
17		Prozent sich mit Ernährung befassen und 65 Prozent vegan. Es ist ein
18		bisschen weniger vegan als Ernährung, aber Ernährung ist ein großer
19		Teil.
20	A	Alles klar. Aus welchen Gründen haben Sie diese Influencer abonniert?
21	B	Durch Verknüpfung. Ich folge häufig Leuten, denen all die folgen, die
22		ich selbst abonniert habe. Ich bin mit vielen auch in Kontakt, auch über
23		eine Whats App Gruppe, in der ganz viele Veganer sind. Da knüpfe ich
24		ständig neue Kontakte, weil das eine große Community ist.
25	A	Ahja, okay. Und wie fühlen Sie sich während und nach der Konsumie-
26		rung der Inhalte?
27	B	Meistens denke ich mir ‚mhh, lecker', dann denke ich mir ‚ich will
28		auch', also ist schon ein sehr gutes Gefühl dabei.
29	A	Und welche Gedanken kommen Ihnen während und nach dem Konsum
30		der Inhalte?
31	B	Ich finde es meistens faszinierend, was man machen kann. Das ist so
32		der vorherrschende Grundgedanke, den ich habe. Einfach zu sehen,
33		was alles möglich ist, weil so viele meinen, diese Ernährungsform wäre
34		einseitig, und das ist sie eben überhaupt nicht. Und auch zu sehen, wie

35		schön man Essen auch anrichten kann ((lacht)).
36	A	Aus welchen Gründen beschäftigen Sie sich mit den Themen Veganis-
37		mus und Ernährung?
38	B	In erster Linie durch den Leistungssport, den ich betreibe. Aber ich bin
39		auch laktoseintolerant, und da ist vegan schon so eine Richtung, die
40		man einschlagen kann.
41	A	Ah, okay. Beschäftigen Sie sich, seitdem Sie veganen Influencern fol-
42		gen, verstärkt mit den Themen Veganismus, Ernährung und Gesund-
43		heit?
44	B	Ja! Definitiv!
45	A	Und seit wann haben Sie die abonniert?
46	B	Vermehrt jetzt in den letzten Wochen. Speziell veganen Influencern
47		seit zwei bis drei Wochen, das war so ein schleichender Prozess. Davor
48		habe ich auf Instagram auch selbst nicht viel gemacht, deswegen…
49	A	Und inwiefern beschäftigen Sie sich nun mehr damit? Indem Sie denen
50		folgen oder auch privat, indem Sie recherchieren oder mit Freunden
51		außerhalb von Instagram über das Thema reden?
52	B	(--) Also ich recherchiere viel drum herum, ja. Gerade weil ich mo-
53		mentan auch so auf der Suche nach meiner eigenen Richtung bin und
54		selber sehr gerne und viel koche und backe. Da schaue ich schon auf
55		echt vielen Blogs rum. Ansonsten mit Freunden weniger, durch die
56		Whats App Gruppe mit den anderen Veganern von Instagram ent-
57		wickeln sich da jetzt allmählich aber einige Beziehungen. In meiner
58		Familie brauche ich damit erst gar nicht anfangen, geschweige denn
59		bei meinen Freunden. Das ist so eine Sache, die sich bei mir gerade
60		entwickelt.
61	A	Okay. Und wie groß ist Ihr Vertrauen in die veganen Influencer, die Sie
62		abonniert haben und die Inhalte, die sie teilen?
63	B	Also ich habe schon den Eindruck, dass die Leute, denen ich folge, ver-
64		trauenswürdig sind. Gerade weil einige auch so Real Life Food Posts
65		machen, auf denen das Frühstück nicht nur perfekt aussieht, sondern
66		eben so, wie es auf die Schnelle gemacht aussieht. Es schmeckt ja
67		trotzdem. Und zum anderen posten die auch das weniger gesunde
68		Essen, das sie essen und nicht nur diese super gesunden Sachen. Das
69		weckt auf jeden Fall Vertrauen. Ich persönlich finde das gut, weil es
70		ja auch ein richtiges Leben gibt, und damit kann ich mich sehr gut iden-

71		tifizieren, weil mein Essen auch nicht immer perfekt ausschaut. Diese
72		Leuten machen dann eben nicht nur das, was andere vielleicht sehen
73		wollen, sondern was sie selbst gut finden. Ich habe auch bei vielen den
74		Eindruck, dass die Gedanken, die sie teilen, aber auch die Bilder und
75		Inhalte sehr vertrauenswürdig sind.
76	A	Und wie groß ist das Vertrauen zu denen, die ihr Essen aufwendig
77		stylen und sehr schön anrichten?
78	B	Mh (--), da kommt es eigentlich immer drauf an. Viele schreiben dann
79		ja immer noch etwas in die Bildunterschrift, wo ich den Eindruck habe,
80		ja, denen vertraue ich mit dem, was sie sagen, und dass die Bilder von
81		denen sind. Aber letztlich sind es Bilder von Essen. Deshalb sind mir
82		die Texte grundlegend wichtiger, weil die die Leute vertrauenswürdig
83		machen.
84	A	Okay. Und lassen Sie sich von den Meinungen und Inhalten der vega-
85		nen Influencer, die Sie abonniert haben, manchmal beeinflussen bzw.
86		überzeugen?
87	B	Schon, ja. Allein die Tatsache, zu sehen, was möglich ist und was man
88		machen kann und ich übernehme auch viel für mich selber an Essen,
89		das ich probieren möchte. Ich denke mir ganz oft, ahhh, du hast so
90		viel noch nicht ausprobiert, das musst du unbedingt noch machen.
91		Da könnte ich echt eine Liste führen, weil man so viele Sachen gar
92		nicht auf dem Schirm hat. Klar lässt man sich da, wenn man das sieht,
93		beeinflussen. Aber ich finde es eine positive Beeinflussung, deswegen.
94	A	Inwiefern fühlen Sie sich beeinflusst? Dass Sie die Sachen gerne nach-
95		machen möchten oder auch in anderer Art und Weise?
96	B	Genau, zum einen zum Nachmachen, zum anderen aber auch, um sich
97		selbst weiter zu entwickeln. Viele posten ja auch ihre Gedanken in die
98		Captions wo ich mir immer denke, ja, eigentlich stimmt das… weil ich
99		den Eindruck habe, dass viele vegane Influencer sich nicht nur mit
100		Ernährung auseinandersetzen, sondern auch mit Körperbefinden und
101		innerem Gleichgewicht.
102	A	Okay. Und wie stark fühlen Sie sich Laura Grosch verbunden?
103	B	Ich folge ihr tatsächlich erst seit vier Tagen ((lacht)), zufällig.
104		Ich habe sie auch durch eine andere Influencerin gefunden, weil es
105		da einen Beitrag zu einem veganen Meet-Up in Stuttgart gab. Und
106		da bin ich dann auf sie aufmerksam geworden. Die Verbindung ist bis-

107		her noch nicht so groß, weil ich auch noch nicht so viele Beiträge von
108		ihr gesehen habe, aber das kommt ja bestimmt noch. Durch sie bin
109		ich auch in diese Whats-App-Gruppe reingekommen und ich denke,
110		die Verbindung wird größer, wenn man sich dann auch mal in Real
111		Life gesehen hat.
112	A	Hat die Anzahl der Likes, Kommentare oder Follower einen Einfluss
113		darauf, inwieweit Sie einem Influencer oder Laura Grosch im Spezi-
114		ellen vertrauen?
115	B	(-). Nö, ich mache das davon abhängig, was ich von ihr sehe. Ein Like
116		oder eine Zahl sagt nicht zwingend etwas über den Inhalt aus. Viele
117		folgen ja auch nur Leuten oder liken etwas, ohne sich so richtig mit den
118		Inhalten auseinander zu setzen. Die schauen sich dann nur kurz das
119		Bild an und das war's.
120	A	Und Sie haben bereits Kontakt zu anderen Instagram-Nutzern aufge-
121		baut, das hatten Sie ja eben schon angeschnitten…?
123	B	Jaa, zu vielen! Über die Whats App Gruppe und ich schreibe mit eini-
124		gen auch schon privat über Whats App.
125	A	Wie schön. Und wie groß ist die Bedeutung, die Sie Ihrer eigenen kör-
126		perlichen Gesundheit beimessen?
127	B	Sehr sehr groß, dadurch, dass ich Läuferin bin und da auch auf Wett-
128		kampfbasis Sport mache. Und da ist es sehr wichtig, dass man sich fit
129		fühlt und auf sich achtet, auf der anderen Seite bin ich aber auch der
130		Meinung, in einem gesunden Körper lebt ein gesunder Geist. Wenn es
131		mir körperlich nicht gut geht, geht es mir mental auch nicht gut.
132	A	Und hat sich die Bedeutung im Laufe der Zeit verändert, d.h., ist Ihnen
133		Ihre körperliche Gesundheit und eine ausgewogene Ernährung durch
134		den Konsum zu den Inhalten Veganismus und Ernährung wichtiger ge-
135		worden?
136	B	Also es war schon vorher so, dass es mir wichtiger geworden ist, aber
137		es wird mir jetzt noch bewusster. Ich habe mich schon vorher viel da-
138		mit befasst, konnte mich da aber nie so richtig zu durchringen, und
139		jetzt hab ich doch öfter den Gedanken, wenn andere es schaffen, dann
140		kann ich das auch. Da fühle ich mich schon motiviert.
141	A	Und wie groß war diese Bedeutung, bevor Sie damit begonnen haben,
142		vegane Ernährungsblogger auf Instagram zu abonnieren? Wenn Sie da
143		so einen Vorher-Nachher-Vergleich anstellen?

144	B	Also vorher auch schon wichtig, ich habe schon drauf geachtet, aber
145		auch häufiger mal zu Schokolade und Gummibärchen gegriffen. (-)
146		Es ist mir also deutlich bewusster geworden durch die Inhalte, vorher
147		war es auch schon vorhanden, nur nicht ganz so sehr. Seit ein paar
148		Wochen ist es mir bewusster, das war ein Prozess.
149	A	Und was hat sich im Laufe der Zeit konkret verändert?
150	B	Momentan in erster Linie daran, was ich so einkaufe und mir selbst zu
151		Essen mache. Ich kaufe jetzt so zu 80 Prozent Obst und Gemüse, das
152		waren vorher vielleicht 50 Prozent... (-) Das fällt mir so am meisten
153		auf. Ab und zu kaufe ich jetzt auch vegane Produkte. Meinen Fleisch-
154		konsum hatte ich vorher schon drastisch reduziert und das Einzige,
155		wovon ich wahrscheinlich nie ganz wegkommen werde, sind Käse und
156		Eier ((lacht)). Deswegen nenne ich mich immer liebevoll Teilzeit-
157		Veganer. Aber Mandel- und Kokosmilch kaufe ich mir schon. Also so
158		Alternativen wie Kokosjoghurt und so kaufe ich schon echt gerne
159		jetzt. Der Mandel- und Sojajoghurt schmecken mir ja auch so gut, also
160		ich schaue schon, dass ich auf vegane Alternativen umsteige, wo es
161		möglich ist. Da probiere ich mich momentan ein bisschen aus, aber das
162		ist einfach ein Prozess.
163	A	Und wann hatten Sie angefangen, Ihren Fleischkonsum so drastisch,
164		wie Sie eben gesagt haben, zurück zu schrauben?
165	B	Das ist jetzt seit ein paar Monaten schon so, weil mich das einfach
166		nicht glücklich gemacht hat. Ich bin kein Fleischverweigerer aus
167		moralischen Gründen, aber ich achte ganz stark darauf, dass ich esse,
168		was mich glücklich macht und wenn mich etwas nicht glücklich macht,
169		lasse ich es weg.
170	A	Und woran haben Sie gemerkt, dass es das Fleisch war, was Sie un-
171		glücklich gemacht hat?
172	B	(-) Also zum einen dann doch das Gewissen ((lacht)), das wieder-
173		spricht meiner Aussage von eben ein bisschen. Aber auch sonst (--),
174		der Gedanke über die Menge, also wie sich das aufsummiert, weil es
175		bei mir in der Familie auch üblich ist, einfach mal so eine Scheibe
176		Schinken zu essen ((lacht))... und irgendwann habe ich eine Dose
177		Wurst in der Hand gehabt und mir gedacht, dass ist nicht das, was ich
178		möchte. Vielleicht haben mich zu diesem Zeitpunkt auch andere As-
179		pekte unglücklich gemacht, aber meine Ernährung hat da auf jeden

180		Fall mit reingespielt. Das war so eine Gefühlssache.
181	A	Okay, und welchen Anteil messen Sie dem Konsum von Inhalten auf
182		Instagram an dieser Veränderung bei?
183	B	(---) Das ist eine gute Frage. ((lacht)) Ich glaube, dass der Anteil gar
184		nicht so groß ist, sondern, dass viel schon vorher von mir ausgegangen
185		ist... Klar, die Inspiration kommt von dort, aber ansonsten ist der Pro-
186		zess schon von mir ausgegangen und die Motivation kam auch von mir
187		selbst. Einfach so eine intrinsische Motivation, sich besser und gesün-
188		der zu fühlen. Die Inhalte kamen da nur so hinzu, als Inspirations-
189		quelle um zu sehen, was andere machen, um glücklich zu sein. So als
190		ergänzender Faktor.
191	A	Okay, und wie stark ist Ihre Ernährung zum jetzigen Zeitpunkt pflan-
192		zenbasiert? Sie sagten eben schon, ab und zu ernähren Sie sich auch
193		vegetarich oder vegan, ist das richtig?
194	B	Genau, also vegetarisch bin ich jetzt tatsächlich komplett seit vier Ta-
195		gen, also noch gar nicht so lange ((lacht)), das ist in den letzten Wo-
196		chen immer mehr geworden und Sonntag Abend habe ich für mich die
197		Entscheidung getroffen. Und Teilzeit-Veganerin bin ich immer wieder
198		mal. Gerade habe ich z.B. einen normalen Joghurt da, weil ich keinen
199		anderen gefunden habe. In Waffeln mache ich manchmal noch Eier
200		rein. Das sind nie große Mengen, sondern einfach da, wo ich manch-
201		mal Lust drauf habe, aber ich versuche so viel wie möglich in die Rich-
202		tun zu gehen.
203	A	Okay, und was hat das ausgelöst, dass Sie seit Montag vegetarisch
204		leben?
205	B	Eigentlich wirklich der Gedanke, dass mich das Fleisch nicht glücklich
206		macht.
207	A	Können Sie eine Entwicklung aufzeigen, wie sich Ihre Ernährung im
208		Laufe der letzten Wochen, Monate und Jahre verändert und entwickelt
209		hat?
210	B	Ja, also ich habe gefühlt fünfmal im Jahr gesagt ‚diesmal esse ich wir-
211		klich laktosefrei' ((lacht)). Es gab halt immer so Wellenbewegungen,
212		dann hab ich mal wieder einen Monat lang komplett vegan gegessen,
213		um zu schauen, ob es mir damit besser geht oder nicht, auch um he-
214		rauszufinden, wo das Problem liegt, dass es mir manchmal nicht so gut
215		geht... Und dabei kam raus, dass es mir damit auch nicht so hundert-

216		prozentig besser geht und dass es auch an etwas anderem liegen kann.
217		Vielleicht reagiere ich auf irgendein Obst oder Gemüse, das kann ja
218		auch sein... Deshalb habe ich das relativ schnell verworfen und mich
219		ganz stark mit Sporternährung befasst, aber die Entwicklung ging
220		immer mehr in Richtung intuitiv essen und mehr von dem, was mich
221		glücklich macht. Im Prinzip ist es mir egal was ich esse, solange ich
222		mich bewusst ernähre und eben intuitiv das esse, was meinem Körper
223		gut tut und mich glücklich macht.
224	A	Okay. Tendieren Sie manchmal dazu, Ihre eigene Gesundheit und Er-
225		nährungsweise mit der jener Influencer, denen Sie auf Instagram fol-
226		gen, zu vergleichen?
227	B	(---) Manchmal ein bisschen, da denke ich mir dann, das habe ich ja
228		auch schon einmal gekocht oder hey, das würde ich gerne kochen
229		((lacht)), also ich vergleiche jetzt nicht nach dem Prinzip ‚oh, ich er-
230		nähre mich so schlecht' oder ‚die sind viel besser als ich', sondern
231		mehr im Sinne von ‚ich finde es faszinierend, wie viele junge Leute es
232		gibt, die sich so stark damit befassen und auch wirklich interessante
233		Sachen machen' und joa... so früh habe ich damals noch nicht damit
234		angefangen, mich so stark mit dem Thema Ernährung zu beschäftigen
235		und habe auch jetzt noch so viel immer noch nicht probiert, da habe
236		ich aber unheimlich Lust drauf. Ich sehe das sehr positiv, also wenn ich
237		mich mit denen vergleiche, dann eher um zu sehen, wo das Potenzial
238		liegt und was man noch alles machen kann.
239	A	Inwiefern beeinflusst das Ihre Ernährungsweise? Auch dieser positive
240		Vergleich?
241	B	Ja, also ich nehme dann schon viel draus mit, sei es das ein oder ande-
242		re Rezept oder dass man etwas sieht, was man auch mal wieder kaufen
243		oder kochen möchte. Mir ist vieles eben etwas bewusster geworden,
244		derzeit ist es noch ein Prozess und wird bestimmt auch noch länger
245		einer sein, aber es hilft mir im Alltag viel, um mir bewusster darüber
246		zu werden, was ich selbst eigentlich möchte.
247	A	Haben Sie das Gefühl, dass es für Ihre Gesundheit und Ihr Wohlbefin-
248		den förderlich wäre, sich genauso zu ernähren wie die veganen Influ-
249		encer, denen Sie folgen? Bitte nennen Sie Gründe dafür oder dagegen.
250	B	Das kann ich momentan (-) noch gar nicht so richtig sagen, weil ich in
251		einer Findungsphase bin. Ich denke, jeder sollte für sich so das finden,

252		was so am besten funktioniert für einen selbst, jeder ist ja auch anders
253		und hat andere Bedürfnisse. Ich glaube grundsätzlich, jeder Mensch ist
254		anders. Das kann man gar nicht pauschalisieren. Jeder hat einen ande-
255		ren Körper und andere Grundvoraussetzungen, lebt ein anderes Leben.
256		Ich treibe viel Sport und habe da bestimmt andere Bedürfnisse als
257		einige, denen ich folge. Ich denke, vieles davon ist schon hilfreich, aber
258		letztlich muss jeder etwas finden, womit er oder sie zufrieden ist.
259	A	Und wie zufrieden sind Sie mit Ihrer derzeitigen Ernährung? Sehen Sie
260		Verbesserungsbedarf? Falls ja, worin konkret?
261	B	Die meiste Zeit über bin ich schon sehr zufrieden. Bei mir ist weniger
262		die Ernährung das Problem als vielmehr die Rahmenbedingungen, weil
263		ich in einem Wohnheim wohne... Da herrscht durchaus mal Stress in
264		der Küche, wenn viele da sind und man da angehauen wird... oder
265		dann fehlen Sachen, aber mit meiner Ernährung als solches bin ich
266		sehr zufrieden, sie könnte manchmal noch ein bisschen besser getimt
267		sein... Manchmal habe ich Probleme damit, mich zeitlich zu koordinie-
268		ren, da wird dann mal zu früh oder zu spät gekocht... Da muss ich noch
269		meinen Weg finden, aber mit dem, was ich esse, bin ich eigentlich
270		ganz zufrieden, ich bin momentan viel am Herumexperimentieren,
271		welche Rezepte ich wie benutzen möchte...
272	A	Ändert sich diese Wahrnehmung, nachdem Sie Zeit auf Instagram ver-
273		bracht haben oder bleibt die gleich?
274	B	Das bleibt gleich. Ich denke mir manchmal, ich würde auch gerne so
275		schöne Bilder machen, aber das ist auch das Einzige.
276	A	Okay, und beeinflussen Bilder von veganen Influencern oder deren
277		gesundem, pflanzlichen Essen Sie in Ihrer Ernährungsweise? Falls
278		diese Sie beeinflussen, wovon hängt das ab?
279	B	(---) Wirklich beeinflussen tut es mich eigentlich nicht, es ist eher nur
280		eine Inspirationsquelle...
281	A	Okay. Bitte nennen Sie drei Faktoren, die Ihre Ernährungsweise grund-
282		sätzlich beeinflussen.
283	B	(-) Ehm, der emotionale Faktor, also ob mich Essen glücklich oder un-
284		glücklich macht und wie zufrieden ich mich mit etwas fühle. Für mich
285		macht das Visuelle auch echt viel aus, also sieht etwas lecker aus, weil
286		das Auge schon mitisst. Auch wenn ich etwas nicht fotografiere, aber
287		für das innere Auge macht es ja auch etwas aus. Und was jetzt immer

288		mehr aufkommt, ist die Nährstoffzusammensetzung, gerade für das
289		Sportliche. Also einmal meine Gefühlswelt, dann das Ästhetische und
290		der Gesundheitsfaktor.
291	A	Haben Sie schon einmal Rezepte von veganen Influencern nachge-
292		kocht? Wenn ja, wie häufig und warum?
293	B	Momentan sind es viele Frühstückrezepte, in den letzten zwei bis drei
294		Wochen ist es schon verstärkt, so jeden zweiten oder dritten Tag pro-
295		biere ich etwas aus und dann auch aus unterschiedlichen Bereichen.
296	A	Und was bedingt das?
297	B	Ich plane meine Essen immer im Voraus. Das hat zum einen den
298		Grund, dass ich dann nicht jeden Tag einkaufen gehen muss, da spart
299		man sich ja auch Geld mit, als wenn man jetzt täglich einkaufen geht.
300		Zum anderen mache ich mir dann auch keinen Kopf mehr, was ich
301		wann koche, sonst werde ich wahnsinnig. Deshalb plane ich lieber an
302		einem Tag dann mal eine Stunde durch, dann habe ich einen groben
303		Plan und wenn sich mal etwas ändert, weil ich noch Reste übrig habe,
304		ist das kein Thema, aber man spart sich diese Entscheidungskraft für
305		andere Dinge.
306	A	Okay. Und haben Sie das Gefühl, dass eine pflanzliche Ernährungswei-
307		se für Sie seit dem Konsum der Inhalte von veganen Influencern
308		attraktiver geworden ist? Haben Sie die Motivation, an Ihrer Ernährung
309		lang- oder kurzfristig etwas zu verändern?
310	B	Ich weiß nicht, inwieweit die Motivation, etwas zu verändern, damit
311		zusammenhängt bzw., ob da eine Verbindung besteht… Ich möchte
312		das ein oder andere verändern, aber das ist jetzt nichts, was ich über
313		Instagram oder andere Social-Media-Kanäle kanalisieren würde, son-
314		dern eigene Gedanken, sei es wann und wie ich esse, ansonsten würde
315		ich dem ersten Teil der Frage definitiv zustimmen. Eine pflanzliche Er-
316		nährungsweise ist für mich ganz klar attraktiver geworden, gerade,
317		weil man sieht, was machbar ist. Wenn man erst einmal einen Eindruck
318		davon bekommt, was andere Leute alles kochen und was möglich ist,
319		macht das die Ernährungsweise wesentlich attraktiver.
320	A	Könnten Sie sich vorstellen, sich irgendwann rein pflanzlich zu ernäh-
321		ren? Bitte nennen Sie Gründe dafür oder dagegen.
322	B	Bei mir sind das Problem Käse, Eier und Honig… Das sind so Sachen,
323		die bei mir doch sehr präsent sind. Wenn's mal schnell gehen muss,

324		dann ist ein Omelett halt schon ganz nett und macht mich auch glück-
325		lich. Ich schaue halt auf diesen „Glücklich-Faktor", davon mache ich
326		ausschließlich abhängig, was ich esse. Auf die drei Sachen verzichten
327		möchte ich eigentlich nicht... Bei veganen Ersatzprodukten wie Ome-
328		lette-Pulver bin ich noch ein wenig skeptisch... Vielleicht müsste ich es
329		mal probieren, grundsätzlich reizt es mich aber nicht so sehr...
330	A	Okay, also die Bereitschaft, etwas zu ändern, wäre schon da, aber Sie
331		wissen nicht, ob sie es mögen würden und es reizt sie nicht?
332	B	Genau, momentan gibt es noch andere Sachen, die ich lieber probieren
333		würde und ich bin schon echt stolz auf mich bisher.
334	A	Okay. Inwieweit stimmen Sie der Aussage zu, dass eine vegane Ernäh-
335		rung die gesündeste und für den Menschen beste Lebensweise dar-
336		stellt?
337	B	(--) Mh, glaube ich persönlich nicht, einfach weil jeder Mensch anders
338		ist und wenn der Körper über die rein pflanzliche Ernährung viele
339		Nährstoffe nicht aufnehmen kann oder Probleme mit manchen Sachen
340		hat... Jeder Körper hat seine Ernährungsweise, meiner Mutter tut paleo
341		zum Beispiel total gut. Jeder muss da das Richtige für sich finden, des-
342		halb glaube ich nicht, dass man pauschal sagen kann, vegan ist die
343		gesündeste und beste Ernährungsweise.
344	A	Okay. Haben Sie einen veganen Influencer schon einmal um Rat ge-
345		fragt oder sich über ein Thema auf dem Account des Influencers spe-
346		ziell informiert?
347	B	Noch nicht, aber das kommt bestimmt noch... Für mich ist momentan
348		das Thema Food-Footgrafie ein wichtiges, aber auch, wie Leute auf
349		Ideen kommen für Rezepte und Bilder... Und, wie einige das finan-
350		zieren, wenn sie frische Früchte ohne Ende fotografieren und ich mir
351		denke ‚ich bin Studentin, ich könnte mir das gar nicht so leisten...'.
352	A	Okay... Und wie hilfreich schätzen Sie Accounts von veganen Influen-
353		cern grundsätzlich für Menschen ein, die sich gerne pflanzenbasierter
354		ernähren möchten?
355	B	Ich denke schon, dass das echt hilfreich ist, gerade weil man viel sieht,
356		was man machen kann und wenn man sich mit etwas auseinander
357		setzt, gibt das schon viele zusätzliche Info. Wenn man sich die Bilder
358		anschaut und Rezepte durchliest, das hilft schon echt viel. Da be-
359		kommt man erst ein Gefühl dafür, was möglich ist und was man

360		machen kann. Bildunterschriften finde ich teilweise hilfreich, ich tue
361		mich manchmal noch schwer mit Posts, wo in der Caption sehr viel
362		Werbung gemacht wird. Nicht, weil es mich grundsätzlich stört, son-
363		dern eher, weil es für mich keine Option ist... die Produkte sind sehr
364		teuer, aber man kann schon das ein oder andere daraus mitnehmen.
365		Das kommt aber auch ganz stark auf die Person an.
366	A	Wovon hängt das ab?
367	B	Was sie schreiben. Manche posten ja wirklich nur das Rezept darunter,
368		manche posten viel Werbung darunter, und dann gibt's noch die Aus-
369		nahmefälle, die dann noch themenübergreifend schreiben, also nicht
370		nur über die Ernährung, sondern auch was sie drum herum machen,
371		sei es über Yoga oder Körperbewusstsein im Allgemeinen... Und das
372		finde ich fast schon hilfreicher, als nur auf die Ernährung einzugehen,
373		weil ich bin einigen den Eindruck hab, dass ich die Hälfte nicht ver-
374		stehe, wie wenn jemand über Antioxidantien oder so schreibt... das
375		muss ich dann nicht unbedingt haben.
376	A	Okay, also so eine Verständnissache?
377	B	Teilweise schon, ja...
378	A	Okay, alles klar, das war's auch schon. Vielen Dank für Ihre Zeit!
379	B	Gerne, es war super interessant!

Rezipientin 4

Zeile	Sprecher	Text
1	A	Okay, dann kommen wir direkt zur ersten Frage und zwar, wie lange
2		sind Sie bereits auf Instagram angemeldet?
3	B	Mhh, also angemeldet bin ich schon sehr lange, das dürften zwischen
4		drei und vier Jahre sein, aber auch selbst so richtig aktiv vielleicht
5		seit einem halben Jahr.
6	A	Okay. Wie viel Zeit verbringen Sie durchschnittlich am Tag mit dem
7		Konsum von Influencer-Inhalten auf Instagram?
8	B	Das dürfte schon so auf anderthalb bis zwei Stunden hinauslaufen...
9		Deutlich mehr, als mir eigentlich lieb ist ((lacht)).
10	A	Okay, ist das jeden Tag ungefähr gleich viel oder gibt es am Wochen-
11		ende einen Unterschied?
12	B	Ja am Wochenende vielleicht noch eine Stunde mehr, aber unter der
13		Woche ziemlich gleich verteilt eigentlich...
14	A	Okay, also samstags und sonntags so zwei bis zweieinhalb Stunden?
15	B	Ja genau, das kommt hin.
16	A	Okay und wieviel Prozent der Personen, die Sie dort abonniert haben,
17		teilen Inhalte über die Themen Veganismus oder Ernährung?
18	B	(-) Das ist recht schwer zu beantworten, weil ich echt vielen Personen
19		folge, fast zweitausend Leuten. Aber schon ein Großteil, wahrschein-
20		lich um die vierzig Prozent.
21	A	Und wie viele davon sind auch wirklich vegan und teilen veganes
22		Essen?
23	B	Also ich glaub', dass von diesen vierzig Prozent der Essens- oder Life-
24		Style-Accounts tatsächlich alle vegan sind.
25	A	Ah okay, alles klar. Und aus welchen Gründen haben Sie diese veganen
26		Influencer abonniert?
27	B	Eigentlich, weil ich auch wenig Fleisch esse und dann gerne schaue,
28		was alles so möglich ist und mich da gerne inspirieren lasse. Und ich
29		mag auch diese ansprechenden Bilder, weil ich selbst gerne mein Essen
30		schön anrichte. Mich interessiert auch immer, wie die ihre Bilder
31		machen, da gibt Laura auch immer Tipps zu in ihren Stories und das
32		finde ich echt spannend, weil mich so Food-Fotografie selbst sehr in-
33		teressiert.
34	A	Okay. Wie fühlen Sie sich während und nach der Konsumierung der In-

35		halte von veganen Influencern? Welche Gedanken kommen Ihnen in
36		den Sinn?
37	B	Meistens erst einmal, dass ich Lust auf Essen bekomme ((lacht)), und
38		dann kommt mir immer ziemlich schnell der Gedanke, dass das ein
39		unglaublich teurer Lebensstil sein muss, zumindest bei so Rezepten
40		mit besonderen Zutaten, die es auch nicht überall zu kaufen gibt wie
41		zum Beispiel Seidentofu, der ja auch nicht gerade günstig ist...
42	A	Und wie fühlen Sie sich, sowohl beim Anschauen als auch im Nachhi-
43		nein?
44	B	Also affektiv berührt mich das recht wenig, relativ neutral also... auf
45		einer Skala würde ich es jetzt mittig anordnen mit einem leichten
46		Hang zur positiven Seite.
47	A	Alles klar. Aus welchen Gründen beschäftigen Sie sich mit den Themen
48		Veganismus und Ernährung?
49	B	Also bei meiner Ernährung grundsätzlich... Ich habe vor ca. einem Jahr
50		angefangen, ein bisschen stärker auf meine Figur zu achten, hab' dann
51		auch etwas abgenommen und mir die Low-Carb-Ernährung näher an-
52		geschaut... Also ich beschäftige mich allgemein recht viel damit, weil
53		es für mich wichtig ist. Mit Veganismus beschäftige ich mich eigentlich
54		relativ zufällig eher. Das geht ja mit dem Thema Ernährung einher und
55		ist ein Strang von vielen, aber ich habe jetzt keine besonderen Gründe,
56		warum ich mich explizit damit befasse... das kommt halt so mit.
57	A	Beschäftigen Sie sich, seitdem Sie vegane Influencer abonniert haben,
58		verstärkt mit den Themen Veganismus, Ernährung und Gesundheit?
59	B	Ja schon, ich denke, das kommt einfach zwangläufig, wenn man die In-
60		halte sieht, denkt man automatisch darüber nach, als wenn man sie
61		nicht sieht. Also das ist schon eindeutig angestiegen.
62	A	Okay, und wie groß ist Ihr Vertrauen in die veganen Influencer, die Sie
63		abonniert haben und die Inhalte, die sie teilen?
64	B	Also ich denke, das Vertrauen ist auf einem mittleren Maß... es gibt
65		einige, da glaube ich, dass sie ihre Inhalte sehr ehrlich posten und
66		dann gibt es aber auch einen Teil, bei denen merkt man, dass vielleicht
67		ein bisschen was bezahlt, erfunden oder dazu gedichtet ist. Deshalb
68		ist das sehr abhängig von dem Account, würde ich sagen.
69	A	Lassen Sie sich von den Meinungen und Inhalten der veganen
70		Influencer, die Sie abonniert haben, beeinflussen bzw. überzeugen?

71	B	(--) In Teilen. Aber relativ wenig, weil es glaube ich einfach nicht zu
72		hundert Prozent vereinbar mit meinem Lebensstil ist. Deswegen lasse
73		ich mich bei vielen Inhalten gar nicht so sehr darauf ein, dass sie mich
74		überzeugen könnten. Das hat verschiedene Gründe, ehm (.) einerseits
75		sind es auch teilweise die Kosten, weil ich mir denke, ich bin ja nicht
76		vegan und es ist ja auch umstritten, wie gesund das ist und deshalb
77		würde ich für mich persönlich jetzt nicht die Notwendigkeit sehen,
78		bestimmte Produkte durch andere teurere Produkte zu ersetzen und
79		andererseits glaube ich, die haben eine andere Lebensphilosophie.
80	A	Okay und wenn Sie sich dann aber beeinflusst fühlen, inwiefern?
81	B	(--) Ja manchmal einfach in die Richtung, dass man ein bisschen mehr
82		auf seine Umwelt und seinen Konsum achten sollten, dass das alles
83		etwas nachhaltiger ist. Da dann auch in eine sehr positive Richtung.
84	A	Also auf diesen Umweltaspekt bezogen?
85	B	Genau, einmal Umwelt, aber auch Tierschutz, Gesundheit und Sport.
86		Veganismus und Sport sind ja immer sehr eng miteinander verknüpft.
87		Man bekommt da so das Gefühl, einerseits auf sich selbst besser zu
88		achten, aber eben auch auf seine Umwelt.
89	A	Also sind Ihnen die Faktoren Umwelt, Gesundheit und Tierschutz mit
90		am wichtigsten?
91	B	Genau, weil Tierhaltung ja auch immer sehr viele Umweltaspekte mit
92		sich bringt im Sinne von Ressourcenschonung und so.
93	A	Okay, jetzt eine Frage zu Laura konkret und zwar, wie sehr oder inwie-
94		fern fühlen Sie sich Laura verbunden?
95	B	Sie gehört eigentlich eher zu den Influencern, mit denen ich mich nicht
96		so sehr verbunden fühle. Also es gibt andere, mit denen fühle ich mich
97		deutlich mehr verbunden. Bei ihr ist es ein mittleres Maß, also sie hat
98		glaube ich schon einen sehr alternativen Lebensstil. Auch von der
99		ganzen Art und Weise, wie sie sich kleidet und wie sie ihr Leben insge-
100		samt gestaltet neben der Ernährung und (-) deshalb schon ein biss-
101		chen, aber nicht besonders.
102	A	Okay. Hat die Anzahl der Likes, Kommentare oder Follower einen Ein-
103		fluss darauf, inwieweit Sie Laura Grosch vertrauen?
104	B	Ehhhm, (-) also es hat sicherlich einen Einfluss, weil es ja allgemein
105		beim Veganismus so ist, dass viele Leute das gut finden und man dann
106		daraus schließt, dass das bestimmt auch gut sein wird. Es hat insofern

107		einen Einfluss darauf, inwieweit ich in Lauras Kompetenzen vertraue,
108		allerdings nicht in Hinblick auf die vegane Ernährung, sondern im Hin-
109		blick auf Fotografie. Hinsichtlich der Ernährung würde ich jetzt jeman-
110		dem mehr vertrauen, der in dem Bereich eine Ausbildung gemacht
111		hat, also da sind Follower oder Likes für mich jetzt keine relevanten
112		Kennzahlen. Aber sie scheint ein gutes Auge für Fotografie zu haben,
113		das auf jeden Fall.
114	A	Alles klar, und haben Sie über Laura Groschs Account bereits Kontakt
115		zu anderen veganen Instagram-Nutzern aufgebaut, die sich entweder
116		bereits vegan ernähren oder es beabsichtigen?
117	B	Insofern, als dass ich ihnen folge und sie mir auch folgen ja, und auch
118		ein oberflächlicher Kontakt über so Kommentare, aber keine tieferen
119		Bekanntschaften.
120	A	Okay, jetzt noch eine Frage zum Thema Gesundheit, und zwar, wie
121		groß ist die Bedeutung, die Sie Ihrer eigenen körperlichen Gesundheit
123		beimessen?
124	B	Ich würde sagen, relativ groß mit teilweise mangelnder Umsetzung.
125		Also eigentlich versuche ich, relativ viel darauf zu achten, aber schaffe
126		es leider nicht immer ganz so, wie ich es mir vornehme. Gedanklich
127		beschäftige ich mich aber schon recht viel damit.
128	A	Also kann man sagen, die Intention und der Wille sind da, aber an der
129		Umsetzung scheitert es manchmal noch etwas?
130	B	Ja, es hat eine Zeit lang sehr gut geklappt, seit ich jetzt arbeite, ist es
131		etwas schwerer geworden, weil man jetzt so viel mehr um die Ohren
132		hat.
133	A	Hat sich die Bedeutung im Laufe der Zeit verändert, d.h., sind Ihnen
134		Ihre körperliche Gesundheit und eine ausgewogene Ernährung im
135		Allgemeinen durch den Konsum von den Inhalten zu den Themen
136		Veganismus und Ernährung wichtiger geworden?
137	B	Das denke ich eigentlich schon, ja, weil man da nicht drum herum
138		kommt, sich damit zu beschäftigen und zu hinterfragen, was man bis-
139		her gemacht hat, und man lernt auch einfach komplett neue Möglich-
140		keiten kennen in diesem Bereich, die man vorher nicht unbedingt
141		kannte und deshalb beschäftigt man sich mehr und wahrscheinlich
142		meiner Meinung nach tatsächlich auch intensiver und mit einem ge-
143		sünderen Ansatz mit dem Thema.

144	A	Ah, okay. Wie groß war die Bedeutung von Gesundheit und auch aus-
145		gewogener Ernährung, bevor Sie begonnen haben, veganen Influen-
146		cern, die über Ernährung posten, auf Instagram zu folgen?
147	B	Auch schon relativ groß, weil ich davor einfach auch auf Facebook und
148		anderen Plattformen sehr viel mit anderen Ernährungsformen wie
149		eben „low carb" zum Beispiel zu tun hatte und ich das grundsätzlich
150		immer hinterfrage, wie sinnvoll solche Ansätze sind… und insofern
151		habe ich mich auch schon davor relativ viel damit beschäftigt. Die In-
152		volviertheit in das Thema Ernährung ist praktisch auf demselben
153		Niveau geblieben, nur der Fokus hat sich etwas gewandelt.
154	A	Von low carb zu vegan?
155	B	Ja genau, so allgemein (.) ehm von allgemeinen Ernährungstrends und
156		-formen eher hin zu vegan, weil ich da auch einfach viel mehr Kontakt
157		in dieser Community auf Instagram habe.
158	A	Und wie lange ist das jetzt schon so?
159	B	Hm, so vier bis fünf Monate ungefähr, würde ich sagen. Und seit einem
160		Jahr beschäftige ich mich deutlich mehr mit dem Thema Ernährung.
161	A	Okay, alles klar. Was hat sich im Laufe der Zeit konkret verändert? Und
162		welchen Anteil würden Sie dem Konsum der Inhalte von den veganen
163		Influencern an dieser Veränderung des Fokus' beimessen?
164	B	Ehmm… (.) Also ich denke, das war schon der hauptausschlaggebende
165		Grund für die Veränderung. Gerade auch, weil ich in meinem persön-
166		lichen Umfeld relativ wenige Vegetarier und Veganer habe… An
167		Veganern sogar tatsächlich nur einen. Und deswegen habe ich mich
168		zwar schon davor mal damit befasst, aber eben nur auf dieser norma-
169		tiven Ebene, etwas abstrakter…. Und jetzt aber auf einer Ebene von
170		persönlichen Kontakten, zumindest online, mit Veganern, sodass man
171		da auch ganz andere Einblicke und Perspektiven bekommt.
172	A	Ah. Und was hat sich im Laufe der Zeit konkret verändert, also hat sich
173		die Umsetzung verändert, oder generell eher die eigene Einstellung
174		gegenüber dem Veganismus und der veganen Ernährung?
175	B	(-) Ehm, ja so richtig konkret hat sich, denke ich, gar nicht so viel ver-
176		ändert, also ich hatte schon immer diese Einstellung leben und leben
177		lassen und die habe ich auch immer noch. Was sich vielleicht ein biss-
178		chen mehr verändert hat ist das Verständnis durch diesen Einblick
179		hinter die Kulissen, weil dadurch, dass ich eben einige der Influencer

180		jetzt etwas persönlicher kenne, kann man die Motivation hinter die-
181		sem Lebensstil etwas mehr einschätzen, sprich: wie machen die das
182		genau, inwiefern setzen sie das um, welche Schwierigkeiten gibt es
183		eventuell. Aber eigentlich auch nur zu einem geringen Teil.
184	A	Wie groß ist dieser Anteil ungefähr, den Sie der Konsumierung der
185		Inhalte auf Instagram an der von Ihnen erwähnten Fokusveränderung
186		hin zu einer verstärkt pflanzenbasierteren Ernährung beimessen wür-
187		den?
188	B	Also ich denke, die Veränderung, die stattgefunden hat, ist schon zu
189		85 Prozent der Konsumierung der Inhalte von Veganern auf Instagram
190		zuzuschreiben. Die Veränderung an sich ist nur nicht sehr groß.
191	A	Ah okay, also wie stark ist Ihre Ernährung bisher pflanzenbasiert? Er-
192		nähren Sie sich ab und zu vegetarisch oder vegan? Wenn ja, wie häufig
193		etwa?
194	B	Also eigentlich ernähre ich mich (.) ehm zu 90 Prozent der Zeit, wenn
195		nicht sogar mehr, vegetarisch eigentlich. Wieviel davon jetzt vegan ist,
196		darüber habe ich mir ehrlich gesagt noch nie Gedanken gemacht. Es
197		gibt immer noch ganz viele Produkte, wo ich manchmal gar nicht weiß,
198		ob die jetzt vegetarisch oder vegan sind. Also ich dachte z.B. immer,
199		jede Schokolade wäre vegan, bis mir aufgefallen ist, dass das gar nicht
200		stimmt. Nur Zartbitter-Schokolade ist vegan, und es gibt natürlich auch
201		vegane Milchschokolade, aber das weiß ich noch gar nicht lange. Des-
202		halb kann ich das nur schwer einschätzen, aber ich denke mal, so fünf
203		Prozent von dem vegetarischen Essen ist auch vegan. Also insgesamt
204		ca. 80 Prozent vegetarisch, fünf Prozent vegan und 15 Prozent normal.
205	A	Okay, alles klar. Lässt sich denn insgesamt ein Unterschied zu früher
206		feststellen? Falls ja, inwiefern?
207	B	Eigentlich nicht so wirklich, weil ich schon länger so esse. Also mein
208		Essen hat sich eigentlich nicht geändert durch die Instagrammer, vor
209		allem, da die Rezepte, die sie posten, oft sehr spezifisch sind und viele
210		Zutaten enthalten, die ich neu kaufen müsste, die mir dann auch teil-
211		weise einfach zu teuer sind. Da fehlt mir dann noch die letzte Hand-
212		lungsmotivation dahinter. Einzelne Gerichte haben sich vielleicht etwas
213		verändert, aber die Aufteilung vom Essen ist nach wie vor mehr oder
214		weniger dieselbe geblieben.
215	A	Okay. Tendieren Sie dazu, Ihre eigene Gesundheit und Ernährungs-

216		weise mit der von den veganen Influencern, die Sie abonniert haben,
217		zu vergleichen?
218	B	Auf jeden Fall, also, ich vergleiche das relativ oft, einfach weil es in
219		vielen Fällen auch sehr ähnlich ist von der Ernährung her, vor allem,
220		was das Frühstück angeht, da läuft es meistens auf dasselbe hinaus,
221		außer, dass ich halt meinen Porridge mit normaler Kuhmilch mache
222		anstelle von Mandelmilch oder so. Ehm, ansonsten vergleiche ich es
223		nur im Hinblick auf die Umsetzbarkeit, also ich überleg' auch, ob ich
224		das in meinem eigenen Alltag überhaupt so umsetzen kann, wie es
225		gezeigt und empfohlen wird, weil einige der Influencer das ja haupt-
226		beruflich machen und dementsprechend auch viel mehr Erfahrung da-
227		mit haben. Ansonsten vergleiche ich es nur rein äußerlich, also, wie
228		ästhetisch ich etwas finde, aber nicht im Hinblick auf die Ernährung.
229	A	Wenn Sie das so vergleichen, beeinflusst das teilweise Ihre eigene Er-
230		nährungsweise? Wenn ja, inwiefern?
231	B	Ehm, wenn dann in der Hinsicht, als dass ich mir vornehme, das selber
232		mal nachzukochen. Dann beeinflusst es das natürlich schon, und an-
233		sonsten insgesamt so ein bisschen, dass man sich ermahnt, gesünder
234		zu essen mit mehr Gemüse. Also unterbewusst beeinflusst es wahr-
235		scheinlich schon ziemlich stark, wenn man mehr darauf achtet, frisch
236		zu essen und viel mehr Gemüse, gesunde Kohlenhydrate wie Bulgur
237		und Reis anstelle von vielleicht Nudeln oder so, aber jetzt, dass ich mir
238		bewusst Gedanken mache, etwas am nächsten Tag nachzukochen, das
239		eher selten.
240	A	Wie häufig ungefähr?
241	B	Vielleicht (.) mhh, ja, (-) so einmal in der Woche. Dann ist es eigent-
242		lich doch gar nicht so wenig ((lacht)).
243	A	Also so einmal in der Woche ein Frühstück oder Abendessen?
244	B	Ja, also, es ist auch immer so kleinteilige Inspiration, dass ich mir z.B.
245		vornehm', dass die Basis vom Frühstück identisch ist, beispielsweise
246		Porridge, und dann kaufe ich ein bestimmtes Obst, dass ich auf Insta-
247		gram bei jemandem gesehen hab und auf das ich dann Lust hab'. Also
248		so kleine Aspekte schon, ja. Und dann auch eher bei natürlich veganen
249		Produkten wie Obst und Gemüse oder so, und weniger bei so speziel-
250		len veganen Produkten wie Tofu, Mandelmilch, Sojajoghurt oder so.
251	A	Ah, okay. Haben Sie Ihre Ernährungsweise oder andere gesundheits-

252		bezogene Aspekte verändert, seitdem sie die Online-Inhalte zu den
253		Themen Veganismus, Gesundheit und Ernährung auf Instagram konsu-
254		mieren?
255	B	Mhhh. (-) Ja, also ich denke, im Großen und Ganzen nicht wirklich,
256		weil ich mich vorher schon weitgehend vegetarisch ernährt habe, und
257		da hat sich nicht wirklich etwas verändert.
258	A	Ah, okay, und haben Sie das Gefühl, dass es für Ihre Gesundheit und
259		Ihr Wohlbefinden förderlich wäre, sich genauso oder ähnlich zu ernäh-
260		ren wie die veganen Influencer, denen Sie folgen? Nennen Sie bitte
261		Gründe dafür oder dagegen.
262	B	Das ist eine gute Frage… Ich denke, dass es gar nicht so viel Unter-
263		schied machen würde, weil es tatsächlich einfach so ist, dass es
264		zwischen vegetarisch und vegan jetzt für mich nicht so einen riesigen
265		Unterschied gibt. Also natürlich ist einer da, der ist aber für mich sehr
266		zweifelhaft. Es gibt ja unglaublich viele Studien in der Ernährungswis-
267		senschaft, die sagen, dass Cholesterin schlecht ist, und dann gibt es
268		wiederum welche, die sagen, dass es gut und wichtig wäre. Ich habe
269		immer so ein bisschen das Gefühl, dass eine komplett vegane Ernäh-
270		rung eventuell mit Mangelerscheinungen einhergehen würde, die man
271		dann mit Nahrungsergänzungsmitteln wieder kompensieren müsste
272		und ich weiß z.B. von Laura, dass sie ziemlich viele glaube ich nimmt.
273		Das habe ich zumindest immer so ein bisschen mitbekommen auf
274		ihrem Instagram-Kanal und das wäre für mich dann eigentlich eher
275		eine Beeinflussung in eine negative Richtung, also ich würde es aus
276		diesen Gründen eigentlich auch nicht machen. Ob das jetzt tatsächlich
277		so stimmt, weiß ich nicht, aber das ist bisher so mein persönlicher
278		Eindruck gewesen. Ich denke, es gibt einfach leichtere Wege, das hin-
279		zubekommen und ich glaube, über die Notwendigkeit einer veganen
280		Ernährung lässt sich grundsätzlich diskutieren.
281	A	Wie zufrieden sind Sie mit Ihrer derzeitigen Ernährung? Sehen Sie an
282		der ein oder anderen Stelle Verbesserungsbedarf? Falls ja, worin kon-
283		kret? Würden Sie etwas verändern?
284	B	Ich sehe bei meiner derzeitigen Ernährung nur insofern Verbesserungs-
285		bedarf, als dass ich vor kurzem angefangen habe, zu arbeiten und
286		dadurch kaum noch Zeit habe, mir vernünftig gesundes Essen frisch zu
287		kochen. Der Alltag ist momentan sehr hektisch und ich esse öfters mal

288		Dinge, die ich eigentlich gar nicht essen möchte wie Essen in der
289		Mensa, Take-Aways, Fast Food und Fertigprodukte. Alles, was schnell
290		geht und nichts Selbstgemachtes. Das ist so der Aspekt, der mich
291		grad ein wenig stört und damit einher geht auch so ein bisschen die
292		Verteilung der Nährwerte, die ich persönlich gerne anders hätte.
293	A	Okay, ändert sich die Wahrnehmung Ihrer eigenen Ernährung, nach-
294		dem Sie Zeit auf Instagram verbracht haben?
295	B	Zurzeit ja. Also (.), es ist halt so, dass ich mich zurzeit nicht so ernähre,
296		wie ich es gerne hätte mit diesen ganzen Fertigprodukten. Also es liegt
297		nur an dieser Lebensumstellung und jetzt nicht daran, dass ich prinzi-
298		piell mit der Aufteilung meines Essens in omni, vegetarisch und vegan
299		unzufrieden wäre.
300	A	Okay, und beeinflussen Bilder von veganen Influencern und deren
301		gesundem, pflanzlichen Essen Sie in Ihrer Ernährungsweise? Falls ja,
302		inwiefern?
303	B	(-) Also eigentlich insofern, als dass ich mir denke, ich sollte am
304		nächsten Tag auch wieder vorsichtiger Essen und darauf achten, was
305		ich zu mir nehme. Grundsätzlich so dieser Aspekt, dass man einfach
306		bewusster sein und darauf achten sollte, was man isst, aber jetzt nicht,
307		dass es sich dann in konkreten Mahlzeiten niederschlägt.
308	A	Und wovon hängt das ab, ob Sie sich beeinflussen lassen und ob die
309		Bilder Sie beeinflussen, entweder in Ihrer Denkweise oder in Ihrem
310		Essverhalten?
311	B	Ich denke, es hängt auch stark von der Rezeptionssituation ab. Also
312		wenn ich halt jetzt z.B. kurz in der Mittagspause mal reinschaue, wäh-
313		rend ich mich unterhalte und etwas esse, so total habitualisiert, dann
314		denke ich, ist das alles sehr beiläufig und uninvolviert. Da denke ich
315		dann auch nicht viel drüber nach. Aber wenn ich abends z.B. auf der
316		Couch sitze und alleine bin und meine Ruhe habe, dann denke ich, ist
317		der Einfluss schon deutlich größer.
318	A	Also dann kommt auch wieder der Gedanke, Sie sollten am nächsten
319		Tag wieder gesünder essen?
320	B	Genau, das kommt dann besonders, wenn man auch wieder einkaufen
321		gehen möchte, dass man dann wieder diesen direkten Motivations-
322		schub hat, lieber noch mehr Paprika in den Einkaufswagen zu legen
323		anstelle von Süßigkeiten.

324	A	Okay. Ersetzen denn manchmal auch pflanzliche tierische Produkte?
325	B	Also es ist grundsätzlich so, dass ich bis auf (.) eh Milch und Eier allge-
326		mein nur sehr wenige tierische Produkte zu mir nehme. Die ersetze ich
327		aber nicht, nein.
328	A	Okay. Bitte nennen Sie drei Faktoren, die Ihre Ernährungsweise grund-
329		sätzlich beeinflussen.
330	B	(--) Also Stress und Zeitmangel sind auf jeden Fall ein großer Punkt
331		zurzeit bei mir... Ehm (-), ich sag mal so, immer mal wieder auch mei-
332		ne Gefühlslage, was natürlich auch irgendwo mit dem Stress einher
333		geht. An manchen Tagen habe ich dann total die Lust auf Schokolade.
334		Und dann denke ich auch das Wetter, so blöd das auch klingt. Aber
335		wenn es schön warm ist, dann ernähr' ich mich grundsätzlich ganz gern
336		etwas leichter, z.B. mit Salat, und in den kalten Wintermonaten dann
337		eher die deftigeren Sachen. Und da kommt dann glaube ich auch
338		zwangsläufig mehr Fleisch in die Ernährung mit rein.
339	A	Also würden Sie grundsätzlich bei sich feststellen, dass Sie im Sommer
340		weniger Fleisch essen als im Winter?
341	B	(--) Ja, denke schon, wobei der Unterschied eher gering ist. Aber es ist
342		schon einer da.
343	A	Ah ja, okay. Haben Sie schon einmal Rezepte von veganen Influencern
344		nachgekocht? Wenn ja, wie häufig und warum? Da haben Sie eben
345		schon einmal gesagt, etwa einmal die Woche – was für Rezepte waren
346		das dann?
347	B	Ja also ich denke, einmal die Woche trifft es ganz gut. Ich würde es mir
348		prinzipiell öfter vornehmen, aber das lässt sich auch einfach nicht ver-
349		einbaren, weil ich relativ selten einkaufen gehe auch und dann müsste
350		ich immer diese speziellen Produkte einkaufen und ehm (.) deshalb
351		beschränkt sich das schon auf einmal die Woche, aber das ist dann
352		meistens ein Rezept, das von Natur aus vegan ist, z.B. Nudeln mit einer
353		Gemüsesoße und die koche ich dann einfach nach, weil sie mir gefallen
354		und gut schmecken, aber nicht, weil sie vegan sind.
355	A	Alles klar. Haben Sie das Gefühl, dass eine pflanzliche Ernährungs-
356		weise seit Beginn des Konsums der Inhalte von veganen Influencern
357		grundsätzlich attraktiver für Sie geworden ist?
358	B	Also ich finde, dieses natürlich vegane Essen ist vielleicht noch etwas
359		attraktiver geworden. Diese veganen Zusatzprodukte sind für mich

360		weniger attraktiv geworden, weil ich gemerkt habe, wie teuer und
361		speziell die sind, sodass man sie nicht in allen Supermärkten bekommt
362		und extra in einen Biomarkt muss. Das steht für mich vom Aufwand
363		her nicht mit dem Nutzen in Relation, deshalb ist das ein bisschen un-
364		attraktiver geworden. Aber die vegane Ernährung, die auf natürlichen
365		Produkten basiert, ist schon attraktiver geworden.
366	A	Okay. Haben Sie derzeit die Motivation, etwas an Ihrer Ernährung kurz-
367		oder langfristig zu verändern? Unabhängig von Ihrem Bürojob und
368		dem stressigen Alltag?
369	B	Also unabhängig davon eigentlich nicht, nein. Es soll nur wieder etwas
370		gesünder werden und ich möchte wieder mehr Selbstgemachtes essen.
371		Aber nicht im Hinblick auf mehr veganes Essen oder so.
372	A	Okay, und wodurch kommt diese Motivation konkret zustande?
373	B	Also mit dieser ungesünderen Ernährung bin ich unzufrieden, weil ich
374		die Effekte auf meinen Körper und Organismus nicht gut finde, und
375		als negativ wahrnehme, wie dass man ein Kilo zulegt oder sich müder
376		fühlt. Die Motivation, an der Art meiner Ernährung nichts zu ändern
377		kommt dadurch zustande, dass ich es nicht vereinbar finde mit meiner
378		aktuellen finanziellen Situation und Lebenssituation im Allgemeinen,
379		noch mehr vegan zu essen.
380	A	Könnten Sie sich grundsätzlich vorstellen, sich irgendwann rein pflanz-
381		lich zu ernähren? Bitte nennen Sie Gründe dafür oder dagegen.
382	B	(-) Ich finde, prinzipiell würde von den Umständen her gar nichts da-
383		gegen sprechen, ich möchte mir aber nicht diesen Zwang auferlegen.
384		Wenn man z.B. mit seiner Familie in einem Restaurant ist, wo es keine
385		veganen oder vegetarischen Optionen gibt, möchte ich mich nicht ein-
386		schränken oder auf ein nur sehr kleines Angebot beschränken. Meine
387		Maxime ist, so wenig Fleisch und wenig tierische Produkte zu essen,
388		wie es geht, und wenn dann in einer guten Qualität. Mit der Einstel-
389		lung bin ich persönlich im Reinen.
390	A	Okay. Inwieweit stimmen Sie der Aussage zu, dass eine vegane Ernäh-
391		rung die für den Menschen gesündeste Ernährungsweise darstellt?
392	B	Also ich bin dagegen, bei jeder Mahlzeit irgendwie Fleisch reinzu-
393		packen, aber ich möchte Menschen nicht auf Stufen setzen und sagen,
394		dass das eine besser oder schlechter ist als das andere. Es gibt durch-
395		aus sehr gute Argumente, so zu leben, die sicher auch wahr sind, aber

396		ich bin der Meinung, jeder Mensch sollte machen, was er möchte, und
397		keiner ist besser oder schlechter.
398	A	Okay. Haben Sie einen veganen Influencer schon einmal kontaktiert,
399		um Rat gefragt, oder sich über ein Thema näher auf deren Account
400		informiert?
401	B	Also ich habe tatsächlich mit ein paar veganen Influencern Kontakt, das
402		aber eher in Hinsicht auf Fotografie, nicht die vegane Ernährung.
403	A	Ah, okay. Wie hilfreich schätzen Sie Accounts von veganen Influencern
404		für Menschen ein, die sich gerne pflanzenbasierter ernähren möchten?
405	B	Das ist, denke ich, sehr hilfreich und sinnvoll, vor allem Laura ist da ein
406		gutes Beispiel, weil sie wirklich alle möglichen Fragen, die man ihr
407		stellt, beantwortet. Das sieht man ja auch in ihren Stories, wo sie das
408		zeigt, wenn sie gerade wieder jemandem geholfen hat und die Antwort
409		dann mit allen teilt. Also das ist denke ich schon sehr hilfreich. Die sind
410		ja auch viel näher am Alltag dran als jetzt zum Beispiel irgendwelche
411		nicht-responsiven Ratgeber im Internet, die einem die vegane
412		Ernährung schmackhaft machen wollen. Da ist denke ich eine Person,
413		die zeigt, wie sie das jeden Tag macht, deutlich sinnvoller. Das hängt
414		aber natürlich auch immer von dem jeweiligen Account ab.
415	A	Super, vielen Dank, das war es an Fragen. Haben Sie abschließend noch
416		irgendwelche Anmerkungen oder wollen etwas ergänzen zu den ein-
417		zelnen Fragen?
418	B	(-) Mhh, ich überlege mal kurz. (-) Also ich denke einfach grundsätz-
419		lich, dass Instagram eine sehr gute Plattform dafür ist, Leute auf das
420		Thema Ernährung aufmerksam zu machen und dass ich durchaus auch
421		glaube, dass viele Leute sich da tatsächlich sehr stark beeinflussen
422		lassen von veganen Influencern. Ich merke das ja auch bei mir selbst.
423		Ich denke aber trotzdem, dass man es auch mit einer gewissen Vor-
424		sicht sehen muss.
425	A	Noch einmal zum Verständnis, die Beeinflussung bei Ihnen findet weni-
426		ger dadurch statt, dass Sie dazu animiert werden, vegane Produkte zu
427		kaufen, sondern mehr von den anderen, natürlich veganen Produkten?
428	B	Genau, das ist so eine mindset-Sache, also ich denke grundsätzlich
429		mehr über Ernährung nach und reflektiere, was ich konkret esse, aber
430		ich bin kein Fan von veganen Ersatzprodukten.
431	A	Würden Sie sagen, dass Sie von dem natürlich veganen Essen mehr

432		essen als vorher, oder ist das gleich geblieben die letzten Monate?
433	B	Ich mache mir da kaum Gedanken drüber, eher nicht würde ich sagen...
434	A	Alles klar, danke! Das war's. Vielen Dank für Ihre Zeit!
435	B	Ich danke auch!

Anhang 4: Analyse-Tabellen Leitfadeninterviews

Experte für Nachhaltigkeitskommunikation

Analyse Interview Experte Nachhaltigkeitskommunikation nach Kategorien (Gläser und Laudel)

Vegane Lebensweise				
V1: Motive				
Ausprägung	**Inhalt**	**Ursache**	**Wirkung/ Einfluss**	**Quelle**
Ethik	In Studien werden bei den Hauptgründen für eine vegane Lebensweise an erster Stelle ethische Motive genannt	Tierschutz und Tierrechte	Große Bedeutung	Z. 4-8
Gesundheit	Gesundheit und Wohlbefinden werden gesteigert			Z. 8-9
Umwelt	Umwelt- und Nachhaltigkeitsgründe			Z. 9-10
Soziale Zugehörigkeit	Gruppenaspekt	Man fühlt sich aus moralischen Gründen einer Gruppe zugehörig -> trägt nicht zum Elend bei	Belohnung	Z. 259-261
Selbstbild	Neues Selbstbild durch neues Wertesystem	Bezeichnung Veganer als persönliche Auszeichnung -> Abgrenzung von der breiten Masse	Man meint, sich positiv abzuheben	Z. 262-266
V2: Vorteile des Lebensstils				
Ausprägung	**Inhalt**	**Ursache**	**Wirkung/ Einfluss**	**Quelle**
Moralische Konsonanz	Den eigenen ethischen Ansprüchen gerecht werden	Dissonanz zwischen ethischer Sichtweise und Ernährungsweise	Wunsch nach Veränderung	Z. 105-106
Wohlbefinden	Wunsch nach gesteigertem Wohlbefinden	Sehen, wie gut es anderen damit geht	Anstreben von verbessertem Wohlbefinden	Z. 190-196
Identifikationswert	Essen hat einen anderen Stellenwert	Identifikationswert, denn „du	Veränderte Wahrnehmung	Z. 30-34

	bekommen	bist, was du isst"	verschiedener Ernährungsweisen, ausprobieren	Z. 40-45
	Menschen bezeichnen sich danach, wie sie sich ernähren	klare Abgrenzung gegenüber anderen Ernährungsweisen		

Veganismus in den Medien

V1: Promotion

Ausprägung	Inhalt	Ursache	Wirkung/ Einfluss	Quelle
Marketing/ Werbung	Vermarktung veganer Produkte und Kochbücher	Wird immer populärer	Veganismus ist überall präsent	Z. 34-37
	Produktmarketing in Lebensmittelzeitschriften			Z. 139-140
	Werbung zeigt vermehrt bestimmte Ideale von Jugend	Jugendlichkeit hat einen höheren Stellenwert bekommen	Mehr Menschen verspüren den Drang, jung und fit zu bleiben und sich deshalb gesünder zu ernähren, wollen mehr auf sich achten	Z. 74-79
Institutionen / Politik	Bewerten Veganismus als positiv	Bundesumweltamt, Tierschutzorganisationen und Politik befürworten vegane Ernährung	Wirkt auf Menschen überzeugend und vertrauenswürdig	Z. 134-136

V2: Berichterstattung in den klassischen Medien

Ausprägung	Inhalt	Ursache	Wirkung/ Einfluss	Quelle
positiv	Lösung gesellschaftlicher Probleme			Z. 26-28
	Medienberichterstattung wesentlich positiver als noch vor einigen Jahren		Gesteigertes Umwelt- und Gesundheitsbewusstsein	Z. 129-130

Ausprägung	Inhalt	Ursache	Wirkung/ Einfluss	Quelle
	in Zeitungen werden ökologische Faktoren wie die Landwirtschaft oder der Umgang mit Tieren aufgezeigt	Veganismus als Lösung		Z. 140-142
negativ	Skandale: Tiertransporte 90er Jahre Fleischskandale	Kritischere Auseinandersetzung mit dem Verzehr von Fleisch	Bewusstseinsveränderung: Veränderung des Umwelt- und Gesundheitsbewusstseins	Z. 21-26
	vereinzelt erscheinen Beiträge, die das Thema Veganismus sehr kritisch sehen	positive Darstellung des Themas durch Journalisten	Stehen dem Thema offener gegenüber, deutliche Verbesserung	Z. 130-133

V3: Berichte in den sozialen Medien

Ausprägung	Inhalt	Ursache	Wirkung/ Einfluss	Quelle
Influencer	Teilen ihren Lebensstil	Fotografieren ihr Essen; zeigen, was man als Veganer essen kann	Machen anderen Lust auf veganes Essen	Z. 162-167
	Aufräumen mit Vorurteilen	man kann viele verschiedene Dinge essen und ist nicht eingeschränkt	zeigen, dass vegane Ernährung auch genussvoll sein kann	

V4: Rolle veganer Influencer

Ausprägung	Inhalt	Ursache	Wirkung/ Einfluss	Quelle
Informationsgeber	Teilen ihrer eigenen Erfahrungen, positive Berichterstattung, wie gut es ihnen damit geht	Weniger Hürden, es erscheint leichter, diese Umstellung ebenfalls vorzunehmen, Erfolge anderer motivieren	Motivation, ins Handeln zu kommen	Z. 182-196
	zeigen, was man alles essen kann, was man kochen kann, wie man seine Vitamine bekommt; Je mehr positive Erfahrungen mit dieser Ernährungsweise promo-	praktische Probleme und offene Fragen lassen sich leicht lösen bzw. beantworten, weil die Informationen schnell beschafft sind	Eigene Fragen werden von häufig Gleichaltrigen auf einfache Weise beantwortet; Vorteile, die vermittelt werden, überzeugen und motivieren dazu, selbst auszuprobieren zu wollen	

		tet werden, desto offener und aufgeschlossener stehen andere dem gegenüber			
Vorbild	Stellen Vorbilder für junge Erwachsene dar	Inspirieren mit ihren Inhalten	Regen viele Menschen dazu an, sich vegan zu ernähren	Z. 176-177
Ansprechpartner	Sehr direkte Ansprache der Followerschaft Informationsbeschaffung über Menschen, die Erfahrungen teilen	Rezipienten haben das Gefühl, dass die Person, die man als Vorbild sieht, mit einem kommuniziert Interessierte brauchen Handlungsanweisungen für die Umsetzbarkeit	Übernahme von Empfehlungen und Handlungsanweisungen Hürden zur Umsetzung und Implementierung niedriger	Z. 246-252 Z. 182-188

Veganismus unter jungen Erwachsenen				
V1: Gründe				
Ausprägung	Inhalt	Ursache	Wirkung/ Einfluss	Quelle
Lebenswandel	„[...] Änderungen im Lebenswandel sind viel häufiger bei jungen Menschen der Fall, die gerade von zuhause ausgezogen sind und ihre bisherige Lebensführung infrage stellen, mit neuen Lebenssituationen konfrontiert werden [...]."	Neue Lebenssituation, Auszug von zuhause, selbst kochen	Eigenständig Entscheidungen treffen, was man einkauft und kocht	Z. 84-87
Selbstfindung	Hinterfragen bisheriger Wertesysteme und Entscheidungen	Viele junge Erwachsene sind auf der Suche danach, wie sie ihr Leben gestalten wollen	Neugestaltung des Lebens, Annahme neuer Ernährungsweisen	Z. 87-90
Gesundheit	Eigener Vorteil	Ernährung ist gesund	es geht einem ggf. besser, wenn man sich vegan ernährt	Z. 103-105
Ethik	Eigenen ethischen	Eigenes Werte-	Auf tierische Produkte	Z.

	Ansprüchen gerecht werden	system entwickeln und diesem entsprechend handeln, Identifikation	verzichten, um keinem Tier zu schaden „Der Wille, das in den Alltag und das eigene Wertesystem zu integrieren, der ist dann deutlich größer."		106-111
Zugehörigkeit bzw. Abgrenzung	Abgrenzung gegenüber anderen	Selbstfindung	Sich selbst neu definieren		Z. 90-91
Lösung gesellschaftlicher Probleme	Eine vegane Lebensweise ist eine der Lösung für grundlegende Probleme der heutigen Gesellschaft	In Sachen Umwelt und Klimaschutz, aber auch Krankheitsprävention ist Veganismus ein Teil der Lösung -> Menschheit muss über mehr Lösungen nachdenken, pflanzliche Ernährung als wichtiger Teil der Lösung	Bewusstseinsveränderung: Veränderung des Umwelt- und Gesundheitsbewusstseins, Bewusstsein für Themen wie Klimawandel, wachsende Weltbevölkerung, Ressourcenschonung		Z. 62-70 Z. 98-102
	einige sind sich dringender Menschheitsprobleme bewusst	Fragen sich, wie sie damit umgehen und was sie selbst beitragen können	Suchen in ihrem individuellen Verhalten eine Lösung		
Herausforderung	„Die Entscheidung, sich vegan zu ernähren […] erfordert ein gewisses Commitment, man muss sein Leben ein Stück weit umstellen und seine Verhaltensweisen, das bringt erst einmal gewisse Hürden mit sich […]."	„Das mag für einige auch einen gewissen Reiz bieten, dieser Herausforderung anzunehmen."			Z. 92-98
Identifikationswert	Selbstbild „persönliche Auszeichnung"	Neues Wertesystem	Belohnung		Z. 261-266
Selbstoptimierung	Menschen wollen sich in allen Be-	Druck durch Medien / Werbung	Menschen wollen sich gesünder ernähren,		Z. 80

Anhang

		reichen des Lebens verbessern		um sich vitaler zu fühlen	

V2: Beeinflussende Variablen

Ausprägung	Inhalt	Ursache	Wirkung/ Einfluss	Quelle
Social Media	Soziale Medien als wichtiger Einflussfaktor			Z. 115-116
		Influencer wie Freunde, Vertrauen		Z. 230-235
		Interaktionen, soziale Erreichbarkeit		
		direkte Ansprache von Influencern,		
	Beschleunigung der Verbreitung des Trends	Trend hat Gesellschaften durchdrungen		
			mehr Input -> neue Gedanken, neue Anstöße, eigene Filter-Bubble vergrößert sich	Z. 146-150, Z. 153-154
	Vernetzung mit gleichgesinnten Menschen oder solchen, die einem Informationen geben können	man ist nicht mehr auf sein reales soziales Umfeld angewiesen, um sich über Themen wie Veganismus auszutauschen	sozialer Rückhalt und Informationen online	Z. 155-159
Prominente / Vorbilder	Prominente sowie Personen aus dem sozialen Umfeld können als Vorbilder fungieren			Z. 116-119
	Selbstvermarktung Prominenter wie Attila Hildmann	Leben vor, wie gut es einem gehen kann, wenn man sich rein pflanzlich ernährt	Fans lassen sich überzeugen	Z. 219-224
	Influencer fungieren als Vorbilder	viel Zeit auf Social Media, Personen online haben eine ähnliche Bedeutung wie Personen aus dem sozialen Umfeld	wecken Wunsch, es ihnen gleichzutun Menschen finden toll, was andere Menschen online machen -> Vertrauen bei großer	Z. 175-177

	wesentliche soziale Komponente		Reichweite besonders groß -> Nachahmung	Z. 230-237

V3: Intervenierende Variablen

Ausprägung	Inhalt	Ursache	Wirkung/ Einfluss	Quelle
Verfügbarkeit Produkte	Nimmt Einfluss auf die Hürden und die Umsetzung Wie leicht verfügbar sind die Lebensmittel, die man als Veganer konsumieren möchte?	In einigen Regionen ist das Angebot der Supermärkte eingeschränkt Angebot in Supermärkten einer Großstadt größer als auf dem Land, man bekommt evtl. nicht alle veganen Ersatzprodukte	Menschen haben eher das Gefühl, auf bestimmte Dinge verzichten zu müssen, weil sie die veganen Alternativen nicht kaufen können Umsetzung erschwert	Z. 201-202 Z. 119-126
Umsetzbarkeit im Alltag/ Lebensstil	Viel auf Reisen	Wenige Restaurants und Cafés mit veganen Optionen	Erschwert es, problemlos etwas zu Essen zu bestellen	Z. 202-206
Soziale Akzeptanz	Meinung anderer Einige wollen nicht sozial auffällig sein; Toleranz des Umfelds, Unterstützung der Ernährungsweise -> einfacher	viele junge Erwachsene haben den Wunsch nach sozialer Akzeptanz und Unauffälligkeit	In einem skeptischen Umfeld sind die Persönlichkeitsmerkmale einer Person entscheidend	Z. 124-125 Z. 206-211

Influencerin

Analyse Interview Influencerin nach Kategorien (Gläser und Laudel)

Merkmale Influencerin				
V1: Entscheidung für vegane Lebensweise				
Ausprägung	Inhalt	Ursache	Wirkung	Quelle
Anlass	Instagram	Bei anderen über das Thema gelesen	Angefangen, sich selbst darüber zu informieren	Z. 3-5
Motive/ Gründe	„Das war für mich von Anfang an logisch, sich so zu ernähren"	Hat mehr über diese Ernährungsweise gelernt und es für sich selbst ausprobiert -> hat für sie Sinn ergeben und gut funktioniert	Wurde innerhalb eines Monats komplett vegan	Z. 5-7
Zeitraum	„vor etwa vier Jahren"	Instagram -> bei anderen darüber gelesen	Eigene Recherche	Z. 3
Umsetzung	Hat sich selbst weiter informiert und verschiedene Dinge ausprobiert	Neugierde geweckt	Hat ihr Leben bereichert	Z. 4-7, Z. 10
V2: Vorteile des Lebensstils				
Ausprägung	Inhalt	Ursache	Wirkung	Quelle
Umwelt	„[Ich lebe viel mehr im Einklang mit] ... dem Planeten."	Erweitertes Bewusstsein	Im Einklang, innere Zufriedenheit	Z. 14-15
Gesundheit	„Ich war nie wirklich krank, aber ich merke auf jeden Fall, dass ich fitter und weniger müde bin, weil ich meine Nährstoffe besser decken kann. Ich lasse die immer regelmäßig überprüfen und habe da dann den Beweis schwarz auf weiß."	Kann Nährstoffe besser decken	Fühlt sich fitter und weniger müde, ist immer gesund	Z. 18-21

Ausprägung	Inhalt	Ursache	Wirkung	Quelle
Fitness	„[Ich habe] meine körperliche Fitness auf ein Maximum bringen können"	Vegane Ernährung	Körperlich fitter denn je	Z. 13
Wohlbefinden	„Ich lebe sehr achtsam und ernähre mich intuitiv"	Hat sich zu Beginn sehr intensiv über diese Ernährung informiert und mit dem Thema auseinandergesetzt	„dadurch fehlt mir nie irgendetwas, deshalb würde ich sagen, dass ich mich fitter und gesünder fühle"	Z. 21-25
Achtsamkeit	„[Ich] lebe viel achtsamer und mehr im Einklang mit meinem Körper"	Mehr Bewusstsein	Mehr Achtsamkeit und Einklang	Z. 14
Soziale Beziehungen	„Ich habe über die vegane Community auf Instagram unglaublich enge Freundschaften mit Menschen geschlossen, die dasselbe Mindset haben"	Community-Aspekt	Bereicherung	Z. 11-13

V3: Motivation für Aktivitäten auf Instagram					
Ausprägung	Inhalt	Ursache	Wirkung	Quelle
Wahl der Plattform	„[...] als ich dann Instagram entdeckt habe, hat es mir sehr gefallen, dass ich da mit fremden Menschen interagieren kann"	Hat es erst für sich ausgetestet und weiter gemacht, weil sie Gefallen an dem Austauch mit verschiedenen Menschen gefunden hat	Hat weiter regelmäßig gepostet	Z. 29-34
Interessen/ Affinität	„Ich war schon immer technikaffin und hatte Freude an Computer- und Handyanwendungen wie Apps gehabt"	Hat sich schon immer für Apps interessiert	Hatte Spaß daran, Instagram auszuprobieren	Z. 28-29
Austausch	Austausch und Interaktion mit anderen hat ihr viel Spaß gemacht	Motivation, sich mit gleichgesinnten Menschen zu vernetzen	Hält Kontakte aufrecht, regelmäßiger Austausch	Z. 33
Fotografie	„Also Instagram	Fotografiert un-	Postet, seitdem sie	Z. 37-

		gefällt mir aufgrund des visuellen Aspekts."	glaublich gerne, kann sich mit dem visuellen Aspekt sehr gut identifizieren	vegan geworden ist, regelmäßig Bilder von ihrem Essen zum Austausch mit anderen	41
Zeitraum Aktivitäten		Seit 4 Jahren ist sie auf Instagram aktiv und postet Bilder von ihrem Essen	Seitdem sie vegan geworden ist, ist sie auf Instagram aktiv	Ihr macht der Austausch mit anderen viel Spaß	Z. 39-41
Ziele		„Ich möchte für Menschen für Menschen eine Inspiration sein, mehr vegane Lebensmittel zu konsumieren und pflanzliche Mahlzeiten in ihr Leben einzubauen. Ich möchte auch zu mehr Positivität und Bewusstsein für Gesundheit inspirieren. Vor allem auch das Bewusstsein dafür schärfen, was Menschen ihrem eigenen Körper durch Lebensmittel zuführen."	Möchte aufklären, inspirieren, positive Wirkung erzielen	Menschen bekommen Lust, sich gesünder zu ernähren und reflektieren mehr über ihre eigene Ernährung	Z. 138-142
V4: Zielgruppe					
Ausprägung		**Inhalt**	**Ursache**	**Wirkung/ Einfluss**	**Quelle**
Merkmale		Überwiegend weiblich			Z. 106
		Gleichaltrige junge Frauen, die sich gut mit ihr identifizieren können, geben ihr positives Feedback zu ihren Inhalten und fühlen sich davon inspiriert	Können sich mehr mit ihren Inhalten identifizieren als Männer		Z. 253-256
		Weiblich, Altersklasse von 18-24 Jahren			Z. 263-265
Ernährungs-		Die Hälfte ihrer	Möchte Rezeptin-	Reagieren eher auf	Z.

weise	Story-Zuschauer, die an einer Abstimmung teilgenommen hat, ernährt sich bereits vegan, der Rest ernährt sich vermutlich schon einigermaßen gesund oder hat zumindest Interesse an dem Thema	spiration Auf der Suche nach näheren Informationen zum Thema Veganismus, Rezepten und Empfehlungen oder Laura als Person	Produktempfehlungen und positiver auf Botschaften, die den Veganismus vermitteln Folgen ihr, probieren einiges, was sie empfiehlt, aus	189-197

Strategie Influencerin

V1: Bilder

Ausprägung	Inhalt	Ursache	Wirkung/ Einfluss	Quelle
Motive	Essensbilder und Lifestyle	Möchte die Aspekte Essen und Lifestyle verbinden	Persönlicher, schafft mehr Identifikation und vermittelt Veganismus als Lebensweise	Z. 117
Gestaltung	„Darum versuche ich, meine Bilder ästhetisch und ansprechend zu gestalten."	„Auf Instagram ist der visuelle Aspekt ein vorherrschender Faktor, um erfolgreich zu sein."	Verfolgt ein bestimmtes Design, hält es auf ihrem Feed einheitlich	Z. 65-68
Feed	Verfolgt ein bestimmtes Design und hält es auf ihrem Feed ein	Gibt sich viel Mühe mit der Bildbearbeitung	Einheitlich, ästhetisch	Z. 67-69

V2: Bildunterschriften

Ausprägung	Inhalt	Ursache	Wirkung/ Einfluss	Quelle
Ernährung / Rezepte	Vegane Rezepte, Ernährungstipps	Möchte Mehrwert bieten, zu einer veganen Ernährung inspirieren	inspirierend	Z. 112
Achtsamkeit	Inspiration für mehr Achtsamkeit im Alltag	Möchte Mehrwert bieten	hilfreich	Z. 111
Gesundheit	Gibt Tipps für einen gesünderen Lebensstil	Möchte Mehrwert bieten	hilfreich	Z. 118

Anhang

Ausprägung	Inhalt	Ursache	Wirkung/ Einfluss	Quelle
Empfehlungen	Tipps und Empfehlungen rund um's Thema vegane Ernährung und Gesundheit, teilweise auch Produktempfehlungen	Auf positive Weise vermittelt	Sollen Lust zum Ausprobieren machen	Z. 117-118
Persönliches	Versucht wenigstens einen Aspekt in ihre persönlichen Geschichten zu integrieren, „der die Menschen zum Nachdenken anregt und der Ihnen auch Handlungsempfehlungen gibt."	Baut ein weiteres wichtiges Thema in persönliche Geschichten ein	Schafft Identifikation, liefert Mehrwert, regt zum Nachdenken an	Z. 72-76
Sprache	Hat lange Zeit nur Captions auf Englisch geschrieben, fügt inzwischen auch eine deutsche kurze Zusammenfassung hinzu	Möchte, dass auch ihre deutschen Follower, die nicht so gut Englisch können, ihre Bildunterschriften verstehen	Erreicht mehr deutsche Menschen mit ihrer Message	Z. 200-212

V3: Zielgruppenansprache

Ausprägung	Inhalt	Ursache	Wirkung/ Einfluss	Quelle
Definition Zielgruppe	„Ganz allgemein gesagt sind es Menschen, die bereits Vorerfahrungen mit Achtsamkeit, gesunder Ernährung und einem bewussten Leben haben, sich aber weiter in diesem Feld bilden du entwickeln möchten."	Möchte jeden ansprechen, der nähere Informationen zu diesen Themen möchte	Insbesondere Frauen identifizieren sich von den angesprochenen Themen	Z. 102-107
Ausdrucksweise	Versucht sich so umgangssprachlich und gleichzeitig eloquent wie möglich auszudrücken	Möchte, dass es fundiert wirkt	Leichtes Verständnis, vertrauenswürdig	Z. 87-88
Vermittlung Inhalte	Vermittelt Authentizität und Glaubwürdigkeit Sehr persönliche und authentische Inhalte	Spricht Themen an, die ihrem Alltag entstammen und gibt daraus Handlungsempfehlungen	Follower sollen sich durch persönliche Geschichten, die sie teilt, mit ihr und ihrem Lebensstil identi-	Z. 86-99 Z. 227-236

Ausprägung	Inhalt	Ursache	Wirkung/Einfluss	Quelle
		„Essen allein als Inhalt vermittelt nur Ideen für eine Mahlzeit, deswegen möchte ich über noch mehr persönliche Inhalte gern die verschiedenen Aspekte [...] intensiver vermitteln."	fizieren können Zielgruppe an sich binden, Vertrauen schaffen	
Kommunikative Zielsetzung	Inspiration für mehr Achtsamkeit im Alltag, für vegane Rezepte und Ernährungstipps „Ich hoffe natürlich, dass die Menschen meine Tipps und Empfehlungen umsetzen, und dass sie dadurch achtsamer und gesünder leben, sich vielleicht sogar öfters vegan ernähren, falls sie es nicht schon tun..."	Möchte Inspiration sein, mehr vegane Lebensmittel zu konsumieren und pflanzliche Mahlzeiten in ihr Leben einzubauen möchte Menschen helfen	Follower fühlen sich inspiriert und motiviert Viele Menschen übernehmen ihre Tipps und setzen ihre Empfehlungen um	Z. 111-112 Z. 135-142
Vermittlung Werte	Möchte Achtsamkeit, Positivität und Gesundheit vermitteln	Möchte für ein selbstbestimmtes Leben stehen, dass jeder Mensch sich erschaffen kann	Positiv, ermutigend	Z. 92-93
Zielsetzung	„Ich möchte so viele Menschen wie möglich dazu inspirieren, glücklicher, dankbarer, selbstbestimmter und gesünder zu leben."	Möchte mit ihrem Lebensstil inspirieren	Mehrwert, Übernahme von Empfehlungen	Z. 60-61
Direkte Ansprache	Versucht Followerschaft zum Kommentieren anzuregen	Stellt Fragen	Einbindung der Followerschaft, direkte Ansprache	Z. 88-90
V4: Austausch mit der Community				
Ausprägung	**Inhalt**	**Ursache**	**Wirkung/Einfluss**	**Quelle**

Anhang

Priorität	Die Hälfte der Zeit, die sie aktiv auf Instagram verbringt, fließt in den Austausch mit der Community	Das Schönste, was ihr durch Instagram passiert ist, sind die Kontakte, die sie mit anderen Menschen geknüpft hat, die zu engen Freundschaften geworden sind	Austausch mit der Community hat einen sehr hohen Stellenwert	Z. 128-132
Feedback	Sehr positiv	Personen bedanken sich für Lauras Rezepte, Empfehlungen und Tipps	Haben sie umgesetzt	Z. 163
V5: Positionierung					
Ausprägung	**Inhalt**	**Ursache**	**Wirkung/ Einfluss**	**Quelle**
Inhalte	Möchte die Balance zwischen Food- und Lifestyle-Inhalten aufrecht erhalten -> möchte vermitteln, dass die vegane Ernährungsweise einen in allen Aspekten des Lebens mehr Reflektion und Achtsamkeit lehrt	Findet es sehr wichtig, auch persönliche Inhalte mit einzubinden möchte die Ganzheitlichkeit des veganen Lebesssstils vermitteln	Followerschaft soll sehen, dass eine vegane Lebensweise über die Ernährung hinausgeht und dass „es sich dabei um einen Lebensstil handelt, der noch viel mehr mit sich bringt, als das, was auf dem Teller landet, wie z.B. Achtsamkeit, das Kaufverhalten, der Umgang mit Tieren, anderen Menschen und unserem Planeten."	Z. 212-223
Image	Das Bild in den Köpfen der Followerschaft ist „heruntergebrochen auf die positiven Aspekte" in ihrem Leben	Auf Social Media möchte man positiv inspirieren	„positiv, achtsam, gesund, lebensfroh"	Z. 49-56
Aktivitäten	Teilt positive Aspekte in ihrem Leben	Porträt von ihr, das sie zeichnet, wie sie wahrgenommen werden möchte	„positiv, achtsam, gesund, lebensfroh"	Z. 53-58
Bilder	Essensbilder, Life-	Veganismus als Life-	Inspiration	Z.

	style-Inspiration	style vermitteln		117
Bildunterschriften	Schreibt ihre Bildunterschriften immer auf Englisch Tipps und Empfehlungen rund um's Thema vegane Ernährung und Gesundheit, Rezepte	Möchte so viele Menschen wie möglich erreichen möchte Hilfestellung geben	Mehr Menschen verstehen ihre Texte hilfreich	Z. 85-86 Z. 117-118
Ziel	„Ich möchte gerne eine positive und achtsame Lebensweise vermitteln und Menschen dazu inspirieren, mehr Acht auf sich selber zu geben und dankbarer und gesünder zu leben."	Möchte für Achtsamkeit und Positivität stehen, den veganen Lebensstil attraktiv machen	Menschen sehen, wie gut es Laura mit der Lebensweise geht -> weckt Wunsch, auch so zu leben, um sich gut zu fühlen	Z. 44-46

Einfluss auf Followerschaft				
V1: Feedback/ Reaktionen der Zielgruppe				
Ausprägung	Inhalt	Ursache	Wirkung/ Einfluss	Quelle
Veränderungen	Einige haben durch Lauras Einfluss ihre Lebensweise verändert „Ich bekomme regelmäßig, also sogar täglich Nachrichten von Personen auf Instagram, die mir schreiben, dass ich sie auf gewisse Weise dazu inspiriert habe, gesünder und vor allem pflanzenbasierter zu essen und insgesamt aktiver zu leben."	Haben sich neue Gewohnheiten angeeignet, u.a. Essgewohnheiten, aber auch Sport und körperliche Fitness, Achtsamkeit und Routinen	Fühlen sich besser „Viele schreiben auch, dass sie jetzt durch mich mehr vegane Mahlzeiten in ihre Ernährung einbauen und einige sogar, dass sie jetzt komplett vegan leben	Z. 163-167 Z. 241-
Häufigkeit	„Ich bekomme regelmäßig, also	Lauras Inhalte	Viele Menschen lassen sich von	Z. 241-

		sogar täglich Nachrichten von Personen auf Instagram, die mir schreiben, dass ich sie auf gewisse Weise dazu inspiriert habe, gesünder und vor allem pflanzenbasierter zu essen und insgesamt aktiver zu leben." „[...] Nachrichten, dass ich in irgendeiner Art und Weise einen positiven Einfluss auf das Leben oder die Ernährung von jemandem habe, bekomme ich täglich. [...] Ich bekomme auch wöchentlich Feedback von Leuten, die sagen, dass sie meine Tipps gut fanden, ein Rezept nachgekocht haben, das ihnen gut geschmeckt hat oder anderweitig von meiner Ernährungsweise beeinflusst wurden."		Laura inspirieren	253
Ernährung / Rezepte	Followerschaft kocht Rezepte nach und taggt Laura auf Bildern, kauft Produkte nach, die sie empfohlen hat	Neugierde, Interesse, Wunsch nach einer gesünderen Ernährung	Positiver Einfluss, ein Teil der Follower isst häufiger gesund und pflanzenbasiert	Z. 146-151
Achtsamkeit	Sind positiver und dankbarer	Inspiration durch Laura	Im Alltag achtsamer	Z. 152-
Produktempfehlungen	Sehr zufrieden mit Produkten,	Laura hat ein Produkt empfohlen,	Vertrauen in Laura und ihre	Z. 168-

		die sie auf Lauras Empfehlung hin nachgekauft haben	das ihnen gut gefallen hat	Empfehlungen, finden Gefallen an veganen Produkten	170
	V2: Einfluss/ Auswirkungen				
Ausprägung	Inhalt		Ursache	Wirkung/ Einfluss	Quelle
Indirekter Einfluss / Einstellungen	Sind positiver und dankbarer, im Alltag achtsamer		Machen sich mehr Gedanken über Kaufentscheidungen, sonstige Entscheidungen im Alltag, teils Essgewohnheiten	Fühlen sich insgesamt besser, sowohl körperlich als auch mental -> entwickeln Bewusstsein dafür, welche Auswirkungen ihre täglichen Entscheidungen auf ihr eigenes Leben, das von Tieren, ihrer Mitmenschen und den Planeten haben	Z. 152-160
Direkter Einfluss / Umsetzung	Reagieren auf Vorschläge und Anregungen Bedanken sich für Lauras Kaufempfehlungen und Inspirationen Einbindung von Laura in eigene Postings, kochen Lauras Rezepte nach und taggen sie		Neugierde, Offenheit	Setzen Lauras Empfehlungen um, Kochen Rezepte nach, kaufen bestimmte vegane Lebensmittel, die Laura empfohlen hat, nach und probieren sie aus	Z. 145-152
V3: Aufgabe					
Ausprägung	Inhalt		Ursache	Wirkung/ Einfluss	Quelle
Motivation	Menschen nehmen Veränderungen in ihrem Leben vor		veranlasst Menschen durch ihre positive Art und Message auf ermutigende Weise da-	inspiriert Menschen mit Lebensstil	Z. 176-185

			zu, etwas zu verändern		
Inspiration	Einige verändern ihre Lebensweise von Grund auf, fühlen sich besser, positiver, ausgeglichener und gesünder		Verkörpert das positive Beispiel ihrer Message, lebt vor, was sie täglich in ihren Postings teilt	Beeinflusst zumindest einen Teil ihrer Followerschaft dazu, verstärkt zu pflanzlichen und gesunden Lebensmitteln zu greifen und bessere Entscheidungen im Alltag zu treffen	Z. 176-185
Revidierung von Vorurteilen		Follower fragen, ob ein Gericht wirklich vegan ist, weil es nicht so aussieht	Viele wissen nicht, was für eine Vielfalt man bei einer veganen Ernährung noch essen kann	Nimmt Angst, macht Lust auf die Ernährungsweise	Z. 289-296
Hintergründe des Lebensstils vermitteln, Einblicke gewähren		Fragen, was man am Tag alles so essen kann	Nachfrage nach Einblicken, was Veganer an einem Tag essen	Inspiration	Z. 305-307
Wissensvermittlung		„Häufig werden wir dann auch so nach Ernährungstipps gefragt, oder nach pflanzlichen Proteinquellen." Fragen nach Supplementen	Unsicherheit, Unwissenheit der Follower -> suchen Rat	Wenden sich an Ratgeber	Z. 296-297 Z. 303-304
Empfehlungen / Ansprechpartner		Einige Follower schauen sich auf Empfehlung der veganen Influencer hin Dokumentationen an, wie Hintergründe über den Veganismus aufdecken (Gesundheit, Ethik etc.)	Neugierde, wollen sich weiter bilden	Sind geschockt	Z. 297-299

Rezipientin 1

Analyse Interview Rezipientin 1 nach Kategorien (Gläser und Laudel)

Bildunterschriften				
V1: Hintergrundinformationen zu bestimmten Themen				
Ausprägung	Inhalt	Ursache	Wirkung/ Einfluss	Quelle
Ernährung	Zeigen, was man noch essen kann	Viele sind sich unsicher	Nimmt Angst/ Vorurteile	Z. 300-301
Veganismus	s. Empfehlungen	s. Empfehlungen	s. Empfehlungen	s. Empfehlungen
Empfehlungen	Vegane Doku „Cowspiracy" schaut sich Kostenloses wie Filme an, hat eine Schokolade nachgekauft	Wurde von mehreren veganen Influencern empfohlen	Vertrauen, dass da etwas dran sein muss, wenn die Doku von mehreren empfohlen wird	Z. 74-85 Z. 96-100
Persönliches	Persönlicher Kontakt Unperfekte Fotos, reales Leben zeigen	Kennt einige Influencer persönlich höheres Identifikationspotenzial, schafft Nähe und weckt Vertrauen	Liest die Bildunterschriften gerne wirkt sympathisch, vermittelt gutes Gefühl	Z. 40-41 Z. 42-47

Einfluss von veganen Influencern				
V1: Instagram-Nutzung				
Ausprägung	Inhalt	Ursache	Wirkung/ Einfluss	Quelle
Dauer	Mehr als zwei Stunden, zwei bis drei Stunden, am Wochenende mehr	Viele neue Ideen/ Rezepte etc.	Beschäftigt sich unterbewusst mehr mit dem Thema	Z. 7-10, Z. 14-15

Menge	80 bis 90 Prozent vegan bzw. vegetarisch-vegan	Viel Input von vegan lebenden Menschen	Unterbewusst mehr Beschäftigung mit dem Thema	Z. 29, Z. 33, Z. 36-38
Motive	Ästhetik der Bilder, persönliche Verbindung, gute Inhalte, Gedankenanstöße, Abbildung des realen Lebens, ungestellt und unverfälscht	Inspiration, Anregung	Mehr Gedanken über neue Themen, gutes Gefühl nach Konsum	Z. 40-47
Intensität	„immer zwischendurch"	abgelenkt	Zeitvertreib	Z. 8
Situation	Abends beim Nachhause Kommen unter der Woche, am Wochenende direkt nach dem Aufstehen, insgesamt vier bis sechs Stunden pro Tag			Z. 6-7 Z. 18-23

V2: Einfluss/ Auswirkungen				
Ausprägung	**Inhalt**	**Ursache**	**Wirkung/ Einfluss**	**Quelle**
Gedanken	Neue Gedankenanstöße			Z. 42
Gefühle	Motiviert, inspiriert	Unbewusst, aber gutes Gefühl	Macht sich Essen ohne tierische Produkte	Z. 52-57
Umsetzung	Macht sich etwas Veganes zu essen möchte mit ihrem Freund vegan kochen	Hat ansprechende Rezepte auf Instagram gesehen	Durch veganes Essen auf Instagram	Z. 54-56 Z. 103-106
Kommunikation mit Dritten	Redet mit Freunden über vegane Ernährung	Der Samen wurde gepflanzt	Möchte öfter vegan essen und kommuniziert dies auch im Gespräch mit anderen	Z. 107-108

V3: Aufgabe von Influencern

Ausprägung	Inhalt	Ursache	Wirkung/ Einfluss	Quelle
Motivation	Fühlt sich während und nach der Konsumierung der Inhalte motiviert	Ästhetik, ihr gefällt das Rezept oder die geteilten Gedanken	Möchte spezielle Dinge gerne nachkochen, macht sich unterbewusst automatisch etwas Veganes zu Essen	Z. 52
Inspiration	Fühlt sich während und nach der Konsumierung der Inhalte inspiriert	Ästhetik, ihr gefällt das Rezept oder die geteilten Gedanken	Möchte spezielle Dinge gerne nachkochen, macht sich unterbewusst automatisch etwas Veganes zu Essen	Z. 52
Revidierung von Vorurteilen	s.u.	s.u.	s.u.	s.u.
Wissensvermittlung	Geben Antwort auf die Frage, was man überhaupt noch essen kann	Inspirationsquelle für Unwissende und Unerfahrene	Können Wissen vermitteln und weiter geben	Z. 300-303
Anleitung	Große Hilfe, wenn man nicht weiß, wo man anfangen soll	Hatte sich selbst zu Beginn das E-Book einer Influencerin mit einfachen Rezepten für Beginner heruntergeladen	Richtlinie, auch die Inhalte auf Instagram für Leute, die da völlig neu sind	Z. 293-299
Ansprechpartner	Haben dieses Persönliche	Wie ein Freund oder eine Freundin -> Vertrauen	Können mit Rat zur Seite stehen	Z. 307-310

Einflussfaktoren auf Ernährungsweise

V1: Instagram

Ausprägung	Inhalt	Ursache	Wirkung/ Einfluss	Quelle
Vertrauen in Inhalte/ Influencer	Vertrauen schon groß	Machen das aus Überzeugung, strahlen das aus	Vertraut ihnen viel, aber hinterfragt die konsumierten	Z. 88-93 Z. 96

Ausprägung	Inhalt	Ursache	Wirkung/ Einfluss	Quelle
	Viele positive Kommentare & Rückmeldungen	Leute finden gut, was sie macht, geben positives Feedback, haben Dinge selbst schon ausprobiert	Inhalte auch wecken Vertrauen	Z. 119-127
Verständnis der Inhalte	Versteht auf Englisch nicht immer alle Zutaten bei einem Rezept	Sieht gut aus, aber mangelndes Verständnis	Muss es dann nicht selbst essen/ nachmachen	Z. 224-227
Präsentation der Inhalte	Darstellung des Gerichts, was dazu geschrieben wird	Wertvolle Information wichtig, liefern Mehrwert -> z.B., warum ein Gericht gesund ist	Informativ, ansprechend, ästhetisch	Z. 215-218
Sympathie für Influencer/ Identifikationspotenzial	Unperfekte Inhalte findet Laura sympathisch	Hohes Identifikationspotenzial mag ihre Inhalte, wohnt nicht weit von ihr entfernt	Sympathie und Vertrauen würde sich auch mit ihr treffen	Z. 43-47 Z. 111-115, Z. 133-137

V2: Reales Leben				
Ausprägung	**Inhalt**	**Ursache**	**Wirkung/ Einfluss**	**Quelle**
Eigeninteresse/ -motivation	Eigeninteresse an Thema	Hat sich als Kind/ Jugendliche ungesund/ fleischlastig ernährt	Beschäftigt sich in ihrer Freizeit damit	Z. 65
Soziales Umfeld	Familie und Freunde	Man unterhält sich häufig über Essen	Beeinflusst ihre Denkweise	Z. 231-233
Angebot Supermarkt	Saisonware	Angebot im Supermarkt bestimmt oft, was sie kauft	Entscheidet sich für saisonales Obst und Gemüse	Z. 230-231
Budget	Kauft sich, was sie sich gerade leisten kann als Studentin	Möchte nicht so viel Geld ausgeben	Kauft eher günstige Lebensmittel	Z. 234-237
Eigene Essgewohnheiten	Kein Frühstücksmensch	Isst meistens erst mittags	Isst warm und herzhaft	Z. 247-249

Persönliche Präferenzen	Mag Käse	Größte Schwachstelle, was tierische Produkte betrifft	Isst ab und zu Käse	Z.258 -259
Gefühlswelt	Isst nach Lust und Laune, manchmal auch eine Woche lang vegan	Wenn sie Lust hat, unbewusst	Hört auf ihren Körper	Z. 255-258

V3: Intervenierende Variablen bei einer veganen Ernährung					
Ausprägung	Inhalt	Ursache	Wirkung/ Einfluss	Quelle
Grundeinstellung	Es gibt viele verschiedene Ernährungsformen, die gesund sein sollen	Zweifel, ob die vegane Ernährung die Gesündeste ist	Jeder Mensch sollte auf seinen Körper hören und Essen, was er verträgt	Z. 278-284
Persönliche „Schwächen"	Mag Käse sehr gerne, isst deshalb manchmal nur vegetarisch	Persönliche Präferenz, veganer Käse schmeckt nicht genauso	Hört auf ihren Körper	Z. 258-259, Z. 262-264
Budget	s. V2	s. V2	s. V2	s. V2
Soziales Umfeld/ soziale Erwünschtheit	Konfliktpunkt, wenn sie mit ihrem Freund gemeinsam kocht	Unverständnis seinerseits, warum sie vegan essen möchte	Macht sich dennoch ihre Linsenbolognese, erklärt, dass es ihr besser schmeckt	Z. 264-272

Rezipentenmerkmale					
V1: Interesse an Gesundheit					
Ausprägung	Inhalt	Ursache	Wirkung/ Einfluss	Quelle
	Große Bedeutung			Z. 140-143
		viele aus ihrem sozialen Umfeld waren schon schlimm krank	Legt viel Wert darauf, weiß Gesundheit zu schätzen	
	Instagram kam hinzu			Z. 151-153, Z. 159-

Ausprägung	Inhalt	Ursache	Wirkung/ Einfluss	Quelle
Veränderung/ Entwicklung	Hat sich schon vor Instagram mehr damit beschäftigt	Hat sich früher sehr ungesund ernährt mit viel Fast Food	Nähere Auseinandersetzung mit dem Thema	Z. 148-153
V2: Interesse an veganer Ernährung				
Ausprägung	Inhalt	Ursache	Wirkung/ Einfluss	Quelle
Motive/ Gründe	„weil es mich interessiert, weil ich es für die Umwelt wichtig finde"	Umwelt und Eigeninteresse	Beschäftigt sich in ihrer Freizeit mit dem Thema	Z. 65
Zeitraum	2013 bis heute	Erfahrungen mit Tieren in Thailand	Nähere Beschäftigung mit dem Thema	Z. 66-71
Veränderung/ Entwicklung	Isst häufiger vegan	Ernährt sich seit Februar vegetarisch und fühlt sich positiv durch Influencer beeinflusst	Isst unbewusst häufig vegan	Z. 167-168, Z. 186
V3: Wahrnehmung				
Ausprägung	Inhalt	Ursache	Wirkung/ Einfluss	Quelle
Eigene Ernährungsweise	„eigentlich recht zufrieden"	Kürzlich für eine vegetarische Ernährung entschieden	Zufrieden mit ihrer derzeitigen Handhabung, fühlt sich bestärkt	Z. 205-207, Z. 210
Zufriedenheit mit derzeitiger Ernährung	Fühlt sich durch Inhalte auf Instagram darin bestätigt, dass sie auf einem guten Weg ist	Findet Inspiration für ein Rezept	Fühlt sich ermutigt und motiviert	Z. 210-211
Vegane Ernährungsweise	Wenn man alles richtig macht, sehr gesund	Glaubt, man kann es nicht pauschalisieren, weil jeder Mensch einen anderen Körper hat und etwas anderes verträgt, es gibt viele Ernährungstrends, die gut sein sollen	Keine Verallgemeinerung, aber sicherlich eine der gesündesten Lebens- und Ernährungsweisen	Z. 276-84

Vergleich mit Influencern	Isst weniger von der Menge her als Laura	Isst kleinere Mengen	Hört auf ihren Körper	Z. 175-178
V4: Ernährungsentwicklung				
Ausprägung	**Inhalt**	**Ursache**	**Wirkung/ Einfluss**	**Quelle**
Frühere Ernährungsweise	Ungesund, viel Fast Food	Kannte es so aus ihrer Kindheit und Jugend	Wollte sich aus Eigenmotivation heraus gesünder ernähren	Z. 150
Gründe für Ernährungsveränderung	Wollte von sich aus etwas verändern, Instagram kam hinzu	Hat sie auf ihrem Weg unterstützt	Hat angefangen, sich gesünder zu ernähren	Z. 151-153
Inspiration/ Einfluss durch Influencer	Hat sich Cowspiracy angeschaut -> vegane Doku	Augen öffnend, zusätzliche Informationen	Mehr reflektiert	Z. 74-78
Veränderung	Vegan war anfangs kein großes Thema, erst in Richtung vegetarisch		Wollte kein Fleisch mehr essen, Instagram hat sie zum Interesse am Veganismus verleitet -> misst Instagram einen großen Anteil an der Veränderung bei	Z. 156-161 Z. 164
	seit 2012 immer weniger Fleisch, seit diesem Jahr vegetarisch hat sich Screenshots von pflanzlichen Proteinquellen und der Zusammenstellung vollwertiger Mahlzeiten gemacht	Ernährung der Kindheit und Jugend war sehr fleischlastig, Tradition		Z. 170-172 Z. 189-191
	hat sich schon für vier Wochen während der Fastenzeit vegan ernährt		große Umstellung des Körpers	Z. 198-202

Anhang

Derzeitige Ernährung	Seit Februar komplett vegetarisch, ab und zu auch vegan	Eigenmotivation und Einfluss durch Instagram			Z. 167-168
	isst häufiger vegan als früher	wusste früher nicht, was vegan bedeutet und worauf man bei dieser Ernährungsform achten muss	Isst kein Fleisch mehr und nur wenige tierische Produkte		Z. 186-188
	ist derzeit zufrieden mit ihrer Ernährung	hat sich vor einigen Monaten zu einer komplett vegetarischen Ernährung entschieden und ist sehr zufrieden damit			Z. 205-207
Ausblick Zukunft/ Ziele	Kann es sich für sich selbst nicht vorstellen	Hat es bereits für vier Wochen ausprobiert	Ist sich nicht sicher, ob es ihr danach besser ging, Körper musste sich umgewöhnen		Z. 197-198

V5: Gründe für Ernährungsveränderung				
Ausprägung	**Inhalt**	**Ursache**	**Wirkung/ Einfluss**	**Quelle**
Ethik/ Moral	s. Aha-Moment	s. Aha-Moment	s. Aha-Moment	s. Aha-Moment
Umwelt	Veganismus wichtig für Umwelt	Interessiert sich dafür	Möchte weniger tierische Produkte essen	Z. 65
Aha-Moment	War 2013 in Thailand, hat Erfahrungen mit Tieren gemacht und angefangen, sich Gedanken über Fleischverzehr zu machen, hat recherchiert und sich informiert		Hinterfragen von Fleischverzehr und Recherche	Z. 66-71
Inspiration von au-	Empfehlungen	Dokus	Aus ethischen	Z. 74-

| ßen | | von Instagram-mern | | und Umwelt-gründen vegan | 85 |

Rezipientin 2

Analyse Interview Rezipientin 2 nach Kategorien (Gläser und Laudel)

Bildunterschriften				
V1: Hintergrundinformationen zu bestimmten Themen				
Ausprägung	Inhalt	Ursache	Wirkung/ Einfluss	Quelle
Ernährung	Informationen zum Thema gesunde Ernährung	Auf der Suche nach Inspiration	Starke Beschäftigung mit der veganen Ernährung	Z. 134-139
Achtsamkeit/ Körperbefinden	Lässt sich von Influencern inspirieren	Informiert sich selbst	Lebt achtsamer und bewusster, ernährt sich gesunder und frischer	Z. 174-177
Empfehlungen	Skeptisch, was Marken oder bestimmte Produkte angeht	Möchte Dinge selbst für sich ausprobieren, sich selbst überzeugen	Skepsis, Zurückhaltung	Z. 155-165
	Laura hat verschiedene vegane Nudelarten empfohlen	Realisierung, dass es eine große Vielfalt gibt	Neugierde geweckt, möchte das ausprobieren	Z. 315-318

Einfluss von veganen Influencern				
V1: Instagram-Nutzung				
Ausprägung	Inhalt	Ursache	Wirkung/ Einfluss	Quelle
Dauer	Ca. eine halbe Stunde täglich, in Ruhephasen 46-60 Minuten täglich, in Stressphasen weniger	Morgens 5 Minuten um zu schauen, was es Neues gibt, tagsüber 10-15 Minuten, abends etwas intensiver, 10-15 Minuten	Entspannung	Z. 7-11
Menge	40 Prozent der Influencer teilen über Veganismus	Findet das Thema selbst sehr spannend	Möchte sich mehr damit auseinander setzen	Z. 31-33, Z. 43
Motive	Zum Entspannen, um zu schauen, was es bei anderen Leuten Neues	Langeweile, passiv sein, Ablenkung	Entspannung und Inspiration	Z. 16-25

| | gibt, um sich inspirieren zu lassen und selbst kreativ zu werden | | | |
| | findet das Thema Veganismus sehr interessant und interessiert sich dafür, wie man sich auf kreative Weise vegan ernähren kann | Interesse, Neugierde | lernt dazu | Z. 46-48 |

V2: Einfluss/ Auswirkungen

Ausprägung	Inhalt	Ursache	Wirkung/ Einfluss	Quelle
Gedanken	Glaubt, meistens zu faul zu sein, um sich aktiv um ihr Essen zu kümmern	Sieht, dass andere es auch machen -> Vergleich	Motiviert sie dazu, es selbst öfter zu machen	Z. 94-95
Gefühle	Findet es kreativ, wenn sie eine Smoothiebowl sieht	Fühlt sich angespornt, sich selbst ein kreatives, gesundes Essen zu machen	Positiver, erfrischender Einfluss -> bekommt Lust auf etwas Frisches und Gesundes, freut sich dazu, sich auch etwas Schönes zu essen zu machen	Z. 77-82
Einstellungen	Lässt sich von Rezepten gerne inspirieren, möchte achtsamer und bewusster leben	Wunsch nach einem besseren Lebensgefühl und sich komplett vegan zu ernähren	Beschäftigt sie sehr stark	Z. 166-169
Umsetzung	Hat viel mehr Lust, Rezepte auszuprobieren oder etwas Eigenes zu kreieren	Inspirierter und motivierter, gesünder und bewusster zu essen, beschäftigt sich mehr damit, was sie selbst ausmacht und wie sie ihren Alltag verbessern kann, um sich besser zu fühlen	Kauft gesünder ein	Z. 171-176
	Möchte jetzt ins Handeln kommen und tätig werden	Fängt an, bewusster einzukaufen	möchte den Schritt zu Ve-	Z. 276-

				ganismus wagen	280
Kommunikation mit Dritten	Möchten gemeinsam mit Freunden gesund kochen	Fehlen einer sozialen Komponente im Bezug auf Essen in ihrem sozialen Umfeld		Möchte mehr die Initiative ergreifen und ihre Freunde fragen, ob sie gemeinsam frisch und gesund zusammen kochen	Z. 346-354
		V3: Aufgabe von Influencern			
Ausprägung	**Inhalt**	**Ursache**		**Wirkung/ Einfluss**	**Quelle**
Motivation	Möchte gesundes Essen auch in ihren Alltag einbauen	Fühlt sich durch Bilder von gesundem, frischen Essen motiviert und inspiriert			Z. 89
	stellt Konsum nicht mehr nur infrage, sondern hat nun die Motivation, aktiv etwas zu ändern	Hat vorher immer nur hinterfragt, wurde aber nicht tätig		Kommt ins Handeln und macht sich auch etwas Gesundes zu essen	Z. 276-278
	Motivation für Menschen, die etwas verändern möchten in ihrem Leben	Wunsch nach einer pflanzenbasierten, gesünderen Ernährung und nicht wissen, wo sie ansetzen sollen		Möchte jetzt ins Handeln kommen	Z. 436-439
Inspiration	s.o.				Z. 89
	positive Beeinflussung im Alltag	s.o.		s.o.	Z. 184, Z. 200-205
		Inspiration, Erinnerung, neue Ideen		positives Gefühl	
	macht ihr Lust, zu Reisen und veganes Essen zu probieren				Z. 194-196
	hilfreich, inspirierend	Erfahrungen und Gerichte inspirieren		weckt Reiselust Macht Lust auf den Lifestyle	Z. 435-436
	Rezeptinspiration				Z. 446
Zuspruch/ Ermutigung	Zeigen, dass es nicht schwierig	s.u.		s.u.	Z. 86-87

	und zeitaufwendig sein muss, sich gesund zu ernähren Möchte den Schritt zum Veganismus wagen Letzter Schub an Zuspruch	kauft bewusster ein, möchte ins Handeln kommen	Entscheidung zu einer veganen Lebensweise auf Zeit	Z. 279-282 Z. 439
Revidierung von Vorurteilen	Zeigen, dass gesunde Ernährung nicht viel Zeit beansprucht Mit Vorurteilen aufräumen	Vergisst das in Stressphasen häufig Menschen haben oft Vorurteile gegenüber einer veganen Ernährung	Motiviert und inspiriert sie dazu, sich auch etwas Frisches und Gesundes zu machen -> Erinnerung Zeigen, dass es gar nicht so teuer und aufwendig sein muss, sich vegan zu ernähren	Z. 86-88 Z. 439-445
Hintergründe des Lebensstils vermitteln, Einblicke gewähren	Informationen vermitteln, Antworten auf Fragen geben, Erfahrungen teilen möchte schauen, wie sich vegane Ernährung auf ihr Wohlbefinden auswirkt	Orientierungshilfe benötigt, Ratgeber/ Vorbild/ Vertrauensperson aktive Auseinandersetzung mit dem Thema Veganismus -> sieht, welche positiven Erfahrungen andere damit gemacht haben	Inhalte als Auslöser, der dazu anregt, etwas ändern zu wollen -> wecken Wunsch, sich wohler und besser zu fühlen Entscheidung, sich vegan ernähren zu wollen -> möchte es auch in ihr Leben integrieren	Z. 229-242 Z. 235-242
Wissensvermittlung	Recherche, wie Influencer sich ernähren Beantworten die Frage, was man als Veganer noch essen kann	Auf der Suche nach Information und Inspiration	Dadurch angefangen, aktiv darüber nachzudenken, sich selbst vegan zu ernähren und zu schauen, wie sich das auf ihr	Z. 136-143 Z. 445-446

			Leben auswirkt	
Anleitung	70 Prozent Eigeninitiative und 30 Prozent Inspiration, um eine Art Anleitung zu haben	Vorgaben, wie es funktionieren kann	Umsetzung	Z. 289-291
Wecken von Interesse/ Neugierde -> Agenda-Setting	sehen, was andere so machen, um sich inspirieren zu lassen	Resultate überzeugen, Influencer zeigen, dass sie sich mit einer veganen Ernährung besser, energetischer und wohler fühlen	Ansporn Kommen ins Handeln, werden neugierig gemacht	Z. 379-382
	Letzter ausschlaggebender Grund, Menschen die sich vorher noch nicht näher mit dem Thema auseinander gesetzt haben	viele sind vorher noch unsicher und am Zweifeln, es scheitert an Motivation und Umsetzung, haben noch nie so richtig davon gehört		Z. 447-453
Ansprechpartner	Nachfrage bei Ernährungskapseln	Hat sich gewundert, ob die notwendig sind	Verunsicherung, Unverständnis, warum man die nimmt	Z. 417-423
	Rückfrage bei Empfehlung	wollte Acai-Pulver, das Laura gezeigt hatte, ausprobieren	fragt nach, wenn sie sich für bestimmte Produkte interessiert	Z. 425-429

Einflussfaktoren auf Ernährungsweise				
V1: Instagram				
Ausprägung	Inhalt	Ursache	Wirkung/ Einfluss	Quelle
Vertrauen in Inhalte	Sehr vertrauenswürdig	Wirken natürlich, verstellen sich nicht	Relativ großes Vertrauen	Z. 146-150
Vergleich mit Influencern	Vergleicht ihre eigene Ernährung mit der von Influencern	Beschäftigt sich mit dem Thema genauso viel wie vegane Influencer	Fragt sich, wie sie deren Tipps und Anregungen bei sich selbst	Z. 307-315

Ausprägung	Inhalt	Ursache	Wirkung/ Einfluss	Quelle
			in den Alltag integrieren und abwandeln kann, damit es für sie selbst passt	
Sympathie für Influencer/ Identifikationspotenzial	Laura lebt das Leben, das sie anstrebt zu führen	Bewundert ihren Lebensstil, Wunsch nach selbstbestimmter Lebensführung	Neid, Bewunderung	Z. 187-193
	Einfluss von Influencern als Einflussfaktor an vierter Stelle	schaut sich die Inhalte gerne an, liest Blogs	Reflektiert mehr, findet Inspiration und fühlt sich motiviert	Z. 387-389
Rolle von Instagram	„Wenn man selber gerade unkreativ ist, dann kann man auf Instagram immer schauen, was andere so machen und sich da inspirieren lassen."	Fühlt sich manchmal unkreativ	Ist wieder inspiriert und bekommt neue Ideen	Z. 55-57

V2: Reales Leben

Ausprägung	Inhalt	Ursache	Wirkung/ Einfluss	Quelle
Eigeninteresse/ -motivation	Würde sich gerne vegan ernähren	Findet die Möglichkeiten interessant	Wird selbst dazu inspiriert, neue Gerichte zusammen zu stellen oder etwas Neues auszuprobieren	Z. 50-57
				Z. 378-379
	beschäftigt sich von sich aus sehr stark mit dem Thema Eigenmotivation	starkes Interesse an dem Thema	Recherche, probiert es aus	Z. 385
Zeitfaktor/ Stress	Wieviel Zeit sie zu Essen zube-	Stress	Kocht manchmal	Z. 385

		reiten hat		nicht frisch	
Soziales Umfeld		Schaut, was Familie und Freunde machen und ob das zusammen passt	Schaut viel, was Menschen in ihrem Umfeld machen	Lässt sich teilweise überzeugen	Z. 385-387
Angebot Supermarkt		s. V3 Verfügbarkeit	s. V3 Verfügbarkeit	s. V3 Verfügbarkeit	s. V3 Verfügbarkeit
Wetter/ Jahreszeit		Im Sommer viel Obst und Gemüse	Temperaturen, wenn es wärmer ist	Wunsch nach etwas Leichterem	Z. 296

V3: Intervenierende Variablen bei einer veganen Ernährung

Ausprägung	Inhalt	Ursache	Wirkung/ Einfluss	Quelle
Budget	s. V2	s. V2	s. V2	s. V2
Supermarktangebot/ Verfügbarkeit	In Deutschland ist viel Obst importiert und muss nachreifen	Keine gute Qualität, möchte sich in Deutschland jedoch so gesund ernähren wie in Brasilien	Hat überlegt, wie sie gesundes Essen in ihren Alltag einbauen kann, intensive Beschäftigung mit dem Thema	Z. 264-272
Jahreszeit	s.o.	s.o.	s.o.	s.o.
Zeitmangel/ Stress	Wenig Kopf und Zeit während ihrer Bachelorarbeit nimmt sich im Alltag, wenn es stressig wird, kaum die Zeit, darüber nachzudenken, was sie isst	Fühlt sich gestresst	Möchte danach damit beginnen, sich konsequent vegan zu ernähren	Z. 60-62 Z. 82-85
Bequemlichkeit/ Gewohnheit/ fehlende Motivation	Stoppt sich manchmal selbst isst viele Dinge aus Gewohnheit	Fehlendes Bewusstsein, braucht Erinnerung hinterfragt	Möchte es umsetzen möchte keine tierischen Produkte mehr aus Gewohnheit essen	Z. 102-105 Z. 323-329 Z. 343-354

		Kann sich nicht zum Vorkochen motivieren, möchte nicht nur für sich kochen	hat manchmal keine Lust, wenn sie abends spät nach Hause kommt, frisch zu kochen	möchte mit Freunden gemeinsam gesund kochen, um mehr Spaß zu haben	
Soziales Umfeld/ soziale Erwünschtheit		s. V2 Ihr Freund überredet sie ab und zu dazu, Fisch zu essen wünscht sich, gesund und vegan mit ihrem Freund zu kochen	s. V2 lässt sich überzeugen würde sich dann unterstützt und in ihrer Entscheidung bestärkt fühlen	s. V2 isst ab und zu Fisch würde sich gerne zu hundert Prozent pflanzenbasiert ernähren	s. V2 Z. 298-303 Z. 400-404
Aufwand		Blockade im Kopf, glaubt in stressigen Phasen, es sei zu viel Aufwand	Blockade	Möchte sich selbst häufiger daran erinnern, dass es auch schnell gehen kann	Z. 334-337
Sonstiges		Vertrauen in sich selbst Wissen, offene Fragen	Selbstzweifel glaubt manchmal, sie braucht noch einen pflanzlichen Ersatz	Realisiert, dass das Schlimmste, was passieren kann ist, dass es nicht ganz so klappt, wie sie es möchte Unsicherheit	Z. 313-315 Z. 410-413

Rezipientin 3

Analyse Interview Rezipientin 3 nach Kategorien (Gläser und Laudel)

Bildunterschriften				
V1: Hintergrundinformationen zu bestimmten Themen				
Ausprägung	Inhalt	Ursache	Wirkung/ Einfluss	Quelle
Ernährung	Versteht häufig vieles nicht	Verständnisproblem	Über Themen wie Antioxidantien möchte sie weniger lesen	Z. 373-377
Achtsamkeit/ Körperbefinden	Influencer teilen Gedanken zu den Themen Körperbefinden und innerem Gleichgewicht Interessiert sich für Themen wie Yoga und Körperbewusstsein	Beschäftigen sich damit freut sich über Infos zu diesen Themen	Interessant, inspiriert zur eigenen persönlichen Weiterentwicklung Hilft ihr viel	Z. 100-101 Z. 370-372
Empfehlungen	Findet die empfohlenen Produkte häufig zu teuer	Ist Studentin	Kauft sich diese seltener nach	Z. 363-364
Persönliches	Viele Influencer teilen ihre Gedanken	Beschäftigen sich nicht nur mit dem Thema Ernährung	Weckt Vertrauen, schafft Nähe, ruft ggf. Zustimmung hervor	Z. 97-98

Einfluss von veganen Influencern				
V1: Instagram-Nutzung				
Ausprägung	Inhalt	Ursache	Wirkung/ Einfluss	Quelle
Dauer	Zwei bis drei Stunden täglich	Wenn sie den ganzen Tag arbeitet oder mit Freunden unterwegs ist weniger, wenn sie frei hat mehr	Verbringt viel Zeit auf Instagram	Z. 6-7, Z. 9-12
Menge	65 Prozent der Menschen, denen sie folgt, posten über Veganismus	75 Prozent befassen sich mit Ernährung und die Mehrheit ist vegan, folgt ihnen durch Verknüp-	Viel Input zu dem Thema	Z. 16-19, Z. 21

		fung		
Motive	Folgt häufig Leuten, denen all die folgen, die sie selbst abonniert hat	Interesse für ähnliche Themen, ist mit vielen in Kontakt	Kontakt auch privat über Whats App in einer Gruppe mit Veganern -> viele Kontakte, große Community	Z. 21-24

V2: Einfluss/ Auswirkungen

Ausprägung	Inhalt	Ursache	Wirkung/ Einfluss	Quelle
Gedanken	Findet das geteilte Essen lecker, macht ihr Lust	Ästhetisch	Gutes Gefühl	Z. 27-28
	findet es faszinierend, was alles möglich ist und wie schön man das Essen anrichten kann	viele meinen, Veganismus sei einseitig	das ist es nicht und das wird durch die Bilder deutlich -> Ästhetik, Vielseitigkeit, Abwechslung	Z. 31-35
Einstellungen	Sieht, wie viel möglich ist	War ihr vorher noch nicht bewusst	Fühlt sich motiviert, noch mehr Rezepte auszuprobieren	Z. 31-35
Umsetzung	Ernährt sich vegetarisch und zeitweise vegan	Hat sich in den letzten Wochen verstärkt damit beschäftigt	Teilzeit-Veganerin immer wieder mal	Z. 194-198

V3: Aufgabe von Influencern

Ausprägung	Inhalt	Ursache	Wirkung/ Einfluss	Quelle
Motivation	Fühlt sich motiviert, wenn sie sieht, andere schaffen es auch, sich gesund und gut zu fühlen	Inhalte als Ansporn	Möchte auch tätig werden	Z. 137-140
Inspiration	Zeigen, was möglich ist und was man machen kann, Lust zum Ausprobieren und Nachmachen	Inspirierend	Übernimmt viel für sich selbst an Essen -> positive Beeinflussung	Z. 87-93, Z. 96
	inspirieren dazu, sich selbst weiter zu entwickeln	viele posten ihre Gedanken in die Captions	Zustimmung -> Eindruck, dass sich viele vegane Influencer nicht nur mit dem Thema	Z. 96-101

		Inspirationsquelle	sehen, was andere machen	Ernährung auseinandersetzen, sondern auch mit Körperbefinden und innerem Gleichgewicht	Z. 185, Z. 188-189
				Ergänzender Faktor	
Revidierung von Vorurteilen		Möchte wissen, wie man sich die vielen frischen Früchte als Student leisten kann	Sieht auf vielen Bildern frische Früchte	Verwunderung	Z. 349-351
Hintergründe des Lebensstils vermitteln, Einblicke gewähren		Man sieht, was man alles machen kann	Viele zusätzliche Infos durch Rezepte, Bilder und teilweise Bildunterschriften	Man bekommt ein Gefühl dafür, was möglich ist und was man machen kann	Z. 355-360
Ansprechpartner		Möchte Tipps zu den Themen Food-Fotografie und, wie man auf Rezepte und Bilder kommt	Interessiert sich für Fotografie, möchte selbst kreativ werden	Hat Lust, sich damit auseinander zu setzen	Z. 348-349

Einflussfaktoren auf Ernährungsweise					
V1: Instagram					
Ausprägung	Inhalt	Ursache	Wirkung/ Einfluss	Quelle
Vertrauen in Inhalte	Hält Influencer, denen sie folgt, für vertrauenswürdig Hält auch die Gedanken, die sie teilen, für vertrauenswürdig	Posten auch Essen, das nicht schön angerichtet oder weniger gesund ist -> machen, was sie selbst gut finden legt viel Wert auf authentische Captions -> Einblick in Gedanken und Gefühlswelt des In-	Real Life Posts wirken unverfälscht und wecken Vertrauen und Sympathie durch Identifikationspotenzial schafft Nähe	Z. 63-75 Z. 78-83

Ausprägung	Inhalt	Ursache	Wirkung/ Einfluss	Quelle
Rolle von Instagram	Vernetzung, man lernt neue Leute kennen	Kennenlernen auf Instagram, fluencers	Privater Kontakt, reger Austausch	Z. 123-124

V2: Reales Leben

Ausprägung	Inhalt	Ursache	Wirkung/ Einfluss	Quelle
Eigeninteresse/ -motivation	Der Prozess ist von ihr ausgegangen	Eigenmotivation	Intrinsische Motivation, sich besser und gesünder zu fühlen	Z. 184-190
Zeitfaktor/ Stress	Macht sich häufig nur etwas auf die Schnelle	Wenig Zeit	Macht sich dann ein Omelett, weil es schnell geht	Z. 323-325
Budget	Viele Produkte, die gezeigt werden, sind ihr zu teuer	Ist Studentin, möchte nicht so viel Geld für speziellere Produkte ausgeben	Kauft sich nur günstigere Produkte nach	Z. 363-364
Umsetzbarkeit im Alltag	Wohnt in einem Wohnheim	Stressig, manchmal fehlen Sachen	Umsetzung klappt manchmal nicht genauso, wie sie es sich wünscht	Z. 261-265
Persönliche Präferenzen	Setzt auf den „Glücklich-Faktor"	Ist der Meinung, dass jeder Mensch anders ist und jeder das Richtige für sich finden muss	Wenn sie Lust auf Eier oder Milchprodukte hat, isst sie die noch	Z. 323-326, Z. 337-343
Gefühlswelt	Fleisch hat sie nicht glücklich gemacht Ob Essen sie glücklich oder unglücklich macht und wie zufrieden sie sich damit fühlt	Hat sich mit dem Gedanken an die Mengen Fleisch unglücklich gefühlt	Wille, etwas zu ändern	Z. 172-180 Z. 283-284
Ästhetik	Das Visuelle macht viel aus	Ob etwas lecker aussieht, weil das Auge mitisst	Macht Lust auf's Essen	Z. 285-287
Gesundheit	Wunsch, sich gesünder zu ernähren Nährstoffzusammensetzung	macht Leistungssport,		Z. 127-131 Z. 288-

| | | | möchte sich fit fühlen | | 289 |

V3: Intervenierende Variablen bei einer veganen Ernährung

Ausprägung	Inhalt	Ursache	Wirkung/ Einfluss	Quelle
Grundeinstellung	Sie isst, was sie glücklich macht. Ist gegenüber veganen Ersatzprodukten skeptisch	Omelett macht sie z.B. glücklich	Isst ab und zu Omelett	Z. 323-326
			reizt sie nicht so sehr	Z. 327-329
Persönliche „Schwächen"	Käse und Eier, Honig	Möchte darauf derzeit nicht verzichten	Isst die drei Dinge weiterhin	Z. 155-156, Z. 322
Zeitmangel/ Stress	Wenn's schnell gehen muss, macht sie sich gerne ein Omelett	Hektik, macht sie auch glücklich	Greift noch zu Eiern	Z. 323-327
Überzeugung in Hinblick auf Ethik/ Gesundheit	„Ich bin an sich kein Fleischverweigerer aus moralischen Gründen"	Widerspruch: „Also zum einen dann doch das Gewissen"	Ernährt sich nicht vegan, aber hat ihren Fleischkonsum drastisch reduziert und ersetzt immer mehr Milchprodukte durch vegane Alternativen	Z. 166-167 vs. Z. 172-173
Soziales Umfeld/ soziale Erwünschtheit	Kann mit Freunden und Familie nicht über das Thema reden	Kein Interesse, kein Bezug	Kann sich nur außerhalb ihres realen sozialen Umfeldes mit dem Thema beschäftigen	Z. 57-59
Budget	Viele Produkte, die vorgestellt werden, sind teuer	Ist Studentin, kann sich vieles nicht leisten	Kauft sich nur günstigere Sachen nach	Z. 363-364
Sonstiges	Rahmenbedingungen: wohnt in Wohnheim	Es herrscht Stress in der Küche, es fehlen Sachen	Ernährt sich nicht immer genauso, wie sie es möchte	Z. 261-265

Rezipentenmerkmale

V1: Interesse an Gesundheit

Ausprägung	Inhalt	Ursache	Wirkung/ Einfluss	Quelle
Motive/ Gründe	Interesse sehr groß, weil es wichtig für sie ist, sich fit zu fühlen und auf sich zu achten Vertritt die Meinung, in einem gesunden Körper lebt ein gesunder Geist	Sie ist Läuferin, macht auf Wettkampfbasis Sport Wenn es ihr körperlich nicht gut geht, geht es ihr mental auch nicht gut	Beschäftigt sich viel mit dem Thema Gibt sich Mühe, dass es ihr körperlich gut geht, damit sie glücklich ist	Z. 127-131
Zeitraum	Seit einigen Wochen	Schleichender Prozess	Recherchiert viel drum herum, sucht nach ihrer eigenen Richtung	Z. 46-47
Umsetzung	Übernimmt viel, möchte viel ausprobieren	Kauft viel mehr Obst und Gemüse		Z. 87-89, Z. 150-153
Veränderung/ Entwicklung	War ihr vorher auch schon wichtig, aber ist ihr noch bewusster geworden	Hat sich vorher viel damit befasst, konnte sich aber nie dazu durchringen, es umzusetzen. Hat jetzt den Gedanken, wenn andere es schaffen, dann kann sie das auch	Fühlt sich motiviert	Z. 136-140

V2: Interesse an veganer Ernährung

Ausprägung	Inhalt	Ursache	Wirkung/ Einfluss	Quelle
Motive/ Gründe	Leistungssport, den sie betreibt verträgt keine tierischen Produkte	Möchte auf Ernährung achten ist laktoseintolerant	Vegan ist eine Richtung, die sie einschlagen kann	Z. 38-40
Zeitraum	Seit zwei bis drei Wochen	Schleichender Prozess	Recherchiert viel drum herum	Z. 46-48, Z.

Anhang

					52
Intensität	Beschäftigt sich intensiver mit dem Thema Veganismus	Ist auf der Suche nach ihrer eigenen Richtung, backt und kocht sehr gerne und viel	Schaut viel auf Blogs herum, spricht mit Veganern in der Whats App Gruppe über das Thema		Z. 44, Z. 52-57
Bedeutung von Ernährung/ Gesundheit	Wichtig durch Leistungssport	Möchte fit und gesund bleiben	Ernährt sich vegetarisch		Z. 38
Umsetzung	Kauft sich inzwischen vegane Produkte, ist Teilzeit-Vegetarierin Übernimmt viele Frühstücksrezepte	Steigt auf vegane Alternativen um, wo es möglich ist Ist neugierig, möchte mehr ausprobieren	Ernährt sich zu einem großen Teil vegetarisch und vegan Probiert jeden zweiten oder dritten Tag etwas aus		Z. 153-161 Z. 293-295
Veränderung/ Entwicklung	Fängt gerade an, sich bei ihr zu entwickeln, hat immer weniger Fleisch konsumiert, ernährt sich jetzt vegetarisch und teilweise vegan Eine pflanzliche Ernährungsweise ist für sie attraktiver geworden	Möchte mehr auf ihre Gesundheit achten Man sieht, was machbar ist	Ersetzt tierische durch vegane Produkte Wenn man einen Eindruck davon bekommt, was andere kochen und was möglich ist, macht das die Lebensweise wesentlich attraktiver		Z. 59-60, Z. 153-162 Z. 315-319
V3: Wahrnehmung					
Ausprägung	Inhalt	Ursache	Wirkung/ Einfluss		Quelle
Eigene Ernährungsweise	Es ist ihr egal, was sie isst, solange es sie glücklich macht	Möchte sich gut fühlen und fit sein	Intuitiv essen, auf ihren Körper hören		Z. 218-223
Zufriedenheit mit derzeitiger Ernährung	Die meiste Zeit über sehr zufrieden, die Rahmenbedingungen stören sie mehr Möchte noch einiges probieren, ist aber sehr	Wohnt in einem Wohnheim, Stress in der Küche, Mahlzeiten könnten besser getimt sein, Probleme bei zeitlicher Koordinierung Neugierde	Mit ihrer Ernährung an sich zufrieden, befindet sich in einem Prozess, am Herumexperimentieren mit Rezepten Probiert viel aus, was ihr zusagt		Z. 261-280 Z. 332-333

Ausprägung	Inhalt	Ursache	Wirkung/ Einfluss	Quelle
	stolz auf sich			
Vergleich mit Influencern	Bekommt bei einigen Gerichten Lust, das nachzukochen -> sieht, wo das Potenzial liegt	Findet es faszinierend, wie viele junge Menschen sich mit dem Thema vegane Ernährung beschäftigen und was man alles noch machen kann	Fasziniert, inspiriert, bekommt Lust, hat das Gefühl, viel noch nicht probiert zu haben -> positiv	Z. 227-238
Veränderung/ Entwicklung	Wellenbewegungen, hat zwischendurch immer wieder einen Monat vegan gegessen	Wollte sich aufgrund ihrer Laktoseintoleranz laktosefrei ernähren, um zu schauen, ob es ihr damit besser geht	Hat sich stark mit Sporternährung befasst, Richtung intuitiv essen, mehr von dem, was sie glücklich macht	Z. 210-223
V4: Ernährungsentwicklung				
Ausprägung	Inhalt	Ursache	Wirkung/ Einfluss	Quelle
Frühere Ernährungsweise	Vorher war ihr eine gesunde Ernährung auch schon wichtig, sie hat aber häufiger Süßigkeiten gegessen, zu 50 Prozent Obst und Gemüse eingekauft	Prozess durch Inhalte, der begonnen hat	Ihre eigene Ernährung ist ihr deutlich bewusster geworden	Z. 144-148
Gründe für Ernährungsveränderung	War, wenn sie Fleisch konsumiert hat, nicht glücklich Gewissen	Achtet stark darauf, dass sie isst, was sie glücklich macht Der Gedanke an die Menge an Fleisch, die sie konsumiert hat -> Gefühlssache	Wenn sie etwas nicht glücklich macht, lässt sie es weg -> drastische Reduktion des Fleischkonsums	Z. 165-169, Z. 172-180
Inspiration/ Einfluss durch Influencer	Nimmt viel aus den Beiträgen mit in Sachen Ernährung, aber auch Selbstfindung	Rezeptinspiration, einzelne Zutaten, die sie mal wieder kaufen möchte	Vieles ist ihr bewusster geworden -> Prozess Hilft ihr im Alltag viel, um sich darüber bewusster zu werden, wer sie selbst eigentlich sein möchte	Z. 241-246

Veränderung	Kauft sich andere Dinge zu essen und kocht anders Kauft ab und zu auch vegane Produkte, bereits vorher drastische Reduktion von Fleischkonsum Teilzeit-Vegetarierin	Inhalte auf Instagram		Kauft jetzt zu 80 Prozent Obst und Gemüse, vorher 50 Prozent	Z. 150-162
Derzeitige Ernährung	Komplett vegetarisch, Teilzeit-Veganerin Einstellung: jeder sollte für sich das finden, was für einen selbst funktioniert -> jeder Körper ist anders	Kauft gerne pflanzliche Alternativen, schmecken ihr gut, wenn dann sind es nie große Mengen tierische Produkte, aber abhängig von Supermarktangebot Man sollte das nicht pauschalisieren, jeder hat andere Grundvoraussetzungen		Steigt auf pflanzliche Alternativen um, wo es möglich ist, probiert sich aus, wenn sie Lust auf Eier hat, isst sie die, versucht aber so viel wie möglich in Richtung vegan zu gehen jeder muss finden, womit er selbst zufrieden ist	Z. 156-162, Z. 194-202 Z. 250-258

V5: Gründe für Ernährungsveränderung

Ausprägung	Inhalt	Ursache	Wirkung/ Einfluss	Quelle
Ethik/ Moral	Schlechtes Gewissen	Fühlt sich bei den großen Mengen von Fleisch schlecht	Ernährt sich vegetarisch	Z. 172
Gesundheit	Ernährt sich noch bewusster und gesünder	Achtet seit einigen Wochen noch stärker auf ihre Ernährung	Weniger Süßigkeiten	Z. 136-140, Z. 144-248
Lebensgefühl	Fleisch hat sie nicht glücklich gemacht	Hat sich nach dem Verzehr von Fleisch nicht gut gefühlt	Vegetarierin	Z. 205-206
Sport/ Fitness	Betreibt Leistungssport	s. V2 Motive	s. V2 Motive	s. V2 Motive
Aha-Moment	Hatte eine Dose	Ihre damalige Er-	Wollte ihren	Z.

		Wurst in der Hand und hatte das Gefühl, dass ist nicht das, was sie möchte	nährung hat sie unglücklich gemacht	Fleischkonsum drastisch reduzieren Ernährt sich jetzt vegetarisch	176-180 Z. 205-206
		Fleisch macht sie nicht glücklich			
Inspiration von außen		Macht viele Frühstücksrezepte nach, jeden zweiten oder dritten Tag	Plant ihr Essen immer im Voraus	Zeit- und Geldersparnis	Z. 293-297

Rezipientin 4

Analyse Interview Rezipientin 4 nach Kategorien (Gläser und Laudel)

Bildunterschriften				
V1: Hintergrundinformationen zu bestimmten Themen				
Ausprägung	Inhalt	Ursache	Wirkung/ Einfluss	Quelle
Ernährung	Rezeptideen als Inspiration	Kocht gerne natürlich vegane Rezepte nach	Macht sich einmal die Woche ein veganes Gericht	Z. 241

Einfluss von veganen Influencern				
V1: Instagram-Nutzung				
Ausprägung	Inhalt	Ursache	Wirkung/ Einfluss	Quelle
Dauer	Anderthalb bis zwei Stunden täglich unter der Woche, am Wochenende bis zu zweieinhalb Stunden täglich			Z. 8-15
Menge	Um die 40 Prozent der abonnierten Nutzer sind vegan			Z. 23-24
Motive	Isst selbst wenig Fleisch mag ansprechende Bilder ist interessiert an Food-Fotografie	Schaut gerne, was alles so möglich ist, lässt sich gerne inspirieren, richtet ihr Essen selbst auch gerne schön an, Interesse an Tipps zur Food-Fotografie	Fühlt sich inspiriert	Z. 27-33
Intensität	Mittags beiläufig, abends intensiver	Auf der Arbeit abgelenkt, abends alleine in Ruhe intensiver		Z. 311-317
Situation	In der Mittagspause sehr habitualisiert	Ablenkung, geringes Involvement, beiläufig, unterhält sich und isst nebenbei	Geringe Wirkung, denkt nicht viel drüber nach	Z. 311-317

	Abends alleine in Ruhe	Intensivere Auseinandersetzung	Denkt mehr über die rezipierten Inhalte nach, größerer Einfluss	
V2: Einfluss/ Auswirkungen				
Ausprägung	Inhalt	Ursache	Wirkung/ Einfluss	Quelle
Gedanken	Bekommt Lust auf veganes Essen Glaubt, dass der Lebensstil sehr teuer sein muss	Ästhetik des Essens Viele Zutaten sind speziell, gibt es nicht überall zu kaufen und kosten viel	negative Beeinflussung	Z. 37-41
Gefühle	Neutral, leichter Hang zum Positiven	Essensbilder wecken bei ihre wenige Emotionen	Inspiration	Z. 44-46
Einstellungen	Lässt sich nur in Teilen und relativ wenig beeinflussen bzw. überzeugen	Es ist nicht zu 100 Prozent vereinbar mit ihrem Lebensstil	Lässt sich auf viele Inhalte nicht ein	Z. 71-74
Umsetzung	Legt mehr gesunde Nahrungsmittel in den Einkaufskorb beim Einkaufen	Erinnerung durch Inhalte, gesünder zu essen	Ersetzt Süßigkeiten durch gesunde Lebensmittel	Z. 320-223
V3: Aufgabe von Influencern				
Ausprägung	Inhalt	Ursache	Wirkung/ Einfluss	Quelle
Inspiration	Lässt sich gerne inspirieren, um zu sehen, was alles möglich ist	Isst selbst wenig Fleisch	inspiriert	Z. 28
Hintergründe des Lebensstils vermitteln, Einblicke gewähren	Einblicke und Tipps im Bereich Food-Fotografie Neue Einblicke und Perspektiven	Interessiert sich selbst sehr dafür, kennt einige Influencer persönlicher durch Austausch	Verständnis durch Einblicke hinter die Kulissen, Einschätzung der Motivation hinter dem Lebensstil und: wie machen die das genau, inwiefern setzen die das um, welche Schwierigkeiten	Z. 169-171 Z. 178-183

				gibt es eventuell?	
Ansprechpartner	Schätzt vegane Influencer als sehr hilfreich für Menschen ein	Laura als Beispiel, beantwortet viele Fragen in ihren Posts und Stories, Influencer sind näher am Alltag dran als nicht-responsive Ratgeber im Internet	Eine Person, die zeigt, wie sie das jeden Tag macht, hält sie für sinnvoll	Z. 405-413
Agenda-Setting	Instagram als geeignete Plattform für vegane Influencer, die den Lifestyle vermarkten wollen	Visueller Aspekt, zusätzliche Information durch Bildunterschriften	Macht Menschen auf das Thema aufmerksam, Beeinflussung kann unterbewusst stattfinden -> sie selbst denkt grundsätzlich mehr über Ernährung nach und reflektiert, was sie konkret isst -> Bewusstsein	Z. 419-422 Z. 428-429

Einflussfaktoren auf Ernährungsweise

V1: Instagram

Ausprägung	Inhalt	Ursache	Wirkung/ Einfluss	Quelle
Vertrauen in Inhalte	Mittleres Maß an Vertrauen	Vertraut einigen stark, anderen weniger	Einige vertrauenswürdig, andere weniger	Z. 64-68
	Vertraut bei vielen Likes, Kommentaren und Followern in Lauras Kompetenzen im Hinblick auf Food-Fotografie	Viele Menschen finden den Veganismus gut würde hinsichtlich Ernährung jemandem, der in dem Bereich eine Ausbildung gemacht hat, mehr Vertrauen	schließt daraus, dass es gut sein muss Glaubt, Laura hat ein gutes Auge für Fotografie	Z. 104-106 Z. 107-113
Sympathie für Influencer/ Identifikationspotenzial	Fühlt sich mit Laura nicht sehr verbunden, mit anderen In-	Kann sich mit Lauras alternativem Lebensstil wenig identifizieren	Wenig Identifikationspotenzial	Z. 95-101

Ausprägung	Inhalt	Ursache	Wirkung/ Einfluss	Quelle
Rolle von Instagram	fluencern mehr Plattform zum Austausch Gute Plattform, um Leute auf das Thema Ernährung aufmerksam zu machen	Community-Aspekt Viele Bilder und Rezepte, viel Inspiration	Kommunikation veganer Influencer mit nicht-veganen Nutzern Viele Nutzer werden neugierig, probieren Dinge aus	Z. 157 Z. 419-420

V2: Reales Leben

Ausprägung	Inhalt	Ursache	Wirkung/ Einfluss	Quelle
Eigeninteresse/ -motivation	Starkes Interesse an Ernährung	Wollte früher abnehmen	Beschäftigt sich intensiv mit dem Thema	Z. 49-56
Zeitfaktor/ Stress	Arbeitet viel, hat wenig Zeit zum frisch Kochen	Greift öfters zu Fertigprodukten	Kocht nicht so frisch und gesund, wie sie es gerne hätte	Z. 330
Umsetzbarkeit im Alltag	Ist ihr häufig ein zu großer Aufwand, gesund zu kochen			Z. 130-132
Gefühlswelt	Geht häufig mit Stress einher	Bekommt Lust auf Schokolade	Frustessen	Z. 332-333
Wetter/ Jahreszeit	Wenn es warm ist, ernährt sie sich gerne leichter, im Winter warm	Passt ihre Ernährung an die Jahreszeit an	Im Sommer eher Salat, im Winter deftiger mit mehr Fleisch	Z. 334-338

V3: Intervenierende Variablen bei einer veganen Ernährung

Ausprägung	Inhalt	Ursache	Wirkung/ Einfluss	Quelle
Grundeinstellung	Sie hält es nicht für mit ihrem Lebensstil vereinbar, ihre Lebenssituation im Allgemeinen Für sie existiert kein großer Unterschied zwischen einer vegetarischen und einer veganen	Gründe s.u. Vegane Ernährung ist für sie sehr zweifelhaft, weil es viele widersprüchliche Studien gibt, die sich unterschiedlich über gesundheitliche Vorteile äußern	Lässt sich nicht darauf ein, dass die Inhalte sie überzeugen Hat selbst das Gefühl, dass eine komplett vegane Ernährung mit Mangelerscheinungen einher gehen kann, die man mit Nahrungsergänzungsmitteln wieder kompensieren muss	Z. 71-79 Z. 378 Z. 263-

		Ernährung		-> Beeinflussung in eine negative Richtung	275
Persönliche „Schwächen"		Kauft weiterhin Milch und Eier, verwendet ansonsten nur sehr wenige tierische Produkte	Ist von den gesundheitlichen Vorteilen einer rein pflanzlichen Ernährung nicht überzeugt	Ersetzt diese aber nicht, würde stattdessen mehr natürlich vegane Produkte wie Obst und Gemüse kaufen	Z. 325-327
Budget		Hält viele Produkte für zu teuer	Lebt nicht vegan und sieht keine Notwendigkeit, bestimmte Produkte durch andere teurere zu ersetzen		Z. 75-78
		Einige spezielle vegane Produkte sind ihr zu teuer			Z. 210-211
		Finanzielle Situation lässt es nicht zu			Z. 378
Bequemlichkeit/ Gewohnheit/ fehlende Motivation		Viele Rezepte sind ihr zu spezifisch	Enthalten Zutaten, die sie neu kaufen müsste		Z. 209-210
		Ihr fehlt die letzte Handlungsmotivation			
Fehlendes Wissen		Weiß bei vielen Lebensmitteln nicht, ob sie vegetarisch oder vegan sind			Z. 196-202
Überzeugung in Hinblick auf Ethik/ Gesundheit		Hält die gesundheitlichen Vorteile einer veganen Ernährung für umstritten	Der Veganismus verfolgt eine andere Lebensphilosophie	Ist sich unsicher, ob es stimmt, aber dies war ihr persönlicher Eindruck -> Beeinflussung in eine negative Richtung	Z. 76
		Ist nicht überzeugt	Möchte keine Nahrungsergänzungsmittel nehmen und würde sich deshalb nicht vegan ernähren		Z. 79
		Glaubt, eine vegane Ernährung geht mit Mangelerscheinungen einher			Z. 269-280
		Ist der Meinung, die vegane Ernährung ist nicht zwingend die gesündeste			Z. 394

	Ernährungs-form			
Aufwand	Viele Rezepte sind ihr zu spezifisch Möchte für spezielle vegane Produkte nicht extra in einen Biomarkt gehen	Enthalten Zutaten, die sie neu kaufen müsste Aufwand steht mit Nutzen nicht in Relation	Ihr fehlt die letzte Handlungsmotivation spezielle Produkte sind für sie unattraktiver geworden	Z. 209-212 Z. 361-3364
Supermarktangebot	Es sind nicht alle Ersatzprodukte in allen Supermärkten zu finden	Zu großer Aufwand für sie	Kauft sie selten	Z. 359-362
Restriktion	Möchte sich selbst keinen Zwang auferlegen	Möchte sich selbst nicht einschränken	Lässt sich alle Möglichkeiten offen, isst mit der Maxime, so wenig tierische Produkte wie möglich zu konsumieren	Z. 383-388

Rezipentenmerkmale				
V1: Interesse an Gesundheit				
Ausprägung	Inhalt	Ursache	Wirkung/ Einfluss	Quelle
Umsetzung	hat großes Interesse an dem Thema, an der Umsetzung mangelt es häufig	Versucht recht viel darauf zu achten, aber schafft es nicht immer, wie sie es sich vornimmt, weil sie durch die Arbeit viel zu tun hat		Z. 124-132
Veränderung/ Entwicklung	Ist ihr wichtiger geworden, weil sie sich mehr damit beschäftigt Bedeutung war vorher auch schon relativ groß Involviertheit in das Thema Ernährung ist auf demselben Niv-	Hinterfragt, was sie bisher gemacht hat, lernt neue Möglichkeiten kennen, die man vorher nicht kannte Hatte vorher durch andere Plattformen schon mit anderen Ernährungsformen wie low carb zu	Beschäftigt sich mehr und intensiver und mit einem gesünderen Ansatz mit dem Thema hinterfragt, wie sinnvoll die Ansätze sind	Z. 137-143 Z. 147-153 Z. 155-157

Anhang

| | | au geblieben, der Fokus hat sich jedoch gewandelt | tun viel Kontakt zu anderen veganen Mitgliedern der veganen Community auf Instagram | Fokus von allgemeinen Ernährungsformen eher hin zu veganer Ernährung | |

	V2: Interesse an veganer Ernährung				
Ausprägung	Inhalt	Ursache	Wirkung/ Einfluss	Quelle	
Motive/ Gründe	Das Thema Ernährung ist ihr wichtig	Wollte etwas abnehmen, hat sich auch andere Ernährungsformen wie low carb angeschaut	Achtet auf ihre Figur, beschäftigt sich mit dem Thema Ernährung	Z. 50-53	
	Beschäftigung mit Veganismus eher zufällig	Geht mit dem Thema Ernährung einher	Ist für sie ein Strang von vielen, kommt so mit	Z. 53-56	
Zeitraum	Ca. ein Jahr Thema Ernährung, seit vier bis fünf Monaten vegane Ernährung	Wollte damals abnehmen, hat low carb ausprobiert	Hat es geschafft, abzunehmen	Z. 49. Z. 159-160	
Intensität	Beschäftigt sich zwangsläufig intensiver mit dem Thema vegane Ernährung, weil sie die Inhalte täglich sieht	Interessiert sich stark für verschiedene Ernährungsformen	Denkt mehr über veganes Essen nach	Z. 59-61	
Bedeutung von veganer Ernährung	Bedeutung hat zugenommen	Konsum der Influencer-Inhalte auf Instagram, Austausch mit anderen Mitgliedern der Community	Persönliche Kontakte mit Veganern online geben ihr neue Perspektiven und Einblicke	Z. 164-171	
Umsetzung	Einzelne Gerichte haben sich leicht verändert, aber sie isst nicht mehr vegan			Z. 212-214	
Veränderung/ Entwicklung	Fokus von allgemeinen Ernährungsformen	Kontakt zu anderen Veganern auf Instagram	Intensivere Auseinandersetzung mit der veganen	Z. 155-157	

229

		zur veganen Ernährung Vegane Ernährung, die auf natürlichen Produkten basiert, ist für sie attraktiver geworden	Schmeckt ihr gut	Ernährung	Z. 364-365

V3: Wahrnehmung					
Ausprägung		Inhalt	Ursache	Wirkung/ Einfluss	Quelle
Eigene Ernährungsweise		Möchte wieder vorsichtiger essen und darauf achten, was sie zu sich nimmt	Möchte sich bewusster darüber sein, was sie isst und mehr darauf achten	Fühlt sich nach der Konsumierung der Inhalte von Influencern erinnert	Z. 295-306
Zufriedenheit mit derzeitiger Ernährung		Möchte wieder vernünftig gesundes Essen frisch kochen	Hat durch die Arbeit wenig Zeit dazu, hektischer Alltag	Isst öfters Dinge, die sie nicht essen möchte („convenience food"), strebt eine andere Verteilung der Nährwerte an	Z. 284-292
Vergleich mit Influencern		Vergleicht es relativ oft Im Hinblick auf die Umsetzbarkeit Ästhetik -> rein äußerlicher Vergleich	Sieht in vielen Fällen sehr ähnlich aus, vor allem das Frühstück Überlegt, ob sie das in ihrem eigenen Alltag so umsetzen kann, wie es gezeigt und empfohlen wird	Macht ihr Frühstück jedoch mit normaler Kuhmilch Einige Influencer machen das hauptberuflich, haben mehr Erfahrung -> zweifelt manchmal daran, inwiefern es in ihr Leben integrierbar ist	Z. 218-228
Veränderung/ Entwicklung		Nimmt sich vor, einiges selbst mal nach zu kochen Kocht einmal die Woche ein Rezept nach Ermahnt sich öfters, gesünder zu essen mit mehr Gemüse	Möchte Rezepte nachkochen Würde es sich öfter vornehmen, aber geht selten einkaufen Unterbewusste Beeinflussung Hält Ersatzprodukte für teuer	Möchte nicht so häufig spezielle Produkte einkaufen, kocht meistens Rezepte nach, die von Natur aus vegan sind und keine Ersatzprodukte enthalten Achtet verstärkt darauf, frisch zu essen, mehr Ge-	Z. 231-232 Z. 347-354 233-237

| | Natürlich veganes Essen ist noch attraktiver geworden, vegane Zusatzprodukte dagegen weniger attraktiv | und speziell | müse und gesunde Kohlenhydrate | |
| | | | Kocht mehr natürlich vegane Gerichte nach | Z. 358-365 |

V4: Ernährungsentwicklung					
Ausprägung	Inhalt	Ursache	Wirkung/ Einfluss	Quelle
Frühere Ernährungsweise	Low carb	Wollte abnehmen	Beschäftigt sich viel mit dem Thema Ernährung	Z. 49-53
Gründe für Ernährungsveränderung	Die Veränderung, die stattgefunden hat, ist zu 85 Prozent der Konsumierung der Inhalte von veganen Influencern geschuldet	Intensiver Kontakt zu anderen Veganern auf Instagram	Die Veränderung selbst ist nicht sehr groß	Z. 188-190
Inspiration/ Einfluss durch Influencer	Kocht einmal in der Woche ein Rezept nach	Häufig auch kleinteilige Inspiration	Kauft bestimmtes Obst, das sie auf Instagram bei jemandem gesehen hat -> eher bei natürlich veganen Produkten wie Früchten und Gemüse der Fall, weniger bei speziellen veganen Produkten wie Tofu, Mandelmilch, Sojajoghurt etc.	Z. 241-242, Z. 244-250
Veränderung	Kocht natürlich vegane Gerichte nach	Schmecken ihr gut	Einmal die Woche kocht sie ein Rezept nach	Z. 351-354
Derzeitige Ernährung	Ernährt sich 90 Prozent der Zeit oder mehr vegetarisch, davon fünf Prozent vegan	Weiß bei vielen Dingen nicht, ob sie vegetarisch oder vegan sind	Ernährt sich 80 Prozent der Zeit vegetarisch, fünf Prozent vegan und 15 Prozent normal	Z. 194-204
Ausblick Zukunft/	Es soll wieder	Findet die Effekte	Möchte wieder	Z.

Ziele	gesünder werden, mehr Selbstgemachtes	auf ihren Körper und Organismus nicht gut	abnehmen und sich fitter fühlen	369-376
	Grundsätzlich würde für sie nichts gegen eine rein pflanzliche Ernährung sprechen, möchte sich jedoch keinen Zwang auferlegen	Soziale Aspekte und Aufwand als intervenierende Variablen -> möchte sich bei Restaurantbesuchen nicht auf das vegane Angebot beschränken, möchte keine Einschränkung	Maxime, so wenig Fleisch und tierische Produkte zu essen, wie möglich, wenn in guter Qualität	Z. 382-389

V5: Gründe für Ernährungsveränderung

Ausprägung	Inhalt	Ursache	Wirkung/ Einfluss	Quelle
Ethik/ Moral	Tierschutz ist ihr wichtig	Tierhaltung bringt viele Umweltaspekte mit sich	hat das Gefühl, etwas Gutes für die Umwelt zu tun	Z. 85, Z. 91
Umwelt	Möchte mehr auf ihre Umwelt und ihren Konsum achten	Ihr sind Ressourcenschonung und Nachhaltigkeit wichtig	Fühlt sich positiv beeinflusst, hat das Gefühl, etwas Gutes für die Umwelt zu tun	Z. 82-83, Z. 85, Z. 92
Gesundheit	Gesundheit ist ihr wichtig			Z. 85
Sport/ Fitness	Veganismus und Sport sind eng verknüpft	Möchte sportliche Erfolge sehen	Hat das Gefühl, besser auf sich zu achten	Z. 85
Inspiration von außen	Kauft bestimmtes Obst oder Gemüse, das sie auf Instagram gesehen hat	Natürlich vegane Produkte als Inspiration		Z. 244-250

Anhang 5: Transkriptionen Instagram-Beiträge

Beitrag 1

Zeile	Text
1	Anyone wanna join me for a late lunch in paradise? 🐨🍪🐨
2	Check out @theloftbali for healthy sweet and savoury bowls 🖤 it's a new restaurant,
3	they opened a couple of months ago! 😊
4	@alexaaearth and me are in Munduk now. The view here is incredible! We went for a
5	hike earlier and got surprised by heavy rain. 🌧️🌂 Luckily we found shelter in a small
6	cow stable where we spent an hour just chilling with 2 beautiful brown cows. 🐯 The
7	time we spent in wilderness truly opened our eyes for the miracles present in every
8	moment yet hidden behind the veil of our constantly busy minds. Cows are magical
9	creatures. Every living being deserves its divine existence in peaceful harmony. No
10	animal deserves to be chained up or confined. We wished we could've untied the
11	cows but then we realised that through spreading veganism here on this amazing
12	platform we are already having such a huge positive impact on so many people. Every
13	vegan meal you eat contributes to the liberation of animals on this planet. Demand
14	creates supply. Your biggest power is your purchasing power. Please use your money
15	wisely. Buy local, organic and fair. If you're on a budget, buy seasonal and local. I

16	always buy the fruits and vegetables that are on sale. What you put on your plate can
17	literally change the planet. The vegan diet is the most environmental, ethical and
18	sustainable diet on this planet. And nothing beats the feeling of doing something good
19	for the planet AND for your body at the same time.

Quelle: https://www.instagram.com/p/BgQVd5cDz0M/?taken-by=laurafruitfairy

Beitrag 2

Zeile	Text
1	Happy #WorldVeganDayguys! ♥
2	Today is a good day to reflect on your diet choices so far. Are you vegan / planning on
3	going vegan? What's keeping you from stepping up your diet? What are the biggest
4	obstacles?
5	The vegans among you: could you imagine ever eating an animal product again, if yes,
6	which one would be the lesser evil for you? 🐄🥛🔍🧀
7	If I was in the wilderness by myself with nothing to eat and my life depending on it I
8	think I might dare to kill a fish (very heavy heartedly). Could you kill an animal and
9	remove its entrails? 🔪
10	Don't you find COW'S MILK absolutely weird yet? The creamy cholesterol packed
11	breast milk of another species!? What other species on the planet consumes the milk of
12	ANOTHER species??? Humans are weird. 😵
13	Oh and eggs.... the painful period product a healthy hen is supposed to drop a few
14	times a year. 🥚 Modern farming forces/breeds hens to drop an egg every day!!!! Which
15	leeches so much calcium and other essential nutrients from the hens that they suffer
16	from osteoporosis and other painful diseases all their lives! 🐔 The poor hens live a
17	pathetic painful short existence just so YOU can eat an egg every now and then which
18	delivers you nutrients you can find abundantly in many PLANTS too. There is absolu-

Anhang

	tely
19	NO NEED to consume any animal products at all.
20	Even if there was something vital we could only get from dairy, eggs or meat, eating
21	those is just so damn weird that I'd rather supplement than ever eating them again.
22	Thank god the plants on this planet efficiently fuel our bodies and cover the wide
23	spectrum of required daily nutrients perfectly. 🍎🥬💊🍲🥑
24	Just a few decades ago we needed livestock to survive but now we can FINALLY thrive
25	off a well-varied plant-based diet. THE FUTURE IS HERE!! Who's hopping on the
26	train with me? 🐵🐨🐅🐘 #goveganfortheanimals 💚🐮🐷👽🐽🐗🐍🦍🐒🐵🐑🐩💚

Quelle: https://www.instagram.com/p/Ba9e9G1Djkb/?taken-by=laurafruitfairy

Beitrag 3

Zeile	Text
1	Any baked pumpkin lovers here?
2	I spent the afternoon with my girls @plantbased_blossom & @ju.liciously 💗 now I'm on
3	my way home where I will probably make the exact same thing for dinner again 😄😍 I
4	spiced the chickpeas with @dipster.de 'Sahara Könner', the dip is the sunflower seed
5	dressing from my ebook. It's my favourite dressing because it takes 1-2 minutes to
6	make it and no blender is required. 😊 it's just sunflower seed butter, water, lemon juice
7	and coconut blossom sirup ❤ /
8	Please don't eat dairy products. Unfortunately buying organic cheese doesn't help the
9	thousands of male calves being slaughtered every day for not giving milk. By the way,
10	the females are also slaughtered after 4 years for financial reasons. They simply don't
11	"produce" enough milk to be worth the cost. Do you think your "local" farmer is different?
12	Have you ever asked him what he does to the males? If you find ethical dairy products
13	somewhere, good for you, but they're still not healthy. Casein (dairy protein) is the most
14	largely consumed cancer promoting component in the world. Some athletes even take
15	casein supplements (HOW CRAZY IS THAT!?). Please read about casein and cancer

16	online. I strongly advise you to rethink your eating habits if you still consume dairy! Btw
17	the best vegan cheese I've ever tried is by @happy_cheeze which I found at the XOND
18	fair today. 😊 🧀

Quelle: https://www.instagram.com/p/BahCIUpDK_d/?taken-by=laurafruitfairy

Beitrag 4

Zeile	Text
1	Creamy chocolate pudding oatmeal bentos with looooots of fruit.😊🍫🍓🥝
2	Jenna from @cafeorganicbali asked me in our livestream yesterday what food I think
3	people should eat more and my answer was FRUIT! There is a big misconception that
4	fruit sugar causes weight gain. There are no "fattening" foods. What makes you gain
5	weight is a calorie surplus - which means if you eat more than you burn, your body will
6	store the extra energy in form of fat. When it comes to weight gain (not talking about
7	health), it doesn't matter how "healthy" you eat - if you eat too much you'll put on
8	weight.
9	Fruit can actually HELP YOU LOSE WEIGHT because it's high in fibre, water and
10	vitamins. Nutritional foods satiate your cells on a deeper level. Fruit makes your body
11	happy. Fruit is life. 🙏😊🍫🍏🍓🍊🥝🥥

Quelle: https://www.instagram.com/p/BgNycPJDreW/?taken-by=laurafruitfairy

Beitrag 5

Zeile	Text
1	Happy Friday guys! 🩷
2	October is #breastcancerawareness month🎗️, so I joined the awesome campaign
3	by @bcacampaign which is a charity campaign to inform about breast cancer. You can
4	get your own pink ribbon at bca-campaign.org where 30 cents will be donated to the
5	national breast cancer institute for each ribbon.🎗️
6	Some information from my side (taken from my favourite book How Not To Die):
7	🎗️ Every year 230,000 are diagnosed with breast cancer in the USA only. 40,000 die
8	from it..
9	🎗️ Breast cancer develops over decades and might even start in the mother's womb..
10	🎗️ Risk factors❗are alcohol, excess body weight and high consumption of animal
11	🎗️ Breast cancer prevention: physical activity and a plant-based diet to bring down your
12	cholesterol and up your fibre intake and melatonin production..
13	🎗️ Studies have shown that the following foods enormously decrease your breast
14	cancer odds: apple peel🍎, flaxseed, collard greens, broccoli, mushrooms, soya. Meat
15	does the opposite.
16	For more infos check out the #bcacampaign🎗️
17	Are you guys interested in more of these kinds of disease education posts? 🙃
18	I added @joyfoodsde beetroot powder to colour my rice pudding pink today. 🩷

Quelle: https://www.instagram.com/p/BadoRgYDvaP/?taken-by=laurafruitfairy

Beitrag 6

Zeile	Text
1	AQUA BOWL 🐬 who would like to dive in?
2	Perfect for today's rainy weather 😊 🍧 🥄
3	Just blend 3 frozen bananas, 150g frozen cauliflower, 2 Tbs pumpkin seed protein & 1
4	tsp spirulina and you'll get this colour. 💚 When you use a food processor and only
5	blend the cauliflower briefly, you'll have tiny crunchy pieces in your ice cream 😍 🥄 you
6	can't taste the cauliflower at all - it's rather tasteless when frozen! But the crunch tho 🥄
7	Why sneak vegetables into sweet dishes? Some of you might have seen yesterday's
8	story where I made cauliflower pudding. Sometimes I put broccoli or sweet potato into
9	my smoothies and zucchini oatmeal is one of my all-time favourites! ➡ Vegetables are
10	very high in protein and iron. They offer a vast range of nutritional benefits and are
11	composed differently than fruits. Therefore it's important to eat at least 5 servings of
12	fruits AND vegetables every day. I eat 10 servings of fruit easily but sometimes I
13	struggle with veggies ➡ blame my sweet tooth 😊 🍦🍩🍪🍫🍰🍨🍮🍭 so I found a
14	HACK that works well for me: Sneaking veggies into sweet dishes. Zucchini for instance

241

15	makes cakes juicier 🥄🍰 cauliflower is super versatile and works well in all kinds of
16	smoothies. Peas can also be used as a protein source in green smoothies and beans /
17	chickpeas go well as a cookie dough base. ➡ What are your favourite sweet veggie
18	combinations? Inspire me ⬇✨

Quelle: https://www.instagram.com/p/Bjeb5ddgxHQ/?taken-by=laurafruitfairy

Beitrag 7

Zeile	Text
1	What would you bring to a VEGAN PICNIC? 🍪🍔🍰🌯🍱🍩🍥🍡🥐🍇 I'm on my way to
2	Münster for another vegan potluck and this time I'm bringing caramel slices. 😋 I've
3	been meaning to make these for so long! Vegan picnics are the perfect opportunity to
4	make something fancy you would otherwise be to lazy for 😋 🍴 □
5	Although all my dishes look super fancy, they're all super simple to make. Usually I eat
6	the same oatmeal, nicecream and same pasta dishes every day with a few exceptions
7	where I get inspired to try something new. Healthy eating is not about standing in the
8	kitchen for 2 hours every day but about making it a HABIT to choose health over
9	convenience. Yes, I spend more time on preparing food than the average person but
10	probably it's just a few minutes⏲ which in turn reward me with a much higher quality
11	of life. 😊🌱🌿
12	➡ TIP: Find easy, healthy dishes that you love and eat them often.
13	For example: 👇
14	🍦 Nicecream (5 minutes)
15	🥣 Oatmeal (10 minutes)
16	🍝 Pasta (10-20 minutes)
17	🍏 Fruit (1 minute😋)
18	🥗 Salad / Buddha bowls (10-20 minutes)

19	These are some of my favourites. What are yours? ➡ Just replace your semi-healthy
20	choices with healthier alternatives step by step and and watch your quality of life
21	improve. 😊 🥑

Quelle: https://www.instagram.com/p/Bi9LcX2AjMd/?taken-by=laurafruitfairy

Beitrag 8

Zeile	Text
1	LEFT 🍨 OR RIGHT? 🍧
2	👉 The best ice cream is made from just frozen bananas and berries. 😊 A good blender
3	was my best investment ever. 👍 Highly recommended! 🎀 #nicecreameveryday in
4	summer ☀️ ♥ What's your favourite flavour? My top 3 Nicecream recipes are in my
5	ebook. Chocolate, strawberry-vanilla & cookie dough. 😊 👍
6	DO YOU struggle with healthy eating? I think everybody does (or did at some point). I
7	went from omnivore to vegan in just a month and I only cheated twice (let's be honest
8	here) when I couldn't resist fried fish. 😋 🐟 It was only a couple bites off my mum's plate
9	though. 😊 I went from over-indulging nicecream (we're speaking every day) to
10	obsessively avoiding refined sugar and wheat flour to orthorexic behaviour avoiding fats
11	and only eating plain carbs all day to restricting calories where I had to follow a fitness
12	"plan" by my trainer to eating intuitively and enjoying whatever I want without constraints
13	CRAVING only healthy foods thanks to all the experiments ultimately leading me to full
14	alignment with my body. 🌀
15	Unfortunately, I can't tell YOU what to eat because your body is different. I CAN,

16	however, help you get into healthy eating and mind-body-soul connection. For this
17	purpose, I will host a livestream answering all your questions soon! You can start
18	sending me your questions either in the comments ↓ or via DM. Ask me anything about
19	health, diet, exercise etc. and I'll go through your questions during the livestream. 😊
20	Date & time of the livestream will be announced tomorrow. 💜 Can't wait to chat with
21	you guys 💗

Quelle: https://www.instagram.com/p/Bjt6b21gQy2/?taken-by=laurafruitfairy

Anhang 6: Analyse-Tabellen Instagram-Beiträge

Beitrag 1

Analyse Beitrag 1 – Codebuch

Variable	Beschreibung / Codieranleitung	Codierung
Objektcodierung: Analysebasis Artikel		
V1= Laufende Nummer des Artikels	Alle Artikel, die untersucht werden, erhalten eine zweistellige Nummer, um das spätere Auffinden und die Zuordnung zu erleichtern	01
V2= Datum	An welchem Datum ist der Beitrag erschienen?	13.03.2018
V3= Tonalität Beitrag	Wie präsentiert die Influencerin das angesprochene Thema insgesamt? Welcher Eindruck entsteht möglicherweise beim Rezipienten / Leser? Codierhinweis: Die Gesamtbewertung ergibt sich aus dem Mittelwert der Einzelbewertungen in den Aussagen (Chancen und Risiken). Dabei ist zu beachten, dass einzelne Sätze (Kernaussagen, z.B. am Anfang oder Ende des Beitrags) oftmals stärker nachwirken als Aussagen im Mittelteil des Beitrags. **-1= negativ**: Im Beitrag überwiegen negative Aussagen, die Risiken / Probleme zu einem bestimmten Sachverhalt wie einer tierproduktreichen Ernährung aufzeigen **0= neutral**: Der Beitrag enthält keine wertenden (positive wie negative) Aussagen über die Themen Veganismus, Nachhaltigkeit, Umwelt und Gesundheit **1= positiv**: Im Beitrag überwiegen positive Aussagen zu den Themen Veganismus, Nachhaltigkeit, Umwelt und Gesundheit; die Chancen und Vorteile einer veganen Lebensweise stehen im Vordergrund **0= ambivalent**: Positive und negative Aussagen halten die Waage/ keine Aussagetendenz überwiegt.	1= positiv
V4= Thema	Was ist das Thema des Beitrags? Worum geht es? 1= Veganismus 2= Gesundheit 3= Tierrechte 4= Umwelt 5= Rezept 6= Nachhaltigkeit 99= Sonstiges	1= Veganismus 3= Tierrechte 4= Umwelt In Teilen: 2= Gesundheit 6= Nachhaltigkeit
V5= Anlass	Was ist der Anlass des Beitrags? Warum wurde der Beitrag (zu diesem Zeitpunkt) verfasst? 1= persönliche Erfahrungen/ Erlebnisse	1= persönliche Erfahrungen / Erlebnisse

Anhang

	2= eigene präsente Gedanken 3= kürzlich entwickeltes Rezept 4= wichtige (aktuelle) Ankündigung 99= Sonstiges	
	**Detailcodierung: Analysebasis Aussage zu den unter V4 genannten Hauptthemen** **Codierhinweis: Codiert werden nur Aussagen, die das Thema der Analyse betreffen**	
V6= Chancen	Welche Chance(n) der rein pflanzlichen Ernährung / eines Rezepts/ des veganen Lebensstils werden genannt? 0= keine Chance genannt 1= positive Auswirkungen auf die eigene Gesundheit 2= positive Auswirkungen auf die Umwelt 3= Nachhaltigkeit(saspekte) 4= Vermeidung von Tierleid / Tierrechte 5= Genuss 6= besseres Lebensgefühl 99= Sonstiges	4= Tierrechte 3= Nachhaltigkeit In Teilen: 2= positive Auswirkungen auf die Umwelt
V7= Risiken	Welche Risiken hat eine tierproduktreiche Ernährung? Welche negativen Auswirkungen hat sie auf Tiere/ Umwelt/ Nachhaltigkeitsaspekte/ die eigene Gesundheit? 0= kein Risiko genannt 1= Gesundheitsbeschwerden 2= negative Auswirkungen auf die Umwelt 3= Tierleid 99= Sonstiges	3= Tierleid

Analyse Beitrag 1 nach Kategorien

Bild			
	**V1: Bildinhalt / Bildaussage**		
Ausprägung	Inhalt	Ursache	Wirkung
Zweck	Laura in einem Café auf Bali, im Schneidersitz, lächelnd, auf den Boden blickend, daneben ein Tisch mit Schüsseln, die veganes Essen enthalten	Momentaufnahme	Wirkt natürlich, nicht gestellt, positive Ausstrahlung
Intention	Laura in einem veganen Café mit leckerem veganen Essen zeigen	Helles Licht, lächelnd, natürlich	Soll ansprechend auf Betrachter/in wirken und Lust darauf machen, vegane Gerichte in Restaurants auszuprobieren, po-

Anhang

	V2: Bildkomposition / Bildaufbau		sitives Gefühl vermitteln
Ausprägung	Inhalt	Ursache	Wirkung
Symmetrie	Symmetrische Aufteilung von Tisch und Laura	Gleichmäßiger Abstand, Mittellinie verläuft zwischen Laura und Tisch	Symmetrischer, geordneter Aufbau
Anordnung	Links der Tisch mit den Schalen, rechts daneben Laura, Pflanzen dezent im Hintergrund, nicht überladen	Gleichmäßige Aufteilung des Bildes	Fokus liegt auf Laura und dem Essen, beides steht im Vordergrund -> ansprechend, positiv, aufgeräumt

Bildunterschrift				
V1: Umfang / Länge				
Ausprägung	Inhalt	Ursache	Wirkung	Quelle
lang	/	/	/	/
mittellang	Verbindung von Bildunterschrift mit „Life Update" und Informationen über vegane Ernährung	Recht schnell zu lesen, spricht einerseits Interessierte über ihren Bali-Trip und andererseits jene an, die interessiert an den Vorteilen einer veganen Ernährung sind	Positiv, ermutigend, informativ, viel Mehrwert	19 Zeilen
kurz	/	/	/	/
V2: Textaufbau				
Ausprägung	Inhalt	Ursache	Wirkung	Quelle
Struktur	Kurze Einleitung mit Bezug zum Bild, anschließend Life Update und Informationen	Leicht lesbar, mit Absatz	Strukturierter Aufbau, abwechslungsreich	Z. 1-19
Einleitung	Frage an die Followerschaft, Einladung, Smilyes	Positive Formulierung, sehr persönlich	Schafft Nähe, macht gute Laune	Z. 1-3
Hauptteil	Life Update, Story-Telling, Bericht	Persönlich geschrieben, Einblicke in Ge-	Schafft Identifikation, weckt Inte-	Z. 4-18

		über den Tag, eigene Gedanken und Emotionen	danken- und Gefühlswelt, Informationen mit Mehrwert	resse und Neugierde	
Ende		Abschließender Satz, der die Vorteile einer veganen Ernährung betont und herausstellt	Indirekter Appell	Motivierend, ermutigt dazu, etwas Positives zu bewirken	Z. 18-19

| | V3: Sprach- und Argumentationsstil |

Ausprägung	Inhalt	Ursache	Wirkung	Quelle
Wortwahl	„wanna" „just chilling"			Z. 1 Z. 6
	„paradise" „healthy" „incredible" „luckily" „beautiful" „miracles" „magical" „divine" „peaceful" „harmony" „amazing" „positive" „liberation" „doing something good"	Umgangssprachlich Verwendung vieler positiver Wörter	Enges Verhältnis zur Followerschaft ermutigend, positiv, ansprechend	Z. 1 Z. 2 Z. 4 Z. 5 Z. 6 Z. 7 Z. 8 Z. 9 Z. 9 Z. 9 Z. 11 Z. 12 Z. 13 Z. 18
Zielgruppenansprache	„Anyone wanna join me…"	Einladung	Einladend, freundlich, offen, herzlich weckt Neugierde	Z. 1
	„Check out…"	Empfehlung	informativ, Zuspruch	Z. 2
	„…you eat…"	macht auf die Auswirkungen aufmerksam	schafft Bewusstsein	Z. 13
	„Your biggest power…"	zeigt die Macht jedes Einzelnen auf	ermutigend	Z. 14
	„Please use your money wisely."	Bitte, Aufforderung	gibt Alternativen	Z. 14-15
	„Buy… If you're…,	Bitte, Aufforderung	schafft Bewusst-	

		buy..." „What you put..."	mit Berücksichtigung Möglichkeiten, welche Veränderung durch Alltagsentscheidungen bewirkt werden kann	sein, motiviert zur Handlung und Implikation der Empfehlung motiviert dazu, sich selbst etwas Gutes zu tun	Z. 15 Z. 16-17
		„...AND for your body..."	beide Vorteile, Herausstellen der Win-Win-Situation und des eigenen Gewinns für den Rezipienten		Z. 19
Satzlänge		Variation von kurz und lang			
		„The time we spent..."	lang -> detaillierte Beschreibung des Moments und der Wirkung	Der Rezipient kann den Moment nachempfinden, fühlt sich in die Situation versetzt	Z. 6-8 Z. 10-12
		„We wished we could've..."	lang -> detaillierte Beschreibung der Gefühle und Gedanken	weckt Empathie, vermittelt genau die Emotionen	
		„Demand creates supply... organic and fair."	kurz -> starke Aussagen in 4 Sätzen	vermittelt Wichtigkeit	Z.13-15
V4: Art des Beitrags					
Ausprägung		Inhalt	Ursache	Wirkung	Quelle
informativ, lehrreich		Vermittelt Informationen über ethische und umweltbezogene Gründe	Emotional geschrieben	Fesselt den Leser, berührt ihn, appelliert an dessen Gewissen	Z. 8-19
unterhaltsam		Erzählung über Erlebnis auf Bali	Storytelling	Fesselnd, interessant	Z. 4-8
persönlich		Persönliches Erlebnis, eigene Gedanken und Ge-	Sehr offen und ehrlich	Weckt Emotionen, schafft ggf. Identifikation, vermittelt	Z. 4-8, Z. 10-

		fühle		Nähe	12, Z. 15-16
		V5: Themen(vielfalt)			
Ausprägung		**Inhalt**	**Ursache**	**Wirkung**	**Quelle**
Gesundheit		„doing something good for... your body..."	Erinnerung, dass eine pflanzliche Ernährung gut für den eigenen Körper ist	Der Rezipient möchte sich selbst ggf. etwas Gutes tun und isst beim nächsten Mal ein pflanzenbasiertes Gericht	Z. 18-19
Vegane Ernährung		„Every vegan meal you eat..."	Betonung, dass jede vegane Mahlzeit zählt	Motiviert, öfter vegan zu essen	Z. 12-13
		„The vegan diet..."	Fakten	informativ	Z. 17-18
Persönliches		„We went for a hike.."	Erzählung	Spannend	Z. 4-12
		„I always buy...."	Ratschlag	informativ, motiviert zur Umsetzung	Z. 15-16
Empfehlungen		Restaurantempfehlung: „Check out..."	Gesunde Bowls	Öfter vegane, gesunde Mahlzeiten in Restaurants bestellen	Z. 2
		„Please use your money... buy ....."	Formulierung als Bitte	ggf. Annahme der Empfehlung und Überdenken der eigenen Konsumentscheidungen	Z. 14-15
Themenverknüpfung		Persönliche Geschichten und Informationen über Veganismus, Tierrechte und Nachhaltigkeit	Storytelling mit Hintergrundinformationen verbinden	Schafft Identifikation, weckt Interesse, motiviert zur Umsetzung der Empfehlungen	Z. 4-19
Kernaussagen		„What you put on your plate can literally change the planet."	Verwendung von Formulierungen wie „wortwörtlich" -> Zusammenhang zwischen Ernährung	Regt zum Nachdenken an	Z. 16-17

		und Umwelt aufzeigen		
	V6: Mögliche Wirkung bei der Zielgruppe			

Ausprägung	Inhalt	Ursache	Wirkung	Quelle
positiv	Bericht von eigenen Erfahrungen mit Tieren	Positive Erfahrung mit Kühen, schönes Erlebnis, positive Emotionen	inspirierend, regt zum Nachdenken an	Z. 5-9
	positiver Einfluss durch Instagram auf andere Menschen	Dankbarkeit, die zum Ausdruck gebracht wird	positive Sicht auf vegane Influencer	Z. 11-12
	„Every vegan meal ... contributes..."	Jede Mahlzeit zählt, jeder kann einen positiven Einfluss haben	ermutigend -> Zuspruch, im kleinen Rahmen anzufangen	Z.12-13
negativ	Die vegane Ernährung ist die umweltfreundlichste Ernährungsweise	Fakten, Tatsachen	ggf. belehrend, Nicht-Veganer fühlen sich angegriffen, „schuldig"	Z. 17-18

V7: Stilistische Mittel

Ausprägung	Inhalt	Ursache	Wirkung	Quelle
Storytelling	Erzählung über persönliches Erlebnis	Persönliche Gedanken und Gefühle	Identifikation des Rezipienten, Interesse, Inhalt fesselt	Z. 4-12
Satzlänge	Variation von langen und kurzen Sätzen -> länger bei der Erzählung, kürzer bei den Informationen	Erzählung vs. Informationsvermittlung	Hält Spannung aufrecht, Informationen werden leichter absorbiert, Interesse nach Erzählung geweckt	Z. 4-19
Verwendung Adjektive	Viele positive Adjektive	Verwendung von Worten wie „incredible", „luckily", „beautiful", „miracles", „magical", „peaceful harmony", amazing", „huge positive impact, „doing something good"	Positive Einstellung gegenüber einer veganen Lebensweise	Z. 1, 2, 3, 4, 5, 6, 8, 9, 15
Direkte Anspra-	„Anyone...?" ->	Einbezug aller Leser,	Schafft Nähe, ver-	Z. 1

che der Leser	Frage, Einladung	positive Formulierung	mittelt Offenheit	
		Empfehlung, Aufforderung	weckt Interesse	
	„Check out..."		informierend, motivierend	Z. 2
	„Every vegan meal you eat... Your biggest power..."	verdeutlicht den Lesern, dass seine Entscheidungen Auswirkungen haben	informierend, motivierend	Z. 12-14
	„Please use.... Buy... What you put..."	Handlungsempfehlungen, was gekauft werden kann	motivierend	Z. 14-17
	„...your body..."	gesundheitliche Vorteile für den eigenen Körper		Z. 18-19

| Verknüpfung Bild & Bildunterschrift ||||||
| **V1: Bezug** ||||||
Ausprägung	Inhalt	Ursache	Wirkung	Quelle
Zusammenhang / Übereinstimmung	Einleitung mit Bezug zu Situation, in der das Bild entstanden ist	Logischer Bezug hergestellt	Leser fühlt sich „abgeholt"	Z. 1
Überleitung	Überleitung zu neuem Standort, an dem sie sich befindet	Logischer Bezug hergestellt	Leser fühlt sich „abgeholt"	Z. 2-4
Aussagekraft	Positive Bildsprache kombiniert mit positiven Formulierungen in Bildunterschrift	Lächelnd, helles Licht ermutigend, informativ	Glückliches Leben, Selbstzufriedenheit -> wirkt ansprechend	/

Anhang

Beitrag 2

Analyse Beitrag 2 – Codebuch

Variable	Beschreibung / Codieranleitung	Codierung
	Objektcodierung: Analysebasis Artikel	
V1= Laufende Nummer des Artikels	Alle Artikel, die untersucht werden, erhalten eine zweistellige Nummer, um das spätere Auffinden und die Zuordnung zu erleichtern	02
V2= Datum	An welchem Datum ist der Beitrag erschienen?	01.11.2017
V3= Tonalität Beitrag	Wie präsentiert die Influencerin das angesprochene Thema insgesamt? Welcher Eindruck entsteht möglicherweise beim Rezipienten / Leser? Codierhinweis: Die Gesamtbewertung ergibt sich aus dem Mittelwert der Einzelbewertungen in den Aussagen (Chancen und Risiken). Dabei ist zu beachten, dass einzelne Sätze (Kernaussagen, z.B. am Anfang oder Ende des Beitrags) oftmals stärker nachwirken als Aussagen im Mittelteil des Beitrags. **-1= negativ:** Im Beitrag überwiegen negative Aussagen, die Risiken / Probleme zu einem bestimmten Sachverhalt wie einer tierproduktreichen Ernährung aufzeigen **0= neutral:** Der Beitrag enthält keine wertenden (positive wie negative) Aussagen über die Themen Veganismus, Nachhaltigkeit, Umwelt und Gesundheit **1= positiv:** Im Beitrag überwiegen positive Aussagen zu den Themen Veganismus, Nachhaltigkeit, Umwelt und Gesundheit; die Chancen und Vorteile einer veganen Lebensweise stehen im Vordergrund **0= ambivalent:** Positive und negative Aussagen halten die Waage/ keine Aussagetendenz überwiegt.	0= ambivalent
V4= Thema	Was ist das Thema des Beitrags? Worum geht es? 1= Veganismus 2= Gesundheit 3= Tierrechte 4= Umwelt 5= Rezept 6= Nachhaltigkeit 99= Sonstiges	1= Veganismus 3= Tierrechte In Teilen: 2= Gesundheit
V5= Anlass	Was ist der Anlass des Beitrags? Warum wurde der Beitrag (zu diesem Zeitpunkt) verfasst? 1= persönliche Erfahrungen/ Erlebnisse 2= eigene präsente Gedanken 3= kürzlich entwickeltes Rezept	4= aktueller Anlass

Anhang

	4= wichtige (aktuelle) Ankündigung 99= Sonstiges	
	**Detailcodierung: Analysebasis Aussage zu den unter V4 genannten Hauptthemen** **Codierhinweis: Codiert werden nur Aussagen, die das Thema der Analyse betreffen**	
V6= Chancen	Welche Chance(n) der rein pflanzlichen Ernährung / eines Rezepts/ des veganen Lebensstils werden genannt? 0= keine Chance genannt 1= positive Auswirkungen auf die eigene Gesundheit 2= positive Auswirkungen auf die Umwelt 3= Nachhaltigkeitsaspekte 4= Vermeidung von Tierleid 5= Genuss 6= besseres Lebensgefühl 99= Sonstiges	4= Vermeidung von Tierleid In Teilen: 1= positive Auswirkungen auf die eigene Gesundheit
V7= Risiken	Welche Risiken hat eine tierproduktreiche Ernährung? Welche negativen Auswirkungen hat sie auf Tiere/ Umwelt/ Nachhaltigkeitsaspekte/ die eigene Gesundheit? 0= kein Risiko genannt 1= Gesundheitsbeschwerden 2= negative Auswirkungen auf die Umwelt 3= Tierleid 99= Sonstiges	3= Tierleid

Analyse Beitrag 2 nach Kategorien

Bild			
V1: Bildinhalt / Bildaussage			
Ausprägung	Inhalt	Ursache	Wirkung
Zweck	Laura in einem Café mit einem veganen Eisbecher	Laura im Zentrum des Bildes, veganes Essen, helles Licht, sanfte Farben	Beruhigend, glücklich, entspannte und fröhliche Atmosphäre
Intention	Positive Darstellung des Lebensstils	Glücklich, lächelnd, leckeres Eis	Soll den veganen Lebensstil und explizit vegane Eisalternativen ansprechend darstellen
V2: Bildkomposition / Bildaufbau			
Ausprägung	Inhalt	Ursache	Wirkung
Symmetrie	Laura in der Bildmitte -> Symmetrie vorhanden	Gerade Linien, die durch das Bild verlaufen	Geordnet

… Anhang

Anordnung	Tisch, dahinter Laura, sitzend mit Eisbecher in den Händen	stimmiger Bildaufbau	Aufgeräumter Eindruck

Bildunterschrift				
V1: Umfang / Länge				
Ausprägung	Inhalt	Ursache	Wirkung	Quelle
lang	Ankündigung Weltvegantag und ethische Vorteile einer veganen Ernährung	Je nach Vorkenntnissen 2-3 Minuten zu lesen	Wachrüttelnd, emotional	26 Zeilen
mittellang	/	/	/	/
kurz	/	/	/	/
V2: Textaufbau				
Ausprägung	Inhalt	Ursache	Wirkung	Quelle
Struktur	Erste Zeile als Ankündigung, danach eine kurze Einleitung in das Thema des Beitrags, am Ende Frage und indirekter Appell	Strukturierter, schlüssiger Aufbau mit Argumentation	Wirkt logisch und strukturiert	Z. 1-26
Einleitung	Ankündigung und Fragen an die Zielgruppe	Positive Formulierung	Soll zum Nachdenken und Reflektieren anregen	Z. 1-4
Hauptteil	Argumentation mit vielen Fragen	Viele Inhalte und Informationen	Möglicherweise überwältigend, aber auch informativ	Z. 5-23
Ende	Vergleich Rückblick Vergangenheit und aktuelle Situation, Ausblick in die Zu-	Aufruf, Frage, Gemeinschaftsgefühl	Ermutigend, motivierend, positiv,	Z. 24-26

		V3: Sprach- und Argumentationsstil			
Ausprägung	Inhalt		Ursache	Wirkung	Quelle
	kunft				
Wortwahl	Positiv sowie negativ; ausgewogen Positiv: „happy" „good day" „stepping up" „abundantly" „thank god" „efficiently fuel" „perfectly" „thrive" „well-varied"		Positive Assoziationen mit positiven Worten	Motivierend, ermutigend, informativ	Z. 1 Z. 2 Z. 3 Z. 18 Z. 22 Z. 22 Z. 23 Z. 24 Z. 25
	Negativ: „obstacles" „evil" „heavy heartedly" „kill" „weird" (3x) „painful" „forces" „leeches" „suffer" „painful diseases" „pathetic painful short existence"		Negative Assoziationen mit negativen Worten	Verstörend, abschreckend, belehrend, angreifend	Z. 4 Z. 6 Z. 8 Z. 8 Z. 10, 12, 21 Z. 13 Z. 14 Z. 15 Z. 15 Z. 16 Z. 17
Zielgruppenansprache	„guys"		Umgangssprachlich, freundschaftlich	Zielgruppennähe, Vertrautheit	Z. 1
	„you" -> du, ihr und		direkte Ansprache	Angrenzung ihr und ich	Z. 2, 3, 5, 6, 10, 17
	„we", „our" -> Gemeinschaft		Einbezug ihrer eigenen Person	Mehr Nähe	Z. 20, 22, 24
Satzlänge	Variiert, meistens länger		Erklärend, informationsreich	Informativ, aufklärend	Z. 14-16, 16-18, 20-21
	Fragen kurz		leicht verständlich	Regen zum Nachdenken und Reflektieren an	Z. 2-4, 8-9, 10, 25-26

Anhang

	V4: Art des Beitrags			
Ausprägung	**Inhalt**	**Ursache**	**Wirkung**	**Quelle**
informativ, lehrreich	Faktenreich	Viele Informationen und Fakten	Informativ, lehrreich, überwältigend	Z. 10-25
unterhaltsam	/	/	/	/
persönlich	Wie sie selbst in der Situation handeln würde	Persönliches Wertesystem	Persönlich, private Einblicke in Gefühlswelt	Z. 7-8
	Wie sie selbst in der Situation handeln würde	Persönliches Wertesystem	erklärend -> schafft Nachvollziehbarkeit ihrer Handlung durch Begründung	Z. 21
inspirierend	„Today is a good day to reflect..."	Aufforderung zum Reflektieren	Inspiriert zum Reflektieren der angesprochenen Themen und zum Ausprobieren des Lebensstils	Z. 2-4
	„If I was in the wilderness by myself with nothing to eat..."	Berichtet, wie sie es in einer Extremsituation handhaben würde	anregend, über die Situation nachzudenken	Z. 7-8
	V5: Themen(vielfalt)			
Ausprägung	**Inhalt**	**Ursache**	**Wirkung**	**Quelle**
Gesundheit	„cholesterol packed"	Ungesunde Darstellung der Milch	Abschreckend	Z. 10
	„Thank god the plants on this planet efficiently... cover the wide spectrum of required daily nutrients perfectly."	Formulierung wie „perfectly" und „efficiently" drücken aus, dass es tatsächlich möglich ist, sich auf gesunde Weise vegan zu ernähren	überzeugend, macht die vegane Ernährung attraktiver und vermindert Bedenken / Vorurteile gegenüber neg. gesundheitlichen Auswirkungen	Z. 22-23
Vegane Ernährung	„nutrients you can find abundantly	Ausdruck, dass alle Mikronährstoffe in pflanzlichen Le-	Macht eine vegane Ernährung aus gesundheitlicher	Z. 18

	in many plants too"	bensmitteln gefunden werden können	Sicht weniger bedenklich	
	„...now we can FINALLY thrive off a well-varied plant-based diet."	Aufforderung, sich abwechslungsreich und vegan zu ernähren	macht Lust, sich pflanzenbasierter zu ernähren und sich dabei gut zu fühlen	Z. 24-25
Persönliches	„If I was..." „...I'd rather supplement..."	Persönliches Wertesystem, eigene Entscheidungen, die sie im Falle eines Falles treffen würde	Regt zum Nachdenken an, wie man es selbst in dieser Situation handhaben würde	Z. 7-8 Z. 21
Kernaussagen	„Today is a good day to reflect on your diet choices so far."	Aufforderung, die eigenen Entscheidungen bzgl. der eigenen Ernährung zu überdenken Aufklärung, Fakt	Regt zum Reflektieren an	Z. 2 Z. 18-19
	„There is absolutely NO NEED to consume any animal products at all."		wirkt beruhigend, ggf. überzeugend oder aber aggressiv	Z. 22-23
	„Thank god the plants on this planet efficiently fuel our bodies and cover the wide spectrum of required daily nutrients perfectly."	drückt Dankbarkeit aus, dass es möglich ist, sich gesund vegan zu ernähren	nimmt die Angst und Vorurteile gegenüber gesundheitlichen Nachteilen bei einer veganen Ernährung	
	„... now we can FINALLY thrive off a well-varied plant-based diet."	Einbezug aller Menschen und Aufforderung, ebenfalls pflanzenbasiert zu essen	Formulierung des „wir" weckt Gemeinschaftsgefühl und kann dazu motivieren, ebenfalls zu „gedeihen" und sich gesundheitlich gut zu fühlen motiviert, in Zukunft pflanzenbasierter zu Essen oder aber abschreckend	Z. 24-25 Z. 25
		Aufruf, Teil der Be-		

Anhang

			wegung zu werden		
		„THE FUTURE IS HERE!!"			
Themenverknüpfung		Weltvegantag als Anlass, Wissen zu verbreiten und aufzuklären	Emotional geschrieben, viele persönliche Wertungen („weird")	Nähere Beschäftigung mit dem Thema, oder aber genervt Sein	Z. 1
		Gesundheitliche Vorteile einer veganen Ernährung mit ethischen Gründen verbinden	Verknüpfung zwei wichtiger Themen, die für viele Menschen interessant sind	regt zum Nachdenken an, lehrreich	Z. 10-25
Empfehlungen		„Today is a good day to reflect..."	Reflektieren, über das eigene Essverhalten nachdenken	Nachdenken und Hinterfragen der bisherigen Ernährung	Z. 2
		„Who's hopping on the train with me?"	Aufruf, vegan zu werden	ermutigend	Z. 25-26
V6: Mögliche Wirkung bei der Zielgruppe					
Ausprägung		**Inhalt**	**Ursache**	**Wirkung**	**Quelle**
positiv		s. V3 Wortwahl	s. V3 Wortwahl	s. V3 Wortwahl	s. V3 Wortwahl
negativ		s. V3 Wortwahl	s. V3 Wortwahl	s. V3 Wortwahl	s. V3 Wortwahl
V7: Stilistische Mittel					
Ausprägung		**Inhalt**	**Ursache**	**Wirkung**	**Quelle**
Storytelling		Wildnis, nichts zu essen, Tötung eines Fischs	Weckt Vorstellung in den Köpfen der Followerschaft, Situationsbeschreibung	Hineinversetzen in Situation	Z. 7-8

Großschreibung	„Cow's Milk" „another species" „plants" „no need" „finally" „the future is here"	Betonung, besondere Herausstellung, Ankündigung	Besondere Aufmerksamkeit, mehr Nachdruck, unterstreicht Wichtigkeit / Absurdität des Gesagten	Z. 10 Z. 12 Z. 18 Z. 19 Z. 24 Z. 25
Verwendung Adjektive	Positiv und negativ sehr ausgeglichen	s. Wortwahl	s. Wortwahl	s. Wortwahl
Formulierungen	„Could you kill an animal and remove ist entrails?"	Extreme Formulierungen, direkte Frage an den Leser	Schockierend, abschreckend	Z. 8-9
	„Thank god..."	Ausdruck von Dankbarkeit	emotional	Z. 22
	„... now we can FINALLY thrive..."	Dringlichkeit	motivierend, ermutigend,	Z. 24
Direkte Ansprache der Leser	„you", „your" vs. „we", our"	Im ersten Teil des Textes Separation von sich selbst und Leserschaft (Du und ich), im letzten Abschnitt Gemeinschaft (uns, wir)	Gemeinschaftsgefühl, Zugehörigkeit, Leser fühlt sich mit einbezogen und möchte ggf. ebenfalls etwas Positives bewirken	Z. 1-19 vs. Z. 20-26
Appell / Frage	Fragen zum täglichen Konsum von tierischen Produkten	Fragen, die zum Nachdenken und Hinterfragen anregen	Hinterfragen täglicher Entscheidungen und des bisherigen Ernährungsverhaltens, Schuldgefühle, ggf. Überraschung	Z. 2-4, 5-6, 8-9, 10-12, 25-26
Wiederholung	„weird" (3x)	Betonung, Herausstellen	Vermittelt dem Leser ggf. die Absurdität	Z. 10-12, 21

Verknüpfung Bild & Bilunterschrift				
V1: Bezug				
Ausprägung	Inhalt	Ursache	Wirkung	Quelle
Zusammenhang / Übereinstimmung	Der Weltvegantag als Anlass / Ankündigung verknüpft mit der Aufnahme in einem veganen Café Allerdings: viele negative Assoziationen verknüpft mit positivem Bild -> Dissonanz von Bild und Informationen aus Bildunterschrift	Zeigt, dass Veganer auch Eis essen können	Motivierend, ermutigend, inspirierend	Z. 1 Z. 7-19
Überleitung	Guter Anlass, um tägliche Ernährungsentscheidungen zu reflektieren	Fragen, die zum Reflektieren anregen	auffordernd	Z. 2
Aussagekraft	Offenes Lächeln, verbunden mit vielen wichtigen Informationen	Bild fängt Aufmerksamkeit des Rezipienten, Bildunterschrift soll überzeugen	Starke Aussagen, viele Fakten -> überzeugend	Z. 10-25

Beitrag 3

Analyse Beitrag 3 – Codebuch

Variable	Beschreibung / Codieranleitung	Codierung
	Objektcodierung: Analysebasis Artikel	
V1= Laufende Nummer des Artikels	Alle Artikel, die untersucht werden, erhalten eine zweistellige Nummer, um das spätere Auffinden und die Zuordnung zu erleichtern	03
V2= Datum	An welchem Datum ist der Beitrag erschienen?	21.10.2017
V3= Tonalität Beitrag	Wie präsentiert die Influencerin das angesprochene Thema insgesamt? Welcher Eindruck entsteht möglicherweise beim Rezipienten / Leser? Codierhinweis: Die Gesamtbewertung ergibt sich aus dem Mittelwert der Einzelbewertungen in den Aussagen (Chancen und Risiken). Dabei ist zu beachten, dass einzelne Sätze (Kernaussagen, z.B. am Anfang oder Ende des Beitrags) oftmals stärker nachwirken als Aussagen im Mittelteil des Beitrags. **-1= negativ**: Im Beitrag überwiegen negative Aussagen, die Risiken / Probleme zu einem bestimmten Sachverhalt wie einer tierproduktreichen Ernährung aufzeigen **0= neutral**: Der Beitrag enthält keine wertenden (positive wie negative) Aussagen über die Themen Veganismus, Nachhaltigkeit, Umwelt und Gesundheit **1= positiv**: Im Beitrag überwiegen positive Aussagen zu den Themen Veganismus, Nachhaltigkeit, Umwelt und Gesundheit; die Chancen und Vorteile einer veganen Lebensweise stehen im Vordergrund **0= ambivalent**: Positive und negative Aussagen halten die Waage/ keine Aussagetendenz überwiegt.	-1= negativ
V4= Thema	Was ist das Thema des Beitrags? Worum geht es? 1= Veganismus 2= Gesundheit 3= Tierrechte 4= Umwelt 5= Rezept 6= Nachhaltigkeit 99= Sonstiges	1= Veganismus 2= Gesundheit 3= Tierrechte 5= Rezept
V5= Anlass	Was ist der Anlass des Beitrags? Warum wurde der Beitrag (zu diesem Zeitpunkt) verfasst? 1= persönliche Erfahrungen/ Erlebnisse 2= eigene präsente Gedanken 3= kürzlich entwickeltes Rezept 4= wichtige (aktuelle) Ankündigung	2= eigene präsente Gedanken 3= kürzlich entwickeltes Rezept

Anhang

	99= Sonstiges	
	Detailcodierung: Analysebasis Aussage zu den unter V4 genannten Hauptthemen **Codierhinweis: Codiert werden nur Aussagen, die das Thema der Analyse betreffen**	
V6= Chancen	Welche Chance(n) der rein pflanzlichen Ernährung / eines Rezepts/ des veganen Lebensstils werden genannt? 0= keine Chance genannt 1= positive Auswirkungen auf die eigene Gesundheit 2= positive Auswirkungen auf die Umwelt 3= Nachhaltigkeitsaspekte 4= Vermeidung von Tierleid 5= Genuss 6= besseres Lebensgefühl 99= Sonstiges	1= positive Auswirkungen auf die eigene Gesundheit 4= Vermeidung von Tierleid 5= Genuss
V7= Risiken	Welche Risiken hat eine tierproduktreiche Ernährung? Welche negativen Auswirkungen hat sie auf Tiere/ Umwelt/ Nachhaltigkeitsaspekte/ die eigene Gesundheit? 0= kein Risiko genannt 1= Gesundheitsbeschwerden 2= negative Auswirkungen auf die Umwelt 3= Tierleid 99= Sonstiges	1= Gesundheitsbeschwerden 3= Tierleid

Analyse Beitrag 3 nach Kategorien

Bild			
V1: Bildinhalt / Bildaussage			
Ausprägung	Inhalt	Ursache	Wirkung
Zweck	Essen darstellen	Bunt, vielfältig	Sieht ansprechend, appetitlich aus
Intention	Schale mit buntem Essen	Rezeptidee für ein pflanzliches Gericht, schön angerichtet -> Inspiration	Soll Lust auf veganes Essen machen
V2: Bildkomposition / Bildaufbau			
Ausprägung	Inhalt	Ursache	Wirkung
Symmetrie	Symmetrische Anordnung einer Schale mit Essen, Aufteilung des Essens in der Schale ebenfalls geordnet	Symmetrisch angeordnet, Schale in der Mitte	Aufgeräumt, strukturiert, beruhigend, inspirierend
Anordnung	Essen im Uhrzeigersinn in der Schale	Ordnung und Struk-	Ansprechend, schön dekoriert, macht

265

	angeordnet	tur	Lust, das eigene Essen auch schön anzurichten	
Bildbearbeitung	Satte Farben, hoher Kontrast	farbenfroh	Ansprechend, bunt, lecker	

Bildunterschrift				
V1: Umfang / Länge				
Ausprägung	Inhalt	Ursache	Wirkung	Quelle
lang	/	/	/	/
mittellang	Rezept für Gericht und Bitte um Recherche zu tierischen Produkten, Hintergrundinformationen	1-2 Minuten zu lesen	Inspirierend, wachrüttelnd, bewegend, angreifend	18 Zeilen
kurz	/	/	/	/
V2: Textaufbau				
Ausprägung	Inhalt	Ursache	Wirkung	Quelle
Struktur	Kurze Einleitung mit Life-Update, anschließend Rezept, Informationen über tierische Produkte und Bitte um eigenständige Weiterrecherche	Übersichtlich strukturiert, sinnvoll	Leicht zu verstehen	Z. 1-18
Einleitung	Bezug zum Bild, Life-Update	Verbindung von Bild und Text schaffen, Persönliches	Holt den Leser ab, schafft Identifikation, positive Assoziation	Z. 1-3
Hauptteil	Rezept			Z. 3-7
		Schnell gemacht, geringer Zeit- und Arbeitsaufwand	Weckt positive Assoziationen, klingt lecker, Dressing schnell gemacht -> motiviert zum Nachkochen	
	Information tierische Produkte			Z. 8-16
Ende	Empfehlung, Alter-	Persönliche Emp-	Macht Lust zum	Z. 16-

Anhang

		nativvorschlag für Käse	fehlung, wird als lecker bezeichnet	Ausprobieren, weckt Neugierde	18
		V3: Sprach- und Argumentationsstil			
Ausprägung		Inhalt	Ursache	Wirkung	Quelle
Direkte Ansprache der Leser		„Please don't eat dairy products."	Direkte Bitte, keine tierischen Produkte zu essen	Hinterfragen	Z. 8
		„Please read about casein and cancer online."	Bitte, sich selbst weiter zu bilden	motiviert, selbst weiter darüber zu lesen und sich nähere Informationen einzuholen	Z. 15-16
Satzlänge		Normale Länge, weder besonders kurz, noch besonders lang	Einfaches Rezept verbunden mit sachlichen Informationen	Einfach und schnell zu lesen	Z. 1-18
		V4: Art des Beitrags			
Ausprägung		Inhalt	Ursache	Wirkung	Quelle
informativ, lehrreich		Fakten über tierische Produkte (Gesundheit und Ethik)	Hintergründe über die Tierindustrie, Einblick hinter die Kulissen und Gesundheitsrisiken tierischer Produkte erklärt	Abschreckend, verstörend, Augen öffnend, Laura als aggressiv, frustriert, bittend	Z. 8-15
unterhaltsam		/	/	/	/
persönlich		Life-Update, Pläne	Einblick ins eigene Leben	Schafft Nähe & Identifikation	Z. 2-3
		Empfehlung vegane Käse-Alternative	kritisiert die gesundheitlichen Nachteile von Käse aus tierischen Produkten und zeigt Alternative auf, die ihr selbst sehr gut schmeckt	motiviert zum Ausprobieren, kann aber auch Ablehnung und Zweifel hervorrufen	Z. 16-18
inspirierend		Rezept	Schnelles, einfaches und leckeres Rezept mit wenig Aufwand	Inspiriert zum Nachkochen	Z. 3-7
			persönliche Emp-		

267

		Vegane Käse-Alternative	fehlung, verwendet sie selbst gerne	inspiriert zum Ausprobieren, weckt Neugierde	Z. 16-18
V5: Themen(vielfalt)					
Ausprägung		**Inhalt**	**Ursache**	**Wirkung**	**Quelle**
Gesundheit		Gesundheitliche Nachteile beim Verzehr von Milchprodukten	Klärt über ungesunde Inhaltsstoffe in tierischen Produkten auf	Abschreckend, wachrüttelnd	Z. 13-16
Vegane Ernährung		Rezept	Zutaten für ein veganes Dressing	Inspiration	Z. 3-7
Persönliches		Life-Update	Erzählung über ihren Tag	Identifikation	Z. 1-3
Kernaussagen		„Unfortunately buying organic cheese doesn't help the thousands of male calves being slaugthered every day for not giving milk. By the way,..."	Ethik -> Appell ans Gewissen der Followerschaft	Soll abschreckend wirken	Z. 8-9
		„Casein (dairy protein) is the most largely consumed cancer promoting component in the world."	Gesundheit -> Appell, die eigene Gesundheit zu berücksichtigen		Z. 13-14
Themenverknüpfung		Life-Update, Rezept und gesundheitliche Nachteile beim Verzehr von Milchprodukten	Abwechsungsreich, ohne eine richtige Überleitung	Aus dem Zusammenhang gegriffen, überraschend	Z. 1-18
Empfehlungen		„Please don't eat dairy products."	Bitte, auf Milchprodukte zu verzichten		Z. 8
		„I strongly advise you to rethink your eating habits if you still consume dairy!"	Ratschlag, das eigene Essverhalten in Bezug auf Milchprodukte zu überdenken	Anregung, Konsumverhalten zu überdenken und vegane Alternativen auszuprobieren	Z. 16
		„The best vegan cheese I've ever tried is by XX which I found at the XX	Empfehlung einer veganen Käsealternative		Z. 17-18

	today."			
V6: Mögliche Wirkung bei der Zielgruppe				
Ausprägung	Inhalt	Ursache	Wirkung	Quelle
positiv	„pumpkin lovers"	Positive Formulierung	Schafft Identifikation, weckt positive Assoziationen	Z. 1
	„favourite dressing"	Positive Bewertung	inspirierend, motiviert zum Nachmachen	Z. 5
	„best vegan cheese"	Positive Bewertung	macht Lust zum Ausprobieren	Z. 17
negativ	„unfortunately"	Unglücklicherweise -> negative Konnotation	negativ	Z. 8
	„slaughtered" (2x)	Schlachtung als Verbildlichung des Ursprungs tierischer Produkte	traurig, regt zum Nachdenken an	Z. 9 + 10
	„good for you"	Ironie	belehrend, angreifend, missbilligend	Z. 13
	„cancer promoting"	Krebs als Krankheit, die durch tierische Produkte verursacht werden kann	abschreckend beängstigend wachrüttelnd	Z. 14
V7: Stilistische Mittel				
Ausprägung	Inhalt	Ursache	Wirkung	Quelle
Storytelling	Bericht über ihren Tag und ihre Pläne	Persönliche Einblicke	Schafft Nähe	Z. 2-3
Verwendung Adjektive	„ethical"	Ethischer Aspekt tierischer Produkte		Z. 12
	„healthy"	Gesundheitsaspekt beim Konsum tierischer Produkte		Z. 13

Formulierungen	„How crazy is that!?"	umgangs-sprachlich	Jugendliche Sprache schafft Identifikation	Z. 15
Appell / Frage	„Any baked pumpkin lovers here?"	Frage nach persönlichen Vorlieben der Followerschaft	Identifikation, Gemeinschaftsgefühl	Z. 1
	„Do you think your local farmer is different? Have you ever asked him what he does to the males?"	Hinleitung auf Antwort, die bereits vorher gegeben wurde rhetorische Frage -> verstärkend, hypothesenuntermauernd	Regt zum Reflektieren an	Z. 11-12
	„How crazy is that?!"		macht das Ausmaß begreiflich,	Z. 15

Verknüpfung Bild & Bildunterschrift					
V1: Bezug					
Ausprägung	Inhalt	Ursache	Wirkung	Quelle
Zusammenhang / Übereinstimmung	Übereinstimmung von Einleitungsfrage und Bildinhalt	Zusammenhang hergestellt	Logischer Bezug	Z. 1
Überleitung	Einstiegsfrage: „Any baked pumpkin lovers here?"	Nimmt Bezug auf das Bild	Schafft Identifikation mit dem Bild, Herstellung eines logischen Bezugs	Z. 1
Aussagekraft	Informationen über ungesunde Aspekte tierischen Essens verbunden mit Rezept und Bild von gesundem pflanzlichen Essen	Ansprechend aussehendes Essen verbunden mit überzeugenden Gesundheitsinformationen	Bild macht Lust auf pflanzliches Essen, verbunden mit Informationen motiviert es dazu, selbst öfter vegan zu kochen	Z. 1-18

Beitrag 4

Analyse Beitrag 4 – Codebuch

Variable	Beschreibung / Codieranleitung	Codierung
	Objektcodierung: Analysebasis Artikel	
V1= Laufende Nummer des Artikels	Alle Artikel, die untersucht werden, erhalten eine zweistellige Nummer, um das spätere Auffinden und die Zuordnung zu erleichtern	04
V2= Datum	An welchem Datum ist der Beitrag erschienen?	12.03.2018
V3= Tonalität Beitrag	Wie präsentiert die Influencerin das angesprochene Thema insgesamt? Welcher Eindruck entsteht möglicherweise beim Rezipienten / Leser? Codierhinweis: Die Gesamtbewertung ergibt sich aus dem Mittelwert der Einzelbewertungen in den Aussagen (Chancen und Risiken). Dabei ist zu beachten, dass einzelne Sätze (Kernaussagen, z.B. am Anfang oder Ende des Beitrags) oftmals stärker nachwirken als Aussagen im Mittelteil des Beitrags. **-1= negativ**: Im Beitrag überwiegen negative Aussagen, die Risiken / Probleme zu einem bestimmten Sachverhalt wie einer tierproduktreichen Ernährung aufzeigen **0= neutral**: Der Beitrag enthält keine wertenden (positive wie negative) Aussagen über die Themen Veganismus, Nachhaltigkeit, Umwelt und Gesundheit **1= positiv**: Im Beitrag überwiegen positive Aussagen zu den Themen Veganismus, Nachhaltigkeit, Umwelt und Gesundheit; die Chancen und Vorteile einer veganen Lebensweise stehen im Vordergrund **0= ambivalent**: Positive und negative Aussagen halten die Waage/ keine Aussagetendenz überwiegt.	1= positiv
V4= Thema	Was ist das Thema des Beitrags? Worum geht es? 1= Veganismus 2= Gesundheit 3= Tierrechte 4= Umwelt 5= Rezept 6= Nachhaltigkeit 99= Sonstiges	2= Gesundheit 99= eine vegane Lebensmittelgruppe
V5= Anlass	Was ist der Anlass des Beitrags? Warum wurde der Beitrag (zu diesem Zeitpunkt) verfasst? 1= persönliche Erfahrungen/ Erlebnisse 2= eigene präsente Gedanken 3= kürzlich entwickeltes Rezept	2= eigene präsente Gedanken 4= wichtige Ankündigung

	4= wichtige (aktuelle) Ankündigung 99= Sonstiges	
Detailcodierung: Analysebasis Aussage zu den unter V4 genannten Hauptthemen **Codierhinweis: Codiert werden nur Aussagen, die das Thema der Analyse betreffen**		
V6= Chancen	Welche Chance(n) der rein pflanzlichen Ernährung / eines Rezepts/ des veganen Lebensstils werden genannt? 0= keine Chance genannt 1= positive Auswirkungen auf die eigene Gesundheit 2= positive Auswirkungen auf die Umwelt 3= Nachhaltigkeitsaspekte 4= Vermeidung von Tierleid 5= Genuss 6= besseres Lebensgefühl 99= Sonstiges	1= positive Auswirkungen auf die eigene Gesundheit 5= Genuss 6= besseres Lebensgefühl
V7= Risiken	Welche Risiken hat eine tierproduktreiche Ernährung? Welche negativen Auswirkungen hat sie auf Tiere/ Umwelt/ Nachhaltigkeitsaspekte/ die eigene Gesundheit? 0= kein Risiko genannt 1= Gesundheitsbeschwerden 2= negative Auswirkungen auf die Umwelt 3= Tierleid 99= Sonstiges	0= kein Risiko genannt

Analyse Beitrag 4 nach Kategorien

Bild			
V1: Bildinhalt / Bildaussage			
Ausprägung	Inhalt	Ursache	Wirkung
Zweck	Zwei Bento-Boxen mit Schokoladen-Oatmeal und viel buntem Obst als Topping	Bunt, ansprechend aufbereitet	Inspiration
Intention	Schönes Anrichten eines veganen Frühstücks	Sieht appetitlich aus und macht Lust zum Nachmachen	Motivation, mehr vegane Gerichte und insbesondere mehr Obst zu essen
V2: Bildkomposition / Bildaufbau			
Ausprägung	Inhalt	Ursache	Wirkung
Symmetrie / Anordnung	Beide Boxen nebeneinander, Seitenabstand zum Bildrand	Symmetrie vorhanden	Wirkt ansprechend, aufgeräumt

Anhang

Bildbearbeitung	einheitlich Satte Farben, hoher Kontrast	farbenfroh	Ansprechend, bunt, lecker

Bildunterschrift				
V1: Umfang / Länge				
Ausprägung	Inhalt	Ursache	Wirkung	Quelle
lang	/	/	/	/
mittellang	Fakten über Obst und Informationen über Gewichtszu- und -abnahme	Informativ, stellt die Vorteile beim Verzehr von Obst heraus	Motiviert dazu, mehr Obst zu konsumieren	11 Zeilen
kurz	/	/	/	/
V2: Textaufbau				
Ausprägung	Inhalt	Ursache	Wirkung	Quelle
Struktur	Kurzer Bezug zu Bild, anschließend Fakten über das Thema Gewichtszu- und -abnahme, am Ende Bezug zu Obst, Aufzeigen gesundheitlicher Vorteile und indirekte Motivation, mehr Obst zu essen	Logische Struktur, Bezug von Bild und Unterschrift, da auf Bild Obst zu sehen ist	Wirkt einleuchtend, leichtes Verständnis	Z. 1-11
Einleitung	Cremiges Schokoladen-Oatmeal mit viel Obst	Bezug zu Bild hergestellt	logisch	Z. 1
Hauptteil	Erklärung über Gewichtszu- und -abnahme und Aufruf, mehr Obst zu essen -> Aufklärung über Mythos, Fruchtzucker würde zu einer Gewichtszunahme führen	Aufräumen mit Vorurteilen	Lehrreich, interessant	Z. 2-8
Ende	Obst macht	Weckt den	Motivierend,	Z. 9-

273

		glücklich und gibt eine bessere Lebensqualität	Wunsch, sich ebenfalls besser zu fühlen	mehr Obst zu verzehren	11

V3: Sprach- und Argumentationsstil					
Ausprägung	**Inhalt**	**Ursache**	**Wirkung**	**Quelle**	
Wortwahl	Neutral, ohne Wertungen	/	/	/	
Satzlänge	Keine Besonderheiten, tendenziell eher kurz -> Fakten in prägnanten Sätzen dargestellt	/	/	Z. 4	

V4: Art des Beitrags					
Ausprägung	**Inhalt**	**Ursache**	**Wirkung**	**Quelle**	
informativ, lehrreich	Faktoren, die das Gewicht beeinflussen und gesundheitliche Vorurteile durch den Verzehr von Obst	Aufräumen mit Ernährungsmythen	Ggf. neue Erkenntnisse für Rezipienten, informativ	Z. 3-10	
unterhaltsam	/	/	/	/	
persönlich	/	/	/	/	
inspirierend	„Creamy chocolate pudding oatmeal bentos with loooots of fruit."	Rezeptidee mehr Obst essen	Motivierend, inspirierend	Z. 1	
	„people should eat more [...] FRUIT!"			Z. 3	

V5: Themen(vielfalt)					
Ausprägung	**Inhalt**	**Ursache**	**Wirkung**	**Quelle**	
Gesundheit	„Fruit can actually help you lose weight because it's high in fibre, water and vitamins. Nutritional foods satiate your cells on a deeper level."	Fakten über gesundheitliche Vorteile von Obst	Motiviert und inspiriert zu einem größeren Konsum von Obst	Z. 9-10	

Vegane Ernährung	/	/	/	/
Persönliches	/	/	/	/
Kernaussagen	„There is a big misconception that fruit sugar causes weight gain. There are no ‚fattening' foods." „Fruit can actually help you lose weight because..."	Räumt mit Vorurteilen und Mythen gegenüber gesundheitlichen Nachteilen von „natürlich" veganen Lebensmitteln auf Vorteile durch den Verzehr von Obst (gesundheitlich und auf das Gewicht bezogen)	Überzeugend, nimmt die Angst vor Gewichtszunahme durch Fruchtzucker, ggf. Zweifel, die bleiben	Z. 3-4 Z. 9-10
Themenverknüpfung	Rezept, Thema Abnehmen und Obstkonsum	Logischer Zusammenhang von Bild, Obst, Abnehmen und Rezept	Beitrag wirkt in sich stimmig	Z. 1-11
Empfehlungen	„eat more [...] fruit!"	Aufforderung	motiviert	Z. 3

V6: Mögliche Wirkung bei der Zielgruppe				
Ausprägung	**Inhalt**	**Ursache**	**Wirkung**	**Quelle**
positiv	„Creamy chocolate pudding oatmeal" „help you lose weight" „nutritional" „happy"	Positive Konnotationen und Wörter	inspirierend, motivierend	Z. 1 Z. 9 Z. 10 Z. 11
negativ	„big misconception" „weight gain" „‚fattening' foods"	Negative Konnotationen und Wörter	Frustration Lauras kann einerseits negativ wirken, andererseits aber auch überzeugend auf Rezipienten wirken und sie dazu ermutigen, mehr Obst zu essen	Z.3 Z. 4 Z. 4

V7: Stilistische Mittel

Ausprägung	Inhalt	Ursache	Wirkung	Quelle
Satzlänge	„Fruit makes your body happy. Fruit is life."	Aufklärung über die positiven Auswirkungen von Obst auf den Körper und Geist	Positiv, überzeugend, inspirierend	Z. 10-11
Verwendung Adjektive	„fattening" „nutritional" „happy"	s. V6	s. V6	Z. 4 Z. 10 Z. 11
Appell / Frage	Appell: „Eat more [...] fruit!"	Aufforderung, mehr Obst zu essen	Motivierend, ermutigend, bestärkend	Z. 3

Verknüpfung Bild & Bildunterschrift				
V1: Bezug				
Ausprägung	Inhalt	Ursache	Wirkung	Quelle
Zusammenhang / Übereinstimmung	Veganes Frühstück verknüpft mit Hintergrundinformationen über die Zutat Obst im Gericht	Zusammenhang besteht	Übereinstimmend, logisch nachvollziehbar	Z. 1
Überleitung	„Jenna ... asked me ... what food I think people should eat more and my answer was FRUIT! There is a big misconception..."	Wurde einen Tag zuvor im Livestream gefragt, welche Lebensmittelgruppe sie empfiehlt in größeren Mengen zu essen -> Erklärung im Post, warum dies der Fall ist	Logisch, nachvollziehbar	Z. 2-4
Aussagekraft	Ansprechend aussehendes Obst verknüpft mit Informationen über gesundheitliche Vorteile durch den Verzehr von Obst	Übereinstimmung von Wunsch des Körpers nach Fruchtzucker und der „Erlaubnis", diese Lebensmittelgruppe zu verzehren, da sie sich gesundheitlich und gewichtstechnisch positiv auf den	Ermutigend, inspirierend	Z. 9-11

			Körper auswirkt		

Beitrag 5

Analyse Beitrag 5 – Codebuch

Variable	Beschreibung / Codieranleitung	Codierung
	Objektcodierung: Analysebasis Artikel	
V1= Laufende Nummer des Artikels	Alle Artikel, die untersucht werden, erhalten eine zweistellige Nummer, um das spätere Auffinden und die Zuordnung zu erleichtern	05
V2= Datum	An welchem Datum ist der Beitrag erschienen?	20.10.2017
V3= Tonalität Beitrag	Wie präsentiert die Influencerin das angesprochene Thema insgesamt? Welcher Eindruck entsteht möglicherweise beim Rezipienten / Leser? Codierhinweis: Die Gesamtbewertung ergibt sich aus dem Mittelwert der Einzelbewertungen in den Aussagen (Chancen und Risiken). Dabei ist zu beachten, dass einzelne Sätze (Kernaussagen, z.B. am Anfang oder Ende des Beitrags) oftmals stärker nachwirken als Aussagen im Mittelteil des Beitrags. **-1= negativ**: Im Beitrag überwiegen negative Aussagen, die Risiken / Probleme zu einem bestimmten Sachverhalt wie einer tierproduktreichen Ernährung aufzeigen **0= neutral**: Der Beitrag enthält keine wertenden (positive wie negative) Aussagen über die Themen Veganismus, Nachhaltigkeit, Umwelt und Gesundheit **1= positiv**: Im Beitrag überwiegen positive Aussagen zu den Themen Veganismus, Nachhaltigkeit, Umwelt und Gesundheit; die Chancen und Vorteile einer veganen Lebensweise stehen im Vordergrund **0= ambivalent**: Positive und negative Aussagen halten die Waage/ keine Aussagetendenz überwiegt.	0= ambivalent
V4= Thema	Was ist das Thema des Beitrags? Worum geht es? 1= Veganismus 2= Gesundheit 3= Tierrechte 4= Umwelt 5= Rezept 6= Nachhaltigkeit 99= Sonstiges	2= Gesundheit
V5= An-	Was ist der Anlass des Beitrags? Warum wurde	4= wichtige aktuelle An-

Anhang

lass	der Beitrag (zu diesem Zeitpunkt) verfasst? 1= persönliche Erfahrungen/ Erlebnisse 2= eigene präsente Gedanken 3= kürzlich entwickeltes Rezept 4= wichtige (aktuelle) Ankündigung 99= Sonstiges	kündigung
	Detailcodierung: Analysebasis Aussage zu den unter V4 genannten Hauptthemen Codierhinweis: Codiert werden nur Aussagen, die das Thema der Analyse betreffen	
V6= Chancen	Welche Chance(n) der rein pflanzlichen Ernährung / eines Rezepts/ des veganen Lebensstils werden genannt? 0= keine Chance genannt 1= positive Auswirkungen auf die eigene Gesundheit 2= positive Auswirkungen auf die Umwelt 3= Nachhaltigkeitsaspekte 4= Vermeidung von Tierleid 5= Genuss 6= besseres Lebensgefühl 99= Sonstiges	1= positive Auswirkungen auf die eigene Gesundheit
V7= Risiken	Welche Risiken hat eine tierproduktreiche Ernährung? Welche negativen Auswirkungen hat sie auf Tiere/ Umwelt/ Nachhaltigkeitsaspekte/ die eigene Gesundheit? 0= kein Risiko genannt 1= Gesundheitsbeschwerden 2= negative Auswirkungen auf die Umwelt 3= Tierleid 99= Sonstiges	1= Gesundheitsbeschwerden/ -risiken

Analyse Beitrag 5 nach Kategorien

Bild			
V1: Bildinhalt / Bildaussage			
Ausprägung	Inhalt	Ursache	Wirkung
Zweck	Reispudding gemischt mit Rote Beete-Pulver und getoppt mit frischen Früchten	Farbenfrohe, ansprechende Darstellung des Frühstücks	Macht gute Laune und Appetit, erregt Aufmerksamkeit
Intention	Pink gefärbter Reispudding, um mit der Farbe auf die	Pinke Farbe steht für Kampagne	Pinke Farbe erregt Aufmerksamkeit und verleitet zum

279

		Brustkrebs-Kampagne aufmerksam zu machen			Lesen der Bildunterschrift
		V2: Bildkomposition / Bildaufbau			
Ausprägung		Inhalt	Ursache		Wirkung
Symmetrie		Schale mit Frühstück in der Mitte, gleichmäßige Seitenabstände, Früchte gleichmäßig angerichtet	symmetrisch		Strukturiert, ordentlich, ansprechend
Bildbearbeitung		Satte Farben, hoher Kontrast	farbenfroh		Ansprechend, bunt, lecker

		Bildunterschrift		
		V1: Umfang / Länge		
Ausprägung	Inhalt	Ursache	Wirkung	Quelle
lang	/	/	/	/
mittellang	Ankündigung: Oktober als Brustkrebsbewusstseinsmonat, Informationen über Brustkrebs und Ernährung als Präventionsmaßnahme	Kooperation mit BCA als Anlass	Wichtig, ernst zu nehmendes Thema	18 Zeilen
kurz	/	/	/	/
		V2: Textaufbau		
Ausprägung	Inhalt	Ursache	Wirkung	Quelle
Struktur	Einleitung in den Kontext (Oktober als Brustkrebsbewusstseinsmonat), Kampagne der BCA (Charity-Kampagne) zur Information über Brustkrebs, anschließend Hintergrundinformationen über Brustkrebs und Präventionsmaßnahmen durch die eigene Ernährung	Viele Informationen auf einen Blick, übersichtlich aufbereitet mit Stichpunkten	Informierend, Aufmerksamkeit erregend	Z. 2-17
Einleitung	„October is #breast-	Oktober als Brust-	Wichtigkeit	Z. 2-

Anhang

		cancerawareness month... for each ribbon."	krebsbewusstseins-monat, Kampagne der BCA mit Spende an das nationale Brustkrebsinstitut	des Themas, Aufmerksamkeit weckend	5
Hauptteil		„Some more information from my side (taken fromm y favorite book How Not To Die): ...For more infos check out the #bcacampaign"	Informationen über ernährungsbezogene Maßnahmen gegen Brustkrebs, Ernährungsempfehlungen	Inspirierend, informierend, Augen öffnend	Z. 6-16
Ende		„Are you guys interested...?"	Bitte um Feedback und Produktempfehlung	Offen für Feedback, Inspiration für Pulver	Z. 17-18

V3: Sprach- und Argumentationsstil

Ausprägung	Inhalt	Ursache	Wirkung	Quelle
Wortwahl	„the following foods enormously decrease your breast cancer odds..."	„Enormously", um Intensität herauszustellen und Wichtigkeit hervorzuheben	Überzeugend, mehr dieser Lebensmittel zu konsumieren	Z. 13-14
Satzlänge	Stichpunkte	Verleihen Struktur, Informationen gebündelt auf einen Blick	übersichtlicher	Z. 7-15

V4: Art des Beitrags

Ausprägung	Inhalt	Ursache	Wirkung	Quelle
informativ, lehrreich	Fakten über Brustkrebs(-prävention)	Hintergrundwissen zum Thema der Kampagne	Informativ, viel Mehrwert	Z. 7-15
unterhaltsam	/	/	/	/
persönlich	/	/	/	/
inspirierend	„... so I joined the awesome campaign..."	Laura setzt sich für eine wichtige Kampagne ein -> Vorbildfunktion	Ggf. Nachahmung, Sympathie gegenüber Laura, Vertrauen	Z. 2-5
	„Breast cancer prevention: [...] and a plant-based diet..."	Promotion veganer Ernährung aus Gesundheitsgründen	Vertrauen, da Informationen aus einem Buch kommen und nicht ihre eigene Meinung wieder-	Z. 11-15

			spiegeln	
V5: Themen(vielfalt)				
Ausprägung	Inhalt	Ursache	Wirkung	Quelle
Gesundheit	Ursprung von Brustkrebs und welche Lebensmittel davor bewahren	Ansporn, mehr pflanzliche und weniger tierische Lebensmittel zu essen	Motiviert, sich pflanzenbasierter zu ernähren	Z. 7-15
Vegane Ernährung	Brustkrebsprävention durch pflanzliche Ernährung	Motivation, gesund zu bleiben	Motiviert, sich pflanzenbasierter zu ernähren	Z. 11-14
Persönliches	/	/	/	/
Kernaussagen	„Breast cancer prevention: physical activity and a plant-based diet..."	Eine pflanzliche Ernährung dient der Brustkrebsprävention	Ansporn, pflanzenbasierter zu essen	Z. 11
	„...the following foods enormously decrease your breast cancer odds: ... Meat does the opposite."	Fleisch als brustkrebsfördernd	Abschreckung, Aufklärung	Z. 13-15
Themenverknüpfung	Kampagne mit Hintergrundinformationen über Brustkrebs und Krankheitsprävention durch eine pflanzliche Ernährung	Zwei zusammenhängende Themen werden kombiniert und Aufmerksamkeit geschaffen	Inspirierend, lehrreich, informativ	Z. 2-15
Empfehlungen	„...get your own pink ribbon..."	Die Follower sollen ebenfalls teilnehmen, damit gespendet wird	Schafft Nähe durch guten Zweck -> Gemeinschaftsgefühl	Z. 4
	„For more infos check out the #bcacampaign"	Bei Interesse können Informationen zur Kampagne nachgelesen werden	informativ, inspirierend	Z. 16
V6: Mögliche Wirkung bei der Zielgruppe				
Ausprägung	Inhalt	Ursache	Wirkung	Quelle
positiv	„happy"		Gute Laune	Z. 1
	„charity campaign"	Guter Zweck	Soziales Enga-	Z. 3,

Anhang

		„donated" „favourite book"		gement der Influencerin -> gutes Gefühl ihr gegenüber	4
		„education posts"	positive Formulierung, persönliche Empfehlung Wissensvermittlung	macht neugierig, es selbst zu lesen	Z. 6
					Z. 17
negativ		„risk factors are alcohol, excess body weight and high consumption of animal products."	Risikofaktoren sind Alkohol, Übergewicht und der Verzehr tierischer Produkte	belehrend, angreifend an diejenigen, die nicht offen für Informationen sind -> kann als indirekte Kritik an denjenigen, die dies konsumieren, verstanden werden	Z. 10

V7: Stilistische Mittel					
Ausprägung		Inhalt	Ursache	Wirkung	Quelle
Verwendung Adjektive		„Happy Friday guys"	Wünscht einen schönen Freitag	Gute Laune, direkte Ansprache der Zielgruppe positive Wahrnehmung der Kampagne	Z. 1
		„awesome campagin"	Euphorie		Z. 2
		„favourite book"	Lieblingsbuch als Empfehlung	macht Lust zum Lesen, weckt Neugierde bei Identifikation mit Lauras Interessen und Gesundheitsinteresse	Z. 6
Direkte Ansprache der		„Happy Friday guys!"	Wünscht ihrer Followerschaft einen schö-	Schafft Nähe, weckt Vertrau-	Z. 1

Anhang

Leser	„Are you guys interested in…?"	nen Freitag Bitte um Feedback	en Einbindung der Meinung der Zielgruppe macht sie sympathisch	Z. 17
Appell / Frage	s.o.	s.o.	s.o.	s.o.

Verknüpfung Bild & Bildunterschrift				
V1: Bezug				
Ausprägung	Inhalt	Ursache	Wirkung	Quelle
Zusammenhang / Übereinstimmung	Frühstück dekoriert mit pinker Schleife als Symbol der Brustkrebskampagne	Zusammenhang hergestellt durch Einbindung des Symbols in das Bild	Logik, ergibt Sinn	Z. 4
Überleitung	Oktober (aktueller Monat zum Posting-Zeitpunkt) als Brustkrebsbewusstseinsmonat	Laura als Teilnehmerin der Kampagne macht durch den Post auf die Spendenaktion aufmerksam	Bezug hergestellt	Z. 2
Aussagekraft	Pinke schleife als Symbol und pinker Reispudding wecken Aufmerksamkeit durch Farbe	Aussagekraft der Kampagne und Lauras Einsatz durch Einbindung in den Post und Zusatzinformationen	Sympathie der Rezipienten durch soziales Engagement von Laura	Z. 2-5

Beitrag 6

Analyse Beitrag 6 – Codebuch

Variable	Beschreibung / Codieranleitung	Codierung
	Objektcodierung: Analysebasis Artikel	
V1= Laufende Nummer des Artikels	Alle Artikel, die untersucht werden, erhalten eine zweistellige Nummer, um das spätere Auffinden und die Zuordnung zu erleichtern	06
V2= Datum	An welchem Datum ist der Beitrag erschienen?	01.06.2018
V3= Tonalität Beitrag	Wie präsentiert die Influencerin das angesprochene Thema insgesamt? Welcher Eindruck entsteht möglicherweise beim Rezipienten / Leser? Codierhinweis: Die Gesamtbewertung ergibt sich aus dem Mittelwert der Einzelbewertungen in den Aussagen (Chancen und Risiken). Dabei ist zu beachten, dass einzelne Sätze (Kernaussagen, z.B. am Anfang oder Ende des Beitrags) oftmals stärker nachwirken als Aussagen im Mittelteil des Beitrags. **-1= negativ:** Im Beitrag überwiegen negative Aussagen, die Risiken / Probleme zu einem bestimmten Sachverhalt wie einer tierproduktreichen Ernährung aufzeigen **0= neutral:** Der Beitrag enthält keine wertenden (positive wie negative) Aussagen über die Themen Veganismus, Nachhaltigkeit, Umwelt und Gesundheit **1= positiv:** Im Beitrag überwiegen positive Aussagen zu den Themen Veganismus, Nachhaltigkeit, Umwelt und Gesundheit; die Chancen und Vorteile einer veganen Lebensweise stehen im Vordergrund **0= ambivalent:** Positive und negative Aussagen halten die Waage/ keine Aussagetendenz überwiegt.	1= positiv
V4= Thema	Was ist das Thema des Beitrags? Worum geht es? 1= Veganismus 2= Gesundheit 3= Tierrechte 4= Umwelt 5= Rezept 6= Nachhaltigkeit 99= Sonstiges	2= Gesundheit 5= Rezept
V5= Anlass	Was ist der Anlass des Beitrags? Warum wurde der Beitrag (zu diesem Zeitpunkt) verfasst? 1= persönliche Erfahrungen/ Erlebnisse 2= eigene präsente Gedanken 3= kürzlich entwickeltes Rezept 4= wichtige (aktuelle) Ankündigung	1= persönliche Erfahrungen/ Tipps 3= kürzlich entwickeltes Rezept

Anhang

	99= Sonstiges	
	Detailcodierung: Analysebasis Aussage zu den unter V4 genannten Hauptthemen **Codierhinweis: Codiert werden nur Aussagen, die das Thema der Analyse betreffen**	
V6= Chancen	Welche Chance(n) der rein pflanzlichen Ernährung / eines Rezepts/ des veganen Lebensstils werden genannt? 0= keine Chance genannt 1= positive Auswirkungen auf die eigene Gesundheit 2= positive Auswirkungen auf die Umwelt 3= Nachhaltigkeitsaspekte 4= Vermeidung von Tierleid 5= Genuss 6= besseres Lebensgefühl 99= Sonstiges	1= positive Auswirkungen auf die eigene Gesundheit 5= Genuss 6= besseres Lebensgefühl
V7= Risiken	Welche Risiken hat eine tierproduktreiche Ernährung? Welche negativen Auswirkungen hat sie auf Tiere/ Umwelt/ Nachhaltigkeitsaspekte/ die eigene Gesundheit? 0= kein Risiko genannt 1= Gesundheitsbeschwerden 2= negative Auswirkungen auf die Umwelt 3= Tierleid 99= Sonstiges	0= kein Risiko genannt

Analyse Beitrag 6 nach Kategorien

Bild			
V1: Bildinhalt / Bildaussage			
Ausprägung	Inhalt	Ursache	Wirkung
Zweck	Grüne Smoothiebowl getoppt mit Obst auf dunklem Hintergrund, kontrastreich, satte Farben	Ansprechende Gestaltung eines süßen Frühstücks mit Gemüse	Weckt Neugierde und Aufmerksamkeit durch satte Farbe, macht Lust zum Nachmachen
Intention	Ansprechende Gestaltung und Dekorierung des Essens	Sieht appetitlich, lecker und ästhetisch aus	Macht Lust zum Ausprobieren, macht Hunger
V2: Bildkomposition / Bildaufbau			
Ausprägung	Inhalt	Ursache	Wirkung
Symmetrie & Anordnung	Schale mit satten Farben auf dunklem Hintergrund	Symmetrischer Bildaufbau, Schale in der Mitte des Bildes	Beruhigend, aufgeräumt, ordentlich, ästhetisch ansprechend
Farben	Grüner Smoothie, blaues Obst, heller	Sehr starker Kon-	Sieht ansprechend aus, macht Lust zum

	Amaranth, dunkler Hintergrund	trast, satte Farben	Nachmachen

Bildunterschrift				
V1: Umfang / Länge				
Ausprägung	Inhalt	Ursache	Wirkung	Quelle
lang	/	/	/	/
mittellang	Rezept für Frühstücksbowl, Tipps, wie man mehr Gemüse am Tag essen kann, Ernährungsratschläge	Mehrwert, Verknüpfung von Informationen über Rezept und Hintergrundinformationen über Ernährungsweise	Hilfreich, schnell lesbar	18 Zeilen
kurz	/	/	/	/
V2: Textaufbau				
Ausprägung	Inhalt	Ursache	Wirkung	Quelle
Struktur	Einleitung mit Bezug zum Bild und Überleitung zum Rezept, gefolgt von Informationen, persönlichen Erfahrungen, Tipps und Frage sowie Appell am Ende	Strukturiert, leicht verständlich aufbereitet	Logisch, informativ, lehrreich	Z. 1-18
Einleitung	Bezug zum Bild, Rezept für die Bowl	Logischer Zusammenhang hergestellt	Mehrwert, informativ, hilfreich, inspirierend	Z. 1-6
Hauptteil	Hintergrundinformationen über Gemüse, Vorteile der Einbindung von Gemüse in süße Speisen	Neue Aspekte und Ideen	informativ, inspirierend, aufklärend	Z. 7-17
Ende	Frage an die Followerschaft, Aufruf zum Inspirieren	Persönlich, stellt Kontakt her	Ermutigend, regt zum Reagieren und Nachdenken an, schafft Nähe	Z. 17-18
V3: Sprach- und Argumentationsstil				
Ausprägung	Inhalt	Ursache	Wirkung	Quelle
Wortwahl	„Blame" „Hack"	umgangssprachlich	Einfach verständlich, Unterhaltung	Z. 13 Z. 24

			wie mit einem Freund		
Zielgruppenansprache	„Who would like to dive in?"	Frage an die Zielgruppe	Lust, zu antworten	Z. 1
	„Some of you might have seen…"	Bezug zu eigener Story	Leser fühlt sich angesprochen	Z. 7
	„What are your favorite sweet veggie combinations?"	Frage an die Zielgruppe, Feedback	Leser fühlt sich angesprochen -> Nähe	Z. 17

V4: Art des Beitrags				
Ausprägung	**Inhalt**	**Ursache**	**Wirkung**	**Quelle**
informativ, lehrreich	Informationen über Gesundheit und Ernährung	Hintergrundwissen	Weckt Interesse, inspiriert dazu, mehr Gemüse zu essen	Z. 9-12
unterhaltsam	/	/	/	/
persönlich	„… zuccini oatmeal is one of my all time favorites!"	Ihre eigenen Lieblingsrezepte	Inspirierend	Z. 9
	„I eat… so I found a hack that works well for me…"	Eigenes Ernährungsverhalten und was ihr hilft, mehr Gemüse zu essen	informativ, hilfreich	Z. 13-14
inspirierend	„Just blend…"	Rezept	Macht Lust zum Nachmachen	Z. 3-6

V5: Themen(vielfalt)				
Ausprägung	**Inhalt**	**Ursache**	**Wirkung**	**Quelle**
Gesundheit	„Vegetables are very high in…"	Fakten über gesundheitliche Vorteile von Gemüse	Lehrreich, inspirierend	Z. 9-12
Vegane Ernährung	/	/	/	/
Persönliches	„… zuccini oatmeal is one of my all-time favorites!"	Lieblingsgericht und die Menge an Obst, die sie selbst isst sowie ein Tipp	Schafft Nähe und Vertrauen, weckt ggf. Identifikation, Sympathie, inspiriert zum Auspro-	Z. 9
	„I eat… blame my sweet tooth… so I			Z. 12-

		found a HACK that works welll for me: sneaking..."		bieren	14
Kernaussagen		„Why sneak vegetables into sweet dishes?... Vegetables are very high in..."	Begründung, warum Gemüse in süße Gerichte eingebunden werden kann und Informationen über gesundheitliche Vorteile von Gemüse	Interessant, informativ	Z. 7-12
Themenverknüpfung		Rezept für süßes Gericht mit enthaltenem Gemüse verbunden mit Hintergrundinformationen über tägliche Verzehrempfehlung und Anregungen für weitere Rezepte	Themenverknüpfung logisch und hilfreich	Inspirierend, lehrreich, viel Mehrwert	Z. 3-17
Empfehlungen		„Just blend..."	Rezeptempfehlung	Inspiriert zum Nachmachen	Z. 3-6
		„...eat at least 5 servings of fruit AND vegetables every day."	Jeder Mensch sollte jeden Tag mindestens 5 Portionen Obst und Gemüse für die eigene Gesundheit essen	Ernährungsinformation als hilfreich, Mehrwert, Lerneffekt und ggf. Anwendung des gelernten Wissens	Z. 11-12
V6: Mögliche Wirkung bei der Zielgruppe					
Ausprägung		Inhalt	Ursache	Wirkung	Quelle
positiv		„perfect for today's rainy weather"	Eignet sich gut für dunkle Tage	Inspiriert zum Nachmachen an grauen Tagen	Z. 2
		„blame my sweet tooth"	isst gerne Süßes	Sympathie, Identifikation	Z. 13
negativ		/	/	/	/
V7: Stilistische Mittel					
Ausprägung		Inhalt	Ursache	Wirkung	Quelle
Storytelling		/	/	/	/

Satzlänge	Recht kurz, mit Rezept und Informationen zur Ernährung	Einfache Erklärungen	Leicht verständlich	/
Verwendung Adjektive	Verwendung vieler Adjektive, um das Essen genauer zu beschreiben	Nähere Beschreibung des Essens durch Adjektive wie „juicy", „crunchy" etc.	Lebhafter, macht das Essen ansprechender	Z. 5, 6, 10, 15
Direkte Ansprache der Leser	Frage an die Zielgruppe	Einbindung, Feedback	Freundschaftlich, Nähe	Z. 1
Appell / Frage	„Who would like to dive in?"	Einstieg, Bezug zum Bild	Weckt die Aufmerksamkeit, Involvierung	Z. 1
	„Why sneak vegetables into sweet dishes?"	Hinleitende Fragen auf nachfolgende Informationen	Holt den Leser ab, fördert das Verständnis	Z. 7
	„What are your favourite sweet veggie combinations? Inspire me."	Frage nach den liebsten süßen Gemüse-Rezepten der Followerschaft und Bitte um Inspiration in den Kommentaren	Frage und Aufforderung, Kommentar dazulassen, um Austausch zu fördern -> schafft Nähe	Z. 17-18

Verknüpfung Bild & Bildunterschrift				
V1: Bezug				
Ausprägung	Inhalt	Ursache	Wirkung	Quelle
Zusammenhang / Übereinstimmung	Bunte Frühstücksbowl mit blauen und grünen Wasserfarben	Zusammenhang zum Namen der Bowl „Aqua Bowl"	Sinnvoller Zusammenhang	Z. 1
Überleitung	Überleitung von der Bowl zum Rezept	Logischer Zusammenhang vorhanden	Inspirierend,	Z. 1-6
Aussagekraft	Satte blaue und grüne Farben für Wasser-Assoziation	Bild und Name der Bowl in Bildunterschrift passen gut zusammen	Bild erregt Aufmerksamkeit und Rezept inspiriert zum Nachmachen bei regnerischem	Z. 1-2

Anhang

			Wetter	

Anhang

Beitrag 7

Analyse Beitrag 7 – Codebuch

Variable	Beschreibung / Codieranleitung	Codierung
	Objektcodierung: Analysebasis Artikel	
V1= Laufende Nummer des Artikels	Alle Artikel, die untersucht werden, erhalten eine zweistellige Nummer, um das spätere Auffinden und die Zuordnung zu erleichtern	07
V2= Datum	An welchem Datum ist der Beitrag erschienen?	19.05.2018
V3= Tonalität Beitrag	Wie präsentiert die Influencerin das angesprochene Thema insgesamt? Welcher Eindruck entsteht möglicherweise beim Rezipienten / Leser? Codierhinweis: Die Gesamtbewertung ergibt sich aus dem Mittelwert der Einzelbewertungen in den Aussagen (Chancen und Risiken). Dabei ist zu beachten, dass einzelne Sätze (Kernaussagen, z.B. am Anfang oder Ende des Beitrags) oftmals stärker nachwirken als Aussagen im Mittelteil des Beitrags. **-1= negativ**: Im Beitrag überwiegen negative Aussagen, die Risiken / Probleme zu einem bestimmten Sachverhalt wie einer tierproduktreichen Ernährung aufzeigen **0= neutral**: Der Beitrag enthält keine wertenden (positive wie negative) Aussagen über die Themen Veganismus, Nachhaltigkeit, Umwelt und Gesundheit **1= positiv**: Im Beitrag überwiegen positive Aussagen zu den Themen Veganismus, Nachhaltigkeit, Umwelt und Gesundheit; die Chancen und Vorteile einer veganen Lebensweise stehen im Vordergrund **0= ambivalent**: Positive und negative Aussagen halten die Waage/ keine Aussagetendenz überwiegt.	1= positiv
V4= Thema	Was ist das Thema des Beitrags? Worum geht es? 1= Veganismus 2= Gesundheit 3= Tierrechte 4= Umwelt 5= Rezept 6= Nachhaltigkeit 99= Sonstiges	1= Veganismus 2= Gesundheit
V5= Anlass	Was ist der Anlass des Beitrags? Warum wurde der Beitrag (zu diesem Zeitpunkt) verfasst? 1= persönliche Erfahrungen/ Erlebnisse 2= eigene präsente Gedanken 3= kürzlich entwickeltes Rezept 4= wichtige (aktuelle) Ankündigung	1= persönliche Erfahrungen/ Erlebnisse 2= eigene präsente Gedanken 4= aktuelle

Anhang

	99= Sonstiges	Ankündigung
	Detailcodierung: Analysebasis Aussage zu den unter V4 genannten Hauptthemen **Codierhinweis: Codiert werden nur Aussagen, die das Thema der Analyse betreffen**	
V6= Chancen	Welche Chance(n) der rein pflanzlichen Ernährung / eines Rezepts/ des veganen Lebensstils werden genannt? 0= keine Chance genannt 1= positive Auswirkungen auf die eigene Gesundheit 2= positive Auswirkungen auf die Umwelt 3= Nachhaltigkeitsaspekte 4= Vermeidung von Tierleid 5= Genuss 6= besseres Lebensgefühl 99= Sonstiges	1= positive Auswirkungen auf die eigene Gesundheit 5= Genuss 6= besseres Lebensgefühl
V7= Risiken	Welche Risiken hat eine tierproduktreiche Ernährung? Welche negativen Auswirkungen hat sie auf Tiere/ Umwelt/ Nachhaltigkeitsaspekte/ die eigene Gesundheit? 0= kein Risiko genannt 1= Gesundheitsbeschwerden 2= negative Auswirkungen auf die Umwelt 3= Tierleid 99= Sonstiges	0= kein Risiko genannt

Analyse Beitrag 7 nach Kategorien

Bild			
V1: Bildinhalt / Bildaussage			
Ausprägung	Inhalt	Ursache	Wirkung
Zweck	Zeigen des Essens bei einem veganen Picknick	Vielfalt des Essens	Überraschung, Lust darauf, auch zu einem veganen Picknick zu kommen
Intention	Darstellen der Vielfalt einer veganen Ernährung	Viele Menschen wissen nicht, was sie als Veganer noch essen können	Lust auf veganes Essen, das einfach und schnell zubereitet werden kann
V2: Bildkomposition / Bildaufbau			
Ausprägung	Inhalt	Ursache	Wirkung
Anordnung	Tupperdosen und Schalen mit veganem Essen auf einer Wiese verteilt, von oben fotografiert	Zeigt die Vielfalt der veganen Gerichte	Vegane Ernährung wird ggf. attraktiver, da deutlich wird, wie viele verschiedene Sachen man essen kann

293

Anhang

Bildunterschrift				
V1: Umfang / Länge				
Ausprägung	Inhalt	Ursache	Wirkung	Quelle
lang	Ankündigung eines veganen Picknicks, Darstellen einer veganen Ernährung als einfach, schnell und unkompliziert, Geben zeitsparender Gerichte	Räumt mit Vorurteilen gegenüber einer veganen Ernährung, sie sei kompliziert und zeitintensiv auf	Ggf. Realisierung der Unkompliziertheit einer pflanzlichen Ernährung und Wunsch/ Bedürfnis, selbst öfter einfach und schnell vegan zu kochen	21 Zeilen
mittellang	/	/	/	/
kurz	/	/	/	/
V2: Textaufbau				
Ausprägung	Inhalt	Ursache	Wirkung	Quelle
Struktur	Einleitung mit Bildbezug und Life-Update, gefolgt von Aufklärung darüber, dass ihre aufwendig aussehenden Gerichte nur wenig Zeit beanspruchen und leicht nachzumachen sind	Das Vorurteil, vegane Ernährung wäre kompliziert und zeitaufwendig, ist in den Köpfen vieler Menschen präsent -> Wiederlegung und Erklärung sowie Tipps	Hilfreich, motivierend, informativ	Z. 1-21
Einleitung	Frage an Follower, Life-Update, Erklärung, dass sie nur für besondere Anlässe komplizierte Rezepte umsetzt	Bezug zum Bild mit mitgebrachtem Essen auf einem Meet-Up herstellen	Nähe, Einbezug der Follower	Z. 1-4
Hauptteil	Erklärung, dass sie immer dieselben Gerichte isst, deren Zubereitung sie nur wenig Zeit kosten, Vorschläge für schnelles und un-	Ein großer Teil ihrer Followerschaft glaubt, sie würde immer nur aufwendige Gerichte essen	Aufklärend, Augen öffnend, weckt Verständnis oder Skepsis, ob das Gesagte stimmt	Z. 5-18

		kompliziertes Essen	und viel Zeit in der Küche verbringen -> Wunsch nach Aufräumen mit Vorurteilen		
Ende		Frage nach schnellen Lieblingsrezepten der Followerschaft, Ratschlag, weniger gesunde Gerichte durch gesündere Alternativen zu ersetzen und so die eigene Lebensqualität zu verbessern	Möchte, dass die Follower sich gegenseitig mit Rezeptideen inspirieren, möchte Followerschaft dazu ermutigen, öfter gesund zu essen, um sich besser zu fühlen	Follower werden mit einbezogen, wollen ihre Rezepte teilen, ermutigt und inspiriert, öfter gesund zu essen	Z. 19-21

V3: Sprach- und Argumentationsstil

Ausprägung	Inhalt	Ursache	Wirkung	Quelle
Wortwahl	„lazy" im Kontrast zu „fancy"	Macht aus besonderem Anlass heraus etwas Aufwendigeres zu essen, für das sie sonst zu faul ist	Betonung, dass sie sonst faul ist, um zu zeigen, dass veganes Essen nicht aufwendig sein muss	Z. 4
Zielgruppenansprache	Einstiegsfrage	Bezug zum Bild	Einbindung der Follower	Z. 1
Satzlänge	Stichpunkte mit schnellen Beispielgerichten	Auf einen Blick einfache und schnelle Mahlzeit-Ideen	Übersichtlicher	Z. 13-18

V4: Art des Beitrags

Ausprägung	Inhalt	Ursache	Wirkung	Quelle
informativ, lehrreich	Empfehlungen für einfache, schnelle, leckere und gesunde vegane Mahlzeiten	Mit Vorurteil aufräumen, vegan essen sei kompliziert und zeitaufwendig	Nimmt Angst, beruhigend, motivierend, inspirierend	Z. 12-18
unterhaltsam	/	/	/	/
persönlich	„I've been meaning to make these for so long!"	Laura wollte die Karamell-Slices schon lange machen	Macht gewöhnlich nie etwas Aufwendiges, isst sehr einfach	Z. 2-3

Ausprägung	Inhalt	Ursache	Wirkung	Quelle
			-> vegan ist einfach	
	„Usually I eat the same…"	Isst normalerweise immer dieselben Gerichte in abgewandelter Form	Vegan essen ist einfach -> motiviert, nimmt Angst	Z. 5-7
	„Yes, I spend more time…"	verbringt nur unerheblich mehr Zeit mit Kochen als andere	Es ist nicht aufwendig, gesünder zu essen -> ermutigend	Z. 9-10
	„These are some of my favorites."			Z. 19
inspirierend	Tipps für ein besseres Lebensgefühl und gesündere Gerichte	teilt ihre liebsten einfachen, schnellen und gesunden veganen Mahlzeiten	inspirieren zum Nachmachen	
		Viele glauben, aufgrund von Zeitmangel nicht gesund und vegan essen zu können	Beruhigend, motivierend, inspirierend	Z. 5-21

V5: Themen(vielfalt)				
Ausprägung	Inhalt	Ursache	Wirkung	Quelle
Gesundheit	„Healthy eating is not about standing in the kitchen for 2 hours… making it a HABIT to choose health over convenience."	Eine gesunde Ernährung muss nicht zeitaufwendig sein, sondern ist Gewohnheit	Hilfreich, motivierend	Z. 7-9
	„Just replace your semi-healthy choices with healthier alternatives…"	Ratschlag, weniger gesundes Essen Schritt für Schritt mit gesünderen Alternativen zu ersetzen		Z. 19-21
Vegane Ernährung	/	/	/	/
Persönliches	„I'm on my way to Münster…" s. V4 („persönlich')	Life-Update und Pläne	Nähe & Sympathie	Z. 1-2

Anhang

Kernaussagen	„Although all my dishes look super fancy, they're all super simple to make."	Vorurteil, dass veganes Essen aufwendig und kompliziert sein muss	ermutigend	Z. 5
Themenverknüpfung	Veganes Picknick, Zeitaufwand bei gesunder Ernährung, Tipps und Beispiele für schnelle, einfache und gesunde Gerichte	Bezug zu aufwendigem Essen bei besonderen Anlässen und Tipps für simple Alltagsgerichte, um mit Vorurteil aufzuräumen	Mehrwert, Interesse an veganer Ernährung	Z. 1-21
Empfehlungen	Empfehlung ihrer Lieblingsmahlzeiten bei Zeitmangel	Inspiration für all jene, die wenig Zeit haben und dennoch gesund und vegan essen möchten	Inspirierend, hilfreich	Z. 12-18

V6: Mögliche Wirkung bei der Zielgruppe

Ausprägung	Inhalt	Ursache	Wirkung	Quelle
positiv	„perfect opportunity"	Picknick als perfekter Anlass, um etwas Aufwendigeres vorzubereiten	inspirierend, motivierend, macht Lust auf etwas Leckeres wie vegane Karamell-Riegel	Z. 3 Z. 5
	„... look super fancy...super simple to make."	sieht aufwendig aus, ist aber schnell gemacht	motiviert, aufwendig aussehende Sachen, die schnell und einfach gemacht sind, nachzumachen	Z. 7-9 Z. 10-11
	„Healthy eating is not about... but about making it a HABIT..."	Erklärung, dass gesunde Ernährung nicht viel Zeit beanspruchen muss, sondern Gewohnheit ist	regt zum Nachdenken an, motiviert dazu, ins Handeln zu kommen und Veränderungen vorzunehmen	Z. 12
	„...just a few minutes which in	nur wenig Zeit mehr, die ihr deutlich mehr	motiviert und inspiriert dazu, etwas mehr Zeit für ein besseres	

	turn reward me with a much higher quality of life."	Lebensqualität schenken	Lebensgefühl zu investieren	Z. 20-21
	"Find easy, healthy dishes that you love…"	Aufforderung, einfache, gesunde Rezepte zu recherchieren, die einem gut schmecken	motivierend, sich mit gesünderem Essen auseinander zu setzen	
	"…watch your quality of life improve."	verspricht eine Verbesserung der Lebensqualität	ermutigt und macht Lust dazu, es selbst auszuprobieren	
Negativ	/	/	/	/

V7: Stilistische Mittel

Ausprägung	Inhalt	Ursache	Wirkung	Quelle
Storytelling	Life-Update	Bezug zum Bild	Sympathie, Nähe, Interesse	Z. 1-4
Direkte Ansprache der Leser	"TIP: Find easy…"	Empfehlung	hilfreich	Z. 12
Appell / Frage	"What would you bring to a VEGAN PICNIC?"	Ist auf dem Weg zu einem veganen Picknick und möchte Followerschaft mit einbinden	Schafft Nähe, Reflektion	Z. 1
	"…Find easy…"	Ermutigung, Gerichte zu recherchieren und auszuprobieren, die der Followerschaft gut schmecken und einfach sowie schnell umsetzbar sind	Ermutigend	Z. 12
	"What are yours?"	Wirft den Ball zurück, fragt nach Feedback	persönlich, Leser fühlt sich angesprochen und eingebunden	Z. 19
	"Just replace…"	Aufforderung, weniger gesunde Gerichte mit gesünderen	ermutigend -> Zuspruch, Motivation	Z. 19-21

			zu ersetzen		

Verknüpfung Bild & Bildunterschrift					
V1: Bezug					
Ausprägung	Inhalt		Ursache	Wirkung	Quelle
Zusammenhang / Übereinstimmung	Abbildung des Essens, das bei einem veganen Picknick mitgebracht wird, verbunden mit der Aussage, Laura mache nur für besondere Anlässe aufwendigere Dinge und esse sonst immer viele einfache Gerichte		Bezug von Bild (vergangenes Picknick) und aktuellen Plänen für den Tag mit erneutem Picknick	Logischer Zusammenhang	Z. 1-3
Überleitung	„What would you bring... I'm on my way..."		Frage an die Followerschaft, was sie mitbringen würden und Update, dass sie erneut auf dem Weg zu einem Picknick ist	Einbindung der Followerschaft	Z. 1-2
Aussagekraft	Eine vegane Ernährung ist abwechslungsreich und es gibt eine große Bandbreite an leckeren Snacks und Mahlzeiten, die man essen kann		Viele verschiedene ansprechend aussehende Mahlzeiten	Stellt die vegane Ernährung ansprechend dar, macht Lust, etwas Veganes zu probieren	Z. 2-4

Beitrag 8

Analyse Beitrag 8 – Codebuch

Variable	Beschreibung / Codieranleitung	Codierung
\multicolumn{3}{} Objektcodierung: Analysebasis Artikel		
V1= Laufende Nummer des Artikels	Alle Artikel, die untersucht werden, erhalten eine zweistellige Nummer, um das spätere Auffinden und die Zuordnung zu erleichtern	08
V2= Datum	An welchem Datum ist der Beitrag erschienen?	07.06.2018
V3= Tonalität Beitrag	Wie präsentiert die Influencerin das angesprochene Thema insgesamt? Welcher Eindruck entsteht möglicherweise beim Rezipienten / Leser? Codierhinweis: Die Gesamtbewertung ergibt sich aus dem Mittelwert der Einzelbewertungen in den Aussagen (Chancen und Risiken). Dabei ist zu beachten, dass einzelne Sätze (Kernaussagen, z.B. am Anfang oder Ende des Beitrags) oftmals stärker nachwirken als Aussagen im Mittelteil des Beitrags. -1= negativ: Im Beitrag überwiegen negative Aussagen, die Risiken / Probleme zu einem bestimmten Sachverhalt wie einer tierproduktreichen Ernährung aufzeigen 0= neutral: Der Beitrag enthält keine wertenden (positive wie negative) Aussagen über die Themen Veganismus, Nachhaltigkeit, Umwelt und Gesundheit 1= positiv: Im Beitrag überwiegen positive Aussagen zu den Themen Veganismus, Nachhaltigkeit, Umwelt und Gesundheit; die Chancen und Vorteile einer veganen Lebensweise stehen im Vordergrund 0= ambivalent: Positive und negative Aussagen halten die Waage/ keine Aussagetendenz überwiegt.	1= positiv
V4= Thema	Was ist das Thema des Beitrags? Worum geht es? 1= Veganismus 2= Gesundheit 3= Tierrechte 4= Umwelt 5= Rezept 6= Nachhaltigkeit 99= Sonstiges	1= Veganismus 2= Gesund-heit 5= Rezept
V5= Anlass	Was ist der Anlass des Beitrags? Warum wurde der Beitrag (zu diesem Zeitpunkt) verfasst? 1= persönliche Erfahrungen/ Erlebnisse 2= eigene präsente Gedanken 3= kürzlich entwickeltes Rezept 4= wichtige (aktuelle) Ankündigung	1= persönliche Erfahrungen/ Erlebnisse 2= eigene präsente Gedanken 3= Rezept

Anhang

	99= Sonstiges	4= wichtige Ankündigung
	Detailcodierung: Analysebasis Aussage zu den unter V4 genannten Hauptthemen **Codierhinweis: Codiert werden nur Aussagen, die das Thema der Analyse betreffen**	
V6= Chancen	Welche Chance(n) der rein pflanzlichen Ernährung / eines Rezepts/ des veganen Lebensstils werden genannt? 0= keine Chance genannt 1= positive Auswirkungen auf die eigene Gesundheit 2= positive Auswirkungen auf die Umwelt 3= Nachhaltigkeitsaspekte 4= Vermeidung von Tierleid 5= Genuss 6= besseres Lebensgefühl 99= Sonstiges	1= positive Auswirkungen auf die eigene Gesundheit 5= Genuss 6= besseres Lebensgefühl
V7= Risiken	Welche Risiken hat eine tierproduktreiche Ernährung? Welche negativen Auswirkungen hat sie auf Tiere/ Umwelt/ Nachhaltigkeitsaspekte/ die eigene Gesundheit? 0= kein Risiko genannt 1= Gesundheitsbeschwerden 2= negative Auswirkungen auf die Umwelt 3= Tierleid 99= Sonstiges	0= kein Risiko genannt

Analyse Beitrag 8 nach Kategorien

Bild			
V1: Bildinhalt / Bildaussage			
Ausprägung	Inhalt	Ursache	Wirkung
Zweck	Zwei Eiscremebecher mit Erdbeer- und Kirsch-Eiscreme	Ansprechende Darstellung veganer Eiscreme	Veganes Essen als attraktiv und genussvoll
Intention	Eiscreme schön angerichtet und mit Schokolade und frischem Obst dekoriert	Optisch ästhetisch	Macht Lust zum Ausprobieren
V2: Bildkomposition / Bildaufbau			
Ausprägung	Inhalt	Ursache	Wirkung
Anordnung	Eiscremebecher in der Mitte des Bildes auf einer dunklen Marmorplatte	Symmetrischer Aufbau	Aufgeräumt, ansprechend

	Bildunterschrift			
	V1: Umfang / Länge			
Ausprägung	Inhalt	Ursache	Wirkung	Quelle
lang	Eiscremerezept und Thema gesunde Ernährung sowie Ankündigung eines Live-Streams	Mehrwert für die Zielgruppe, Hintergründe zum Bild erklären	Hilfreich, informativ	21 Zeilen
mittellang	/	/	/	/
kurz	/	/	/	/
	V2: Textaufbau			
Ausprägung	Inhalt	Ursache	Wirkung	Quelle
Struktur	Einleitung mit Bildbezug, Aufgriff des Themas gesunde Ernährung, eigene Geschichte und Vergangenheit, derzeitige Umsetzung und Ankündigung eines Live-Streams, um Fragen der Followerschaft zu beantworten	Logische Struktur, sinnvoller Aufbau	Logisch, leicht verständlich	Z. 1-21
Einleitung	Einstiegsfrage an Followerschaft, gefolgt von Rezept für Eiscreme und ihren Lieblingsrezepten	Bezug zu Bild und Verweis auf Rezepte in E-Book	Weckt die Aufmerksamkeit, Ansprache zum Einbezug schafft Nähe	Z. 1-5
Hauptteil	Frage, ob die Followerschaft Probleme mit einer gesunden Ernährung hat und Storytelling, ihre eigene Vergangenheit, wie sich ihre Ernährung mit der Zeit verändert	Geht auf Followerschaft ein, möchte Feedback, ihre eigene Geschichte zur Inspiration teilen	Schafft Nähe, Vertrauen, ggf. Identifikation	Z. 6-14

Anhang

	hat und wo sie jetzt steht			
Ende	Angebot eines Live-Streams, in dem sie Fragen rund um das Thema gesunde vegane Ernährung beantworten wird, Bitte um Fragen in den Kommentaren oder per Direktnachricht	Möchte Fragen beantworten und Menschen helfen, gesünder zu leben	Weckt Sympathie, Nähe, Vertrauen, Dankbarkeit	Z. 15-21

V3: Sprach- und Argumentationsstil

Ausprägung	Inhalt	Ursache	Wirkung	Quelle
Wortwahl	„"we're speaking every day"	umgangssprachlich	Schafft Nähe	Z. 9

V4: Art des Beitrags

Ausprägung	Inhalt	Ursache	Wirkung	Quelle
informativ, lehrreich	Eigene Geschichte und was sie daraus gelernt hat	Viele fühlen sich ähnlich verloren, wie sie es damals war was ihre Ernährung betraf	Identifikationspotenzial, Sympathie, Vertrauen	Z. 6-14
unterhaltsam	s.o.	s.o.	s.o.	s.o.
persönlich	„A good blender was my best investment ever. Highly recommended!"	persönliche Empfehlung	inspiriert zum Nachkauf	Z. 2-3
inspirierend	„…eating intuitively and enjoying whatever I want…"	Derzeitiger Stand ihrer Entwicklung	Inspiriert, ist das Ziel vieler Menschen -> weckt Wunsch danach, sich auch so zu ernähren	Z. 12-14

V5: Themen(vielfalt)

Ausprägung	Inhalt	Ursache	Wirkung	Quelle
Gesundheit				Z.
Vegane Ernährung	„I went from omnivore to vegan in just a month…"	Wurde innerhalb eines Monats vegan	Schnelle Transformation, Respekt	Z. 6-8

Persönliches	Eigene Vegan-Geschichte	Möchte inspirieren und teilen, wie es damals für sie war	inspirierend	Z. 6-14
Kernaussagen	„Unfortunately, I can't tell YOU what to eat because your body is different. I CAN, however, help you..."	Kann niemandem sagen, was genau sie essen sollen, weil jeder Körper anders ist, aber möchte dabei helfen, eine gesunde Ernährung für sich zu finden -> Ankündigung des Live-Streams	Hilfreich, weckt Sympathie und Vertrauen	Z. 15-21
Themenverknüpf-ung	Rezept, gesunde Ernährung und Ankündigung Livestream	Überleitung von Bild zu Bildunterschrift, von Eiscreme zu Rezept, hinüber zu gesunder Ernährung und Ankündigung fließend und schlüssig	Logisch, viel Mehrwert	Z. 2-21
Empfehlungen	„A good blender was my best investment ever. Highly recommended!"	Ein Hochleistungsmixer als Investition zum Kreieren der Eiscreme-Rezepte	Weckt Vertrauen, hilfreich, inspirierend, motiviert zum Nachkaufen	Z. 2-3

V6: Mögliche Wirkung bei der Zielgruppe				
Ausprägung	Inhalt	Ursache	Wirkung	Quelle
positiv	„best ice cream"	Lieblingsrezept für Eiscreme	inspirierend, motiviert zum Nachmachen	Z. 2
	„My top 3 Nicecream recipes..."	Empfehlung ihrer Lieblingseiscreme		Z. 4-5
negativ	„obsessively"	Besessenheit bei ihrer damaligen Ernährungsweise	Abschreckend	Z. 10

V7: Stilistische Mittel				
Ausprägung	Inhalt	Ursache	Wirkung	Quelle
Storytelling	Eigene Erfah-	Möchte andere	Schafft Nähe, Vertrau-	Z. 6-

		rungen, Veränderung ihrer Ernährungsweise	mit ihren Erfahrungen inspirieren und helfen, die für sie passende Ernährungsweise zu finden	en, weckt Sympathie	14
Satzlänge		Fasst in einem Satz ihren Prozess der Veränderung ihrer Ernährungsweise zusammen	Sehr langer Satz	Fesselt den Leser	Z. 9-14
Formulierungen		„Unfortunately, I can't tell you..."	Drückt Bedauern aus, dass sie nicht jeder Person einzeln helfen kann	Schafft Nähe	Z. 15
Direkte Ansprache der Leser		„DO YOU struggle with healthy eating?"	Frage, ob die Followerschaft Probleme mit einer gesunden Ernährung hat	Leser fühlt sich angesprochen, gesehen, eingebunden	Z. 6
Appell / Frage		„Left or right?"	Zielgruppe soll entscheiden, welcher Eisbecher besser schmeckt	Einbindung, Aufmerksamkeit erregen und Zielgruppe involvieren	Z. 1
		„"What's your favourite flavour?"	Nachfrage nach persönlichen Präferenzen		Z. 4
		„Do you struggle with healthy eating?"	s. dir. Ansprache		Z. 6

Verknüpfung Bild & Bildunterschrift				
V1: Bezug				
Ausprägung	Inhalt	Ursache	Wirkung	Quelle
Zusammenhang / Übereinstimmung	Zwei Eiscremebecher mit Erdbeer- und Kirsch-Eiscreme, Einstiegsfrage mit Bezug zum Bild	Zusammenhang im Einstieg hergestellt	Wirkt logisch, macht Lust zum Ausprobieren	Z. 1-5

Überleitung	Verknüpfung von Bild mit allgemeinem Eiscreme-Rezept und dem Thema gesunde Ernährung, Ankündigung des Live-Streams mit Tipps zu diesem Thema	Logische Überleitung durch Themenverknüpfung		Motivation zum Fragen schicken	Z. 1-21
Aussagekraft	Harmonie von Bild und Bildunterschrift	Logischer Zusammenhang vorhanden		inspiriert	Z. 1-5